U0120865

李宗仁回憶錄

广西壮族自治区政协文史和学习委员会·编

李宗仁·口述

唐德刚·执笔

下卷

中国文史出版社

· 百 年 中 国 记 忆 ·

CONTENTS 目　录

下　卷

第六编　十年国难与内战

第四十三章　所谓"武汉事变"之因果_3

第四十四章　护党救国军之缘起_16

第四十五章　抗大会议与北上护党_24

第四十六章　苦撑桂局与西南开府_29

第四十七章　沈阳事变后广西之新面貌_34

第四十八章　福州人民政府与广州"六一运动"_46

第七编　八年抗战

第四十九章　暴风雨的前夕_63

第五十章　"七七"事变与上海、南京保卫战_69

第五十一章　第五战区初期防御战_79

第五十二章　台儿庄之战_88

第五十三章　徐州会战_104

第五十四章　武汉保卫战_114

第五十五章　武汉弃守后之新形势与随枣会战_120

第五十六章　欧战爆发后之宜、枣及豫南、鄂北诸战役_130

第五十七章　珍珠港事变后之五战区_141

第五十八章　汉中行营期中对战后局势的预测_150

第五十九章　八年抗战敌我优劣之检讨_160

第八编　从全盘胜利到彻底溃败

第六十章　胜利接收铸成大错_179

第六十一章　上不沾天，下不着地的北平行辕_185

第六十二章　竞选副总统的动机与筹备经过_198

第六十三章　民主的高潮与逆流_204

第六十四章　急转直下的内战_217

第六十五章　从副总统到代总统_227

第六十六章　无可挽回的混乱_239

第六十七章　不堪回首的江南战役_255

第六十八章　江南开门揖盗，广州望梅止渴_268

第六十九章　自我毁灭的西南保卫战_276

第七十章　在粤之最后努力，对蒋之沉痛教训_285

第七十一章　国府最后播迁，大陆全部沦陷_299

第七十二章　纽约就医和华府作客_306

结　论_314

附　录

李宗仁声明_327

第六编

十年国难与内战

第四十三章　所谓"武汉事变"之因果

壹

民国十八年发生的所谓"武汉事变"，事实上仅是蒋先生挟天子以令诸侯，志在消灭异己的许多战争之一而已。

蒋先生企图用武力消灭异己，远在北伐刚完成时，似乎便已决定。十七年七月底，我自北平回到南京后不久，便在李济深家里听到一则惊人的消息。李济深当时住在南京鼓楼附近一座小洋房里，渠因曾兼黄埔军校副校长职，故家中常有黄埔学生出入。某次，有一位粤籍黄埔生去找他，并告诉了他一项特别消息。略谓：

蒋校长此次（十七年七月杪）自平返京道上，曾在蚌埠稍事逗留，并召集驻津浦沿线的第一集团军中黄埔军校出身上尉以上军官训话。训话时，发给每人一小方白纸，并询问大家，北伐完成后，军阀是否已经打倒？认为已经打倒的，在纸上写"打倒了"三字，若认为尚未打倒，则写"未打倒"三字。各军官不知校长的用意，为仰承其意旨起见，概按照事实，作正面的答复。蒋看后大不以为然，遂再度训话说，你们认为军阀已打倒了，其实不然。旧的军阀固然是打倒了，但是新的军阀却又产生了。我们要完成国民革命，非将新军阀一齐打倒不可。蒋氏最后更强调说，只有连新军阀一齐打倒，你们才有出路，你们现在当连长的人，将来至少要当团长云云。

我问李济深，你看蒋先生所说的"新军阀"是指哪些人呢？李答道，蒋先生向来说话是不算数的，不过随便说说而已。我说，恐怕没有这样简单吧？！我们分析之下，俱觉惊异。从这些小事上，可以看出蒋先生是如何计划以利禄引诱其部属，从事消灭异己的内战。

另一件事也可证明蒋先生的居心叵测。民国十七年秋季，共产党在江西已十分活跃。朱德、毛泽东在井冈山会师，江西被他们闹得天翻地覆。江西省主席朱培德束手无策。京、沪的江西同乡会也常向国民政府请愿，乞加派军队进"剿"，但蒋先生置若罔闻。一天在南京朱来访我，说，屡请辞去江西省主席既不准，请抽调部队赴江西"剿共"又无下文，所以他拟向我"借"一军或两军人，前往"助剿"。我告诉他说，我当然乐于调拨部队，归你指挥，可是我二人不能私相授受，军队是国家的，必须蒋先生发一纸命令，方可调动。朱培德高兴异常，立刻邀我一同去见蒋先生，请他颁发命令。

见蒋时，朱培德即将我们私下商议的事委婉陈述。蒋先生闻言，似乎很觉奇怪，望了我一眼，说，用不着自两湖调兵去"剿"，江西的军队一定"剿"得了。朱培德还在诉苦说，江西共产党已有燎原之势，不可忽视。蒋先生说，那只是一些"土匪"，为害不会太大。蒋氏此言大出我意料之外，因此我在一旁坐着，终场未发一言。两人遂扫兴辞退。和朱培德同车回寓途中，我问朱说，蒋先生为什么不要我自两湖调兵呢？因按中国军界的恶例，拥兵将领为保存实力，多不愿轻易出兵助友军作战。今我一反常例，自动允许出兵，而蒋先生未加思索，即连声说"不需要"，实令人不解。朱培德说，那没有什么费解，只是蒋先生不乐意我二人要好罢了。

除朱氏所说的原因之外，我想蒋先生可能还另有顾虑。盖由两湖方面调部队到江西"剿共"，如果成功，则我难免有"震主"之功，实非其所愿。

到了九、十月间，江西东南地区共军攻城略地，恶耗频传。我迫不得已，再向蒋先生建议，请派遣其第一集团军驻南京的刘峙第二师，前往助"剿"，以遏乱源。因刘氏籍隶江西，且为蒋先生的亲信，况该师已扩充到五个团，实力雄厚，较朱培德的残破的第三军（共两师，仅六个团）的实力，有过之无不及。调刘去江西增援，可谓人地相宜，必能得到蒋的同意。不料蒋先生竟说，你们为什么这样恐惧与"土匪"无异的共产党？我说，我们决不可将具有武装的共产党部队与"土匪"等量齐观。因他们有共产主义的理想，有铁的纪律，严密的组织，有第三国际做背景，有刻苦冒险耐劳的知识分子领导，岂能目为土匪或乌合之众？蒋先生听了我的话，忽然严肃地说，只要你相信我，服从我，一切都有办法，不必如此焦急。至此，我就很坦白地说，现在社会上有一种不胫而走的流言，说党军北伐，而政治南伐，党军可爱，党人可杀。我们如细推此语的含义，实足发人深省。从前北京政府的官僚和军阀，虽作恶多端，然尚畏人言。今日全国统一了，我们标榜以党治国，凡人民对我中央政府设施有不满的，则办党的同志动辄以文字宣传作反击，不说他们是共产党同路人，官僚余孽，买办洋奴，奸商市侩，便说是土豪劣绅，地痞流氓。帽子满天飞，务使人民大众钳口结舌而后已。须知防民之口，甚于防川。我中央政府如不正本清源，励精图治，使人民能够安居乐业，而专以压制人民为能事，则前途殊未可乐观。如此则不独我个人力量极其微薄，拥护总司令无济于事，即有一百个李宗仁拥护总司令也无能为力。蒋先生听后，默默不发一言，自然是忠言逆耳，不是他所乐闻的。这是我为共产党问题，第二次向蒋先生陈述意见，而引起的不愉快的情形。

此后不久，一个早晨，有位中外闻名的银行家朋友来访我，说，上星期宋子文部长到上海召集金融界首要，筹借巨款。但是各行业负责人都以政府底定东南到现在已一年有半，每向商家筹款，总是有借无还，现今各行业头寸短绌，实无法筹借。几经磋商，终无结果而散。不久，宋部长即以国府蒋主席名义，请各行业首要到南京，并由国民政府茶会招待。到会的共二十余人，蒋主席亲临训话。略谓，江西"共匪"活跃的情形，料为各位所周知，现在政府急于调遣大军前往痛"剿"，但开拔费尚无着落，所以才派宋部长去上海，请诸位帮忙，而你们推说头寸短少，无钱可借。须知今日不仅江西有共匪蔓延，即在上海潜伏的"共匪"也不在少数。你们如不肯帮助政府解决困难，一旦上海共产党"暴动"，政府又何能帮助你们去镇压呢？说完便悻悻离去。

蒋氏去后，与会者相顾愕然，一时无所措其手足，又不敢自行散会。幸而其中有一位发言道，政府派兵"剿共"，连开拔费也无着落，同人等应体念政府困难，回去限期筹足政府所需的借款。会场中人一致附和，乃请宋部长用电话报告蒋主席，才得奉命散会。会后，大家因蒋先生以共产党"暴动"来吓人，用心险恶，莫不摇头叹息。

最初，我想蒋先生既以迹近敲诈的手段，以"剿共"为借口，向商人筹得巨款，则调刘峙第二师去江西必可实现。孰知巨款到手以后，军队开拔仍渺无音信，实使我感到不妙。

又张静江先生此时已任浙江省主席，因关怀国事，常到南京去向蒋先生陈述意见。某次，他特地约蔡元培、李石曾、吴稚晖诸元老暨李济深和我，到其寓所喝茶聊天。静江忽然慨叹地说，从前介石未和宋美龄结婚时，我凡向他有所建议，他莫不静心倾听，且表示考虑采纳。今则态度完全两样了，大约已为宋美龄及其姐妹所包围。昨日和介石谈话，他忽然冲动，大发脾气，说要做这件事你也不赞成，要做那件事你也不同意，动辄得咎，倒不如让我辞职，让共产党来干好了。

张又说，介石每拿共产党来吓人，很是奇怪。希望各位也常对介石进言。尤其是两位李先生，手握兵权。介石是很讲现实的人，倒容易听你们的良言。

我听完张氏的话，便说，军人以服从为天职。虽然站在党的立场，也可进言，不过若太逾越身份的话，反易发生无谓的误会，而引起更不良的后果。

当时在座诸人中，发言最多的是吴稚晖。一口无锡土话，措辞滑稽，令人发噱。他口沫横飞，滔滔不绝地说，蒋先生个性倔强，自信力极大。劝大家不宜进言。他尤其叮嘱静江先生要压抑感情，不可常向蒋先生啰唆。与其明知无济于事而强为之，徒引起无谓反感，实属不智之举。

稚晖又说，若说句粗话，蒋先生是个流氓底子出身。今已黄袍加身，一跃而为国府主席，自然目空一切。和昔日流浪上海，为静江先生送信跑腿时，自不可同日而语。最好大家信任他，由他放手去干，不必对国事滥出主张。做得好，固然是他分内的事；做得不好，也是他的责任，免得推诿到别人身上。

我当时心里想，这位无政府主义的吴先生，他对蒋先生的批评，确有深入独到之处。不过对事对人毋乃太无责任感了。真是"逢君之好，长君之恶"，兼而有之。听了吴的话，张静江似有悒悒不乐之色，大家乃不欢而散。

综合那银行家和张静江等所说，蒋先生拿共产党问题来恐吓要挟党内外的人，甚至西方友邦的心迹，实不辩自明。中国古语所谓"养寇自重"，正是蒋先生的作风。我于是恍然大悟，蒋先生所以不愿派兵往江西"剿共"的真正原因所在，真所谓愚而好自用，玩火自焚。

贰

蒋先生既然对真正的敌人共产党要养以自重，对党内的异己就要设法锄除了。他的第一个目标原是冯玉祥。

编遣会议无结果而罢，冯玉祥悄然离京后，蒋先生极为愤慨，一再向我表示要对付冯玉祥，并试探我的反应。后来并派吴忠信来向我疏通，以便对冯一致行动。我力持不可，认为党内干戈千万不可轻动，因共产党日益坐大，日本军阀虎视在侧，我党内如发生内战，将予若辈以可乘之机。因此，我再向蒋先生进言说，冯玉祥个性粗放，言语尖刻，是其短；而刻苦耐劳，善练兵，能与士卒共甘苦，爱国情热，是其长。倘中央开诚布公，推心置腹，未尝不可使其为国家建设而尽力。政府如更发动舆论界，提倡正义，明辨是非，引人为善，冯氏必能接受中央的领导，故对冯氏宜感之以德，千万不可躁急从事。

蒋说，冯玉祥自命老前辈，他会服从"我们"吗？蒋特别强调"我们"二字，以示我也有一份。

我说，冯玉祥一人易对付，但是冯氏统兵十余万，他下面的每一统兵将领都是一个冯玉祥。一个冯玉祥容易对付，无数个冯玉祥就难应付了。冯氏今日的作用，正如一串制钱上的"钱索子"。有这钱索子在，有事便拿着这索子，一提即起。一旦这索子断了，钱散遍地，捡起来可就麻烦了。

蒋氏见我言之有理，且辞意坚决，遂不再多言。孰知他心中已另订腹案，一变"近交远攻"的策略为"远交近攻"，对第二集团军暂时用怀柔敷衍政策，掉转枪头来先对付第四集团军了。

蒋先生的初步办法，便是利用湖南省主席鲁涤平及其第二军暗中准备，以便他对第四集团军用兵时，可收两面夹击之效。因鲁涤平的防地处于武汉和两广中间，一旦有事，鲁氏可切断两湖和两广间的交通。故在民国十八年二月初，蒋即秘密以大批弹械，取道江西，接济鲁涤平。这一秘密泄露后，第四集团军在汉将领夏威、胡宗铎、陶钧都发生恐慌。因中央接济湖南弹械，尽可利用军舰溯长江，转湘水去长沙。值此承平时期，难道还有人敢拦路打劫不成？又何必偷偷摸摸，自江西陆路辗转运输呢？

再者，此时蒋先生曾密遣湖北人，以同乡之谊向第四集团军中鄂籍将领，如十八军军长陶钧、十九军军长胡宗铎等暗中游说，促其脱离所谓"桂系"。此种离间作风，颇为胡、陶等所不满。他二人早日在桂，与我们李、黄、白相从有年，由幕僚擢升为第七军中的指挥官，旋又晋升军长，可谓踌躇满志。然饮水思源，他们对我们三人公谊私交均无反目之理，何况他们对蒋先生的作风都深为鄙弃呢？因此，胡、陶曾一再将中央离间的诡计据实告我，并痛骂蒋先生此举为"无聊"。

中央偷运弹械接济鲁涤平的事既被发现，证之以其他军事布置，夏、胡、陶三人乃觉中央处心积虑消灭第四集团军的计划已到最后关头。而何键于此时亲赴武汉告密，说中央部署已定，对武汉用兵如箭在弦上，第四集团军似应采取自卫行动。夏、胡、陶三人得报，至为焦急，深觉"先下手为强，后下手遭殃"，乃未加深思，便对鲁涤平动起手来。殊不知蒋先生半年来的各种布置，其策略便是激人成变，使中央有"讨伐"的口实。夏、胡、陶三人的鲁莽干法，正中了蒋先生的圈套。

先是，北伐完成之后，我为免使蒋先生多疑，所以常在南京居住。十八年初，武汉和中央不协的谣言又炽。我为消除此谣特自武汉挈眷至京以示无他。孰知二月二十一日早晨，军政部海军署长陈绍宽忽来成贤街寓所看我，并报告说，据海军电台的消息，武汉方面已对湖南采取军事行动，问我是否得到报告。我说，绝无此事，也毫无所闻。陈绍宽觉得很奇怪，稍谈便匆匆离去。陈氏去后，我即查询有无电报到来。当即发现有武汉急电一通，正在翻译。译出一看，才知夏、胡、陶三人已对湖南鲁涤平采取军事行动，要我得电后立刻离开南京。

此电报殊使我惊诧，他们三人为何未得我的命令便擅自行动呢？然我也深知蒋先生的作风，我如不离开南京，必被羁押。乃立刻化装，和第四集团军参议季雨农躲往下关一小旅邸中，于傍晚秘密搭京沪三等车去沪。

我离家后不久，陈果夫、何应钦果然先后来访。内子佯说我出去行街未归。一日之内，陈氏、何氏来了数次。最后，余妻才告以我或已因公去沪。

到了上海，我在法租界海格路的融圃暂住。武汉对湘战事已急转直下，叶琪军迫近长沙，鲁涤平率所部遁往萍乡。武汉分会乃呈请中央政治会议任命何键为湖南省主席。中央方面则厉兵秣马，准备讨伐武汉。

此时全国函电纷飞，中央系的报纸对武汉和"桂系"诋毁不遗余力。蒋先生并密派唐生智携巨款北上活动白崇禧所指挥的第四集团军将领李品仙、廖磊等背叛白氏。另外又派黄郛、邵力子等前往河南、山西，疏通冯、阎，共同对武汉用兵。冯、阎二人向来认为一、四两集团军是一家人，今日自相火拼，他们也乐于坐山观虎斗，因而通电"服从"中央，以促成此一内战。蒋乃益发决意用兵。

当时，三全大会即将在南京开幕，各地代表正在赴京途中，李济深也自广州率一批代表，于三月十一日抵沪。有人因仰承蒋先生意旨，想请他出面调解。任潮遂来融圃看我。我乃向他解释所谓"武汉事变"的前因后果，以及我个人的态度。

我说，武汉事变是中央处心积虑要消灭第四集团军所激成的。但是，千不该万不该，是夏、胡、陶三人不应鲁莽灭裂，掉入圈套，予中央以"讨伐"的口实。今事已至此，夏、胡、陶等违法乱纪，中央自当治以应得之罪。我本人虽不在军中，然我既为一军的主帅，部曲违法，我也责无旁贷，现在我束身待罪，只要不打仗，我任何条件都可接受。但是，照我看来，蒋先生意不在此。他要造成党政军清一色的大计已定，断难挽回。现在既然有这样冠冕堂皇的借口，他必然要将第四集团军彻底消灭而后已。

因此，我劝任潮千万不可去南京，否则必被扣留无疑。因为他虽然未在广西做过事，却一向被目为"桂系"，和我李、白、黄三人有特殊友谊。而任潮又是在粤军中起家的，广东将领多为其旧部，他如在沪担任调人，以渠在两广的德望和实力，蒋氏投鼠忌器，必不敢贸贸然对武汉用兵。他如轻易去京而为蒋所拘押，则中央必以甘辞厚禄引诱粤籍将领陈铭枢、陈济棠等背叛李济深，如是则广西顿失粤援，武汉完全孤立，中央大军四面合围，则第四集团军必被全部缴械而后已。以故李济深如不去南京，战争或者可免。如去南京，则适足以促成内战，并危及其本身安全。李济深听我分析后，极以为然，当即对我说，他决不去南京。

不久，蒋先生派蔡元培、李石曾、吴稚晖、张静江四位元老来融圃看我，并约李济深同来融圃谈话。他们一致劝任潮入京做调人，任潮当然不敢答应。我遂将我原先向李济深说的一番道理重述给四位元老听。最后，我更强调地说：如果任潮去南京，牺牲了个人而能消弭了内战，使十余万袍泽免受屠戮，则此项牺牲才有价值。如牺牲了个人而结果适得其反，则个人即不应作无谓的牺牲。

吴稚晖说：我们来沪之前，便曾和蒋先生谈到任潮入京后的安全问题。蒋先生表示，以人格担保，不致使任潮失去自由！但是任潮如不去南京，中央便一定要对武汉用兵！

我说：中央如有诚意和平解决，则在上海谈判和去南京谈判，究有何区别？必要时，蒋先生自己也未尝不可屈尊来沪。至于蒋先生以人格担保一层，像蒋先生这样的人，还有什么人格可言，你们又何必骗任潮去上当呢？

吴仍旧说，只有任潮去南京，才可消弭兵祸。最后，他甚至说，如蒋氏不顾人格，自食其言，他便当蒋的面，在墙上碰死。

我说：稚老，慢说你没有自杀的勇气，纵使你自杀了，战争还是免不了的。

最后，吴稚晖生气了，暴跳如雷，大肆咆哮，并大声地说："我们不管了，我们不管了！你们有的是枪杆，你们去打好了！"

四位元老和我们足足谈了两天之久，第二天竟自上午十一时谈到夜半十二时，结果还是不欢而散。吴稚晖因我一再阻止李任潮去京，简直是气愤填膺。最后还是李济深软化了，他告诉我说，以国事为重，抱着跳火坑的精神，去京一行。

我说："你去南京必被扣留，你一失自由，战祸就免不了！"但任潮是好人，他终于在四位元老的"蒋先生以人格担保"的诺言怂恿之下，于三月十三日自沪去京。

任潮和蒋先生接谈之后，才知中央已决意用兵，西征军事正在积极部署。他的一切行动已有大批密探在跟踪。同时南京放出空气，所有李济深的旧部，只要服从中央便官加一等。蒋氏并派粤籍党人古应芬、孙科等，四出疏通各粤籍将领背叛李氏。至于蒋先生以前的诺言，则早已丢到九霄云外去了。

李济深到此才知上当，乃企图逃出南京。事实上，已无此可能。李的左右想秘密和法国驻上海总领事接洽，派一法国军舰泊在下关江面，李氏可乘人不备，驰车往江边，跃上汽船，登兵舰驶往上海。但是李济深认为此计不妥，因恐未抵江岸，已为蒋的密探用机枪射杀了，终将这计划放弃。三月二十一日，蒋乃公开将李济深幽禁于汤山。原来向李氏担保的四位元老，到此也钳口结舌，莫知所措。蔡元培一怒去沪，其他三人则常住汤山向李济深抚慰，然究有何用。

中央大军数十万已向上游移动，大战迫在眉睫。这时冯、阎驻沪代表都来看我。冯的代表是其前参谋长刘鞠春，阎的代表是赵丕廉。

我向刘、赵二人解释说，此次武汉事件本为夏、胡、陶三人的轻举妄动，自应治以应得之罪，我本人也束身待罪，一切处罚我都愿接受，只是希望不打仗。但是目前蒋先生显然是借题发挥，目的在消灭异己，摧残对革命有功的部队。战事一旦发动，则第四集团军必全部瓦解无疑。第四集团军的毁灭不足惜，然此例一开，蒋先生必将以同样方法消灭其他部队，第二、第三集团军势必遭受同样命运。蒋先生为政不以德，一切以权诈武力为能事，则内战必无已时。内敌不已，则外为日本帝国主义者造机会，内为中国共产党造机会，国家前途实不堪设想。所以我希望冯、阎二总司令不可助纣为虐，应出来调停，讲句公道话，消弭内战的根源，为人为国也为己，请转报三思之。

陈仪此时也来看我，这是我和陈氏第一次的私人谈话。我也把这套理论说给陈仪听。陈很感动，未发一言而退。

我知道中央已决意消灭第四集团军，而武汉方面军中无主，断难和中央大军相周旋。我乃决定自粤转汉，亲自坐镇。如中央见制胜不易，事或另有转机。

我于三月二十五日乘轮抵粤。粤方将领陈济棠、徐景唐等，对我还算客气，并准备飞机，让我直飞汉口。谁知春雨连宵，飞机无法起飞。乃暂时回桂，再作打算。

就在此时，蒋对武汉的战事已急转直下。蒋命刘峙等率大军数十万，西上直捣武汉。蒋本人也于三月底赴九江坐镇。

武汉此时军中无主。胡、陶二人自成军以后，自认为湖北人，每视第七军为"客军"，颇引起七军中将领的不快，因此中央的反间计乃得乘隙而入。蒋氏原先即派俞作柏秘密活动第一师师长李明瑞输诚中央，反对胡、陶。

俞作柏为人，贪污性成，野心勃勃。渠于一九二六年在广州时，曾对鲍罗廷自称为"广西的蒋介石"，并指斥我李、黄、白三人为"不革命"。因此，渠殊不为广西上下所喜。嗣后，我乃和黄绍竑商量，褫其兵柄，让他担任中央军校南宁第一分校的校长。十六年夏，"清党"事起，俞氏自己心虚胆怯，潜逃香港，使人劝其归而仍不归，绍竑乃解除其校长职务。俞乃受蒋收买，为其活动李明瑞反对武汉。

蒋同时又派郑介民秘密赴汉活动杨腾辉倒戈。杨腾辉原为林俊廷部下，嗣经我军收编，委为团长，以战功累升至师长。渠和胡、陶有隙，而和郑介民有旧，故接受郑氏建议，私下向蒋氏输诚。

四月初，中央大军西进。夏、胡、陶也以夏威为总指挥，拟在武汉外围抵御。真是无巧不成书，夏威在出发赴黄陂的前夕，忽患白喉，乃临时将前线指挥交李明瑞负责。李于黄陂召集前线指挥官开军事会议。当各师、旅长齐集后，李便即席宣布他主张服从中央，反对胡、陶。同时将与会各指挥官拘留，并立刻回师武汉。

李明瑞既倒戈，夏、胡、陶三人一阵惊惶，竟决意放弃武汉，向荆州、沙市、宜昌一带退却。刘峙等军遂兵不血刃进占武汉，蒋氏也亲到武汉坐镇，追击夏、胡、陶等。夏、胡、陶等见大势已去，几经和蒋电议，乃于四月二十一日联合通电下野。所余部队，（除李明瑞、杨腾辉两师外）竟被蒋军悉数包围缴械。这一支对革命有特殊功勋的部队，终以不能见容于蒋氏而横被摧残，言之可叹。

当汉口战事急转直下之时，我自粤赴梧晤黄绍竑，筹商善后之策。白崇禧此时刚自华北化装潜返广西。因白氏在华北所指挥的全系唐生智的旧部，未予丝毫更改。十八年初，蒋即密派唐生智携巨款前往活动其旧部叛白。白崇禧被迫离津，秘乘一日轮南下。然中央对白崇禧志在必得，乃密令上海卫戍司令熊式辉，待该日轮抵沪时，将白氏逮捕。如该日轮拒绝搜查，则令海军炮舰将其击沉。国际交涉，以后再办。熊式辉原为赖世璜旧部，经白氏一手提拔至于高位，然式辉此时只好执行命令。这一消息幸为上海市长张定璠所悉。张君江西人，曾在白氏东路军前敌总指挥部任事，和健生有旧，乃将此消息泄露予余妻郭德洁。德洁遂商诸第四集团军驻沪办事处同人，同往日本轮船公司交涉。由王季文搭乘另一南下日轮，在吴淞口外以信号使白氏的船停航，健生乃得换上此一日轮，径驶香港。王君则乘白氏的轮回沪。后来新闻界盛传白氏藏于衣橱内脱险，并非事实。

白氏抵粤后，适粤方将领陈济棠、陈铭枢已背叛李任潮而分别就任南京所派广东绥靖主任及广东省主席之职，有图桂的打算。白崇禧乃又化装潜回广西梧州。我们李、黄、白三人遂在梧州重行聚首，都百感交集。不久，我们又相偕同往黄绍竑故乡的容县小憩，一面由黄绍竑出面，通电向中央交涉。

中央此时如器度宽宏，自觉不为已甚，乘此休兵，则和平原可立至。无奈蒋先生决心彻底消灭桂系，各路大兵已纷向广西合围，同时发表陈济棠为广西编遣区主任，迫令黄绍竑将我和白崇禧"解送"中央。前方部队人员转返广西原籍的，一概不许黄绍竑收容。广西现有的第十五军只准缩编为一师一旅，多余武器一概缴归中央点收。在上列三项命令彻底执行后，黄绍竑可就任广西编遣区副主任。

此项条件，可说欺人太甚。第十五军当时尚有十三四团兵力，人数虽少，然全军激于中央蓄意消灭异己的公愤，士气很旺，足堪一拼。我们乃决定先下广东，翦除牵制，再和蒋氏周旋。部队旋即由黄、白二人亲自指挥兼程东下，我本人则自梧州遄返香港暂住。

第四十四章 护党救国军之缘起

壹

我在香港的住宅是罗便臣道九十二号，位于半山之中，是一座陈旧而宽敞的三层楼洋房。这所房子原是陈炯明在广东失败后，在港避难时的住宅。我在武汉失败后，用月租银九十元赁居于此。到了"九一八"沈阳事变，李济深被释来港，也住在此处。他后来用两万元港币把这座房子买下，直至韩战发生，中共"抗美援朝"达最高潮时，才卖去捐充中共军费。

我在香港住下后，便有各种访客专程来访。最有趣的是张宗昌、孙传芳等也托人来表示说，他们二人的军队可说是我一手击败的，英雄识英雄，不打不相识，他二人很希望南下和我一晤。我恐南京方面借题发挥，说我勾结军阀，所以对他们的善意都婉辞谢绝了。嗣后陈炯明、沈鸿英也用同样方法求见，我也以同样理由婉拒了。

当时最为我抱不平的一位政治访客，却是青年党的领袖曾琦。但是民国十三年国民党改组后，在"以党治国"的政策之下，政府严禁其他党派的活动，所以我对青年党的实际情况很是陌生，而和曾先生也属初次见面，不知其究为何而来。曾氏和我寒暄后，首先就把青年党的党纲和政策方针从公事包里取出，递给我看，同时批评孙中山先生"联俄容共"的非计。并谓，北伐的完成，多半靠我冒险犯难，杀敌制胜所收的果实，今蒋介石过河拆桥，实有违患难安乐与共之旨。这时我心境不佳，得曾氏温语慰勉，殊感欣快，所以第一次的谈话甚为融洽。孰知他第二次来见我时，情形就大大的不同了。原来他来的目的是想拉拢我加入青年党。他开门见山地说，我现在和国民党中央已闹翻，而青年党却正缺少军事人才，我何妨另起炉灶，加入青年党呢？

我说，我只是同蒋先生个人为政策上的歧异而闹翻，我并没有退出国民党。今日国民党中央和我为难，不过是受蒋氏个人把持罢了，与党的本身无关。再者，我在国民党中位至中委，政治上也位跻国府委员，集团军总司令，已是最高层了。我如舍此历史不要而加入青年党，那是又要从小兵做起了，人们岂不要笑我一失意就"朝秦暮楚"吗？青年党也何需乎此类党员？曾连说绝无此事，绝无此事，你如加入青年党，必然是占党中最高位置的。况飞鸟尚知择木而栖，何得谓之"朝秦暮楚"呢？

曾氏到罗便臣道来访我足有四五次之多，纠缠不稍放松。最后见我态度仍极坚决，才放弃其要求。其目的虽未达到，我们却成为知心的朋友。

在港闲居期间，最使我感到苦楚的是两袖清风，除赡养家眷和随行官佐一共二十余人之外，尚不时有在武汉或南京被遣散的军官，来向我请求帮助的。我心有余而力不足，极为尴尬。事为黄绍竑主席所悉，汇我小洋十万元（折合港币七万元），才得稍解金钱上的困难。

在港小住未几，国内政潮又起了重大的变化。先是五月中旬，南京蒋政权乘我第四集团军新败之余，决定派大军分水陆夹击广西。黄、白二人为先发制人计，即率师入粤，企图一举攻下广州。作战初期虽然顺利，无奈劳师远征，众寡不敌，终于败退回桂。同时南京方面更发表俞作柏为广西省主席，李明瑞为广西区编遣主任，杨腾辉为副主任。率原来第七军的一部，自海道南下，并已溯江西上，抵达桂平，而何键所部也深入桂境，直薄柳州。黄、白二人为免使旧日袍泽自相火拼计，乃由白崇禧指挥一部劲旅，驱逐何键部回湘，然后将省内部队悉交师长吕焕炎指挥，嘱其与俞、李、杨等合作。黄、白二人即自南宁出走越南，不久也来香港暂住。广西全省，表面上遂为南京政府所统一。

当此之时，南京方面认为我辈已被解决，气焰甚高，乃掉转枪头，指向第二集团军。并以离间、收买第四集团军的同样方式，离间冯的部属。五月下旬，冯部石友三、韩复榘，果为蒋氏所诱惑，通电服从中央。蒋氏把持下的国民党政府随即下令讨伐冯玉祥。冯军也破坏陇海、平汉两铁路以自卫。蒋、冯大战迫在眉睫，南京方面深恐我在香港和冯氏暗通款曲，策动粤、桂起义，为冯声援，乃向香港总督交涉，逼迫我出境。

最初代表港督来访的，是香港绅士罗旭和与周寿臣两君。他们委婉陈辞，请我离开香港三四个月，以后再回港居住。在港督一再麻烦之下，我只得答应暂时离港，赴海外游历。乃暗中改名易姓，与叶琪、韦云淞、甘介侯等四人领得赴法游历签证，搭一法国轮船赴欧。但是我们真正的目的地却是法属安南的西贡，因西贡去国未远，仍可以随时注意国内的变化。

行前并由前护国军时代的旧长官林虎拍专电去西贡，介绍一碾米巨商辛沂臣来码头相候，以免受法国移民局官吏的留难。

我们一行在十月初自香港上船，驶过海南岛时，风浪极大，阖船旅客都晕船呕吐，餐厅中人数日减，船最后只剩下叶琪和我及三数其他旅客仍在餐厅进膳。舟行数日，抵达西贡泊岸。法籍移民官员登舟，如狼似虎地清查下船乘客。我等四人站在甲板上，极目远望，找寻辛君。移民局官员即用法语向我们盘问，幸有一中国旅客代为翻译，说我们四人拟登岸浏览市区，唯须稍候接船的朋友而已。孰知该法人竟不由分说，立即强迫我们登岸。岸上警察十余人用长绳一根，将所有登陆的中国乘客围绕起来。哨笛声声，竹鞭噼啪，便把一群人领向清查移民的"黑房"中。

此次上岸旅客，十之八九为当地华侨的家属，拖儿带女，老幼咸集，狼狈不堪。按法国属地极不人道的苛例，这些入境的侨胞，首先须关进"黑房"住宿，然后由法籍移民官员按名点验取保放行。所谓"黑房"是一座大厂房，只有前后二门，别无窗户。地下铺着霉烂的稻草，各人随地而卧，其中既无厕所，也无茶水、灯火等设备，臭气熏天。两门关闭后，伸手不见五指，故曰"黑房"。

当我们四人被领着走向"黑房"时，仍然四处张望，寻觅前来接我们的辛君。张望了许久，才发现有一商人模样的中年人，正向我们招手，大概他见我们四人穿着较整齐的西装，和其他旅客有点不同的缘故。我们也向他招手。那人即走近来问我们是否是林虎先生所介绍的某某四位先生。他说的果然是我们的化名。辛君乃向警察竭力疏通，可能还用了些钱。最后法国警官才答应让我们自黑房的大门走进，立刻便从后门走出，免除了我们住帝国主义殖民地牢狱的灾难。

出来之后，辛君即以他的自备汽车送我们往一小旅馆中休息。辛君是西贡有名的富商，法国官员对他颇为尊敬。此次他亲自来接船，我们本可毫无留难地上岸，不幸船早到了三十分钟，才发生这件不愉快的小插曲。

辛君问我们来西贡有何贵干，我们说不过普通游历而已，所以他为我们介绍一所极便宜的小旅馆。斯时天气炎热，住得颇不舒服。不久，我们便迁入另一大旅馆去。看样子，我们又不像是普通的游客，辛君这才开始有点怀疑，但是他也不便多所诘问。

在西贡住下，最恼人的一件事，便是要向移民局请求居留证这一关。这移民局是一所十足的帝国主义者的官僚衙门，办事毫无效率。我们为办居留证，清早就去，等到九十点钟，它还不开门，去迟了，则门前熙熙攘攘，拥挤不堪。我们为着签证，只得天天去，煞是恼人。

一天早晨，我在移民局前发现一位中国青年，对我注视很久，才行离去。我虽觉得有点奇突，但也未以为意。孰知事隔不久，法国安南总督忽派专员到我旅馆里来访问"李将军"。我问他何以知道我在此。这法国官员说,南京已得我来此的报告,因训令中国驻巴黎公使馆向法国外交部交涉,说我勾结共产党,以西贡为根据地捣乱中国,要求驱逐我出境。但是法国政府知道我和共产党无关,相反的,他们怕南京方面派人来暗害我,所以特派大批便衣侦探前来保护。

身份既经暴露,行动至感不便。无论我们去何处,后面总有大批暗探相随,实在令人感到不安。加以西贡去国仍然太远,往来信件迟缓。所以我们住了二十多天,便折返越北的海防了。

贰

我们到了海防,广西局面又发生了变化。原来俞作柏带了张云逸等共产党干部回广西后,又和南京闹僵。俞、李二人忽然喊出共产党口号,想另成一新局面。这样一来,不但全广西军民一致反对,即是和李明瑞同时南返的杨腾辉、周祖晃、梁重熙、黄权等重要将领也一变而反俞、李了。

南京方面得报,乃将俞、李免职,改委吕焕炎为广西省主席。唯焕炎声望不孚,不敢遽尔就职。广西各军以及各民众团体乃纷纷派代表来海防,请我和黄、白回桂主持军政大计。我乃于民国十八年秋冬之交,取道广州湾遄返南宁。黄绍竑、白崇禧则先我潜回省内活动。于是齐集南宁,共商善后,广西又变成我们三人联合领导的旧局面了。俞作柏因势孤力单,且为军民所不容,潜逃省外。李明瑞、张云逸和俞作柏胞弟作豫,分成两股,各率残部千余人,退据百色和龙州,组织苏维埃政权,号召赤色革命。

此时北方冯、阎为反对蒋的消灭异己,已在积极备战。国民党中,汪兆铭等也因蒋氏包办国民党三全大会而联合反蒋。原来为追击胡、陶而驻于荆、沙一带的第四军也高举义旗反蒋，并派人来联络，拟南下广西，共同出兵入粤，重奠中央。为配合此一全国性的军事行动，我们乃在南宁成立"护党救国军"。我任总司令，黄绍竑任副总司令兼广西省主席，白崇禧任前敌总指挥。总司令之下直辖第三、第八两路军。战斗序列如下：

护党救国军总司令　李宗仁（兼命令传达所所长）

副总司令　黄绍竑

前敌总指挥　白崇禧

第三路军总司令　张发奎

副司令　薛　岳

第十旅　邓龙光

第十二旅　吴奇伟

教导旅　黄镇球

第八路军总司令　李宗仁（兼）

第一纵队指挥官　吕焕炎

第一师师长　梁朝玑

第二师师长　蒙　志

第三师师长　杨　义

第一独立旅旅长　封克鲁

第二纵队指挥官　杨腾辉

第一师师长　黄　权

第二师师长　许宗武

第三师师长　梁重熙

十二月上旬，张发奎率所部万余人自鄂西经湘西，辗转入桂。第三、八两路军乃分道东下袭取广州。张发奎的第三路军由四会、清远入花县、从化，担任左翼。第八路军除吕焕炎所部留守广西自玉林、贵县至南宁之线外，余均东下入粤，循西江经肇庆，攻击粤汉路正面的军田，并分兵一部进攻佛山。

张军在左翼作战，起初甚为顺利，迫近广州时，粤方得到宁方的大军增援，突以主力反攻，来势极猛，张军败退。我第八路左翼受此挫折，遂随同后撤。本拟固守梧州，但粤方海军行动很快，已先期将梧州占领。我军主力乃在平乐、荔浦一带集中整理。粤方追兵一时也未敢深入桂境。时我军给养艰难，隆冬已届，士兵仍多衣不蔽体。值此困苦之际，第一纵队指挥官吕焕炎忽然在玉林率部叛变，并派人间道来平、荔一带煽动将士叛变。黄权、蒙志两师长传闻已和吕焕炎有所接洽，此两师如一旦叛离，则大势危了。

黄、白二人与我为此事在平乐城里商量。我说，在此紧要关头，只有用非常手段，将黄、蒙两师长扣留，以弭乱源。黄、白深恐此举会引起两师官兵的哗变。我保证不会有此事，并立刻叫人去把黄、蒙二师长找来开会。他二人一到，我便下令将其随从卫兵十余人缴械，然后带二人到我室内。我告诉他们说，现在吕焕炎叛变迹象甚为明显，外边谣言很多，都说你二人和他有勾结。此事影响军心很大，现在我为大局计，只好请你两位受点委屈，暂时解除职务，去桂林休息。黄、蒙辩说，吕焕炎虽派人来接洽，但是他二人根本没有接受。我说，吕焕炎既派人来，你们就该据实报告我。你们既不报告，足证外间谣言不虚。外面汽车已预备好了，就请你二人各指定一名随从，即刻乘车赴桂林休息。说毕，便令卫士带出，立刻启行。我随即晋升该两师的副师长为师长，并令其立即将部队集合平乐郊外，听候训话。

这一天，阴霾四布，寒风袭人。部队经过很长一段时间才到平乐郊外集合。两师官兵因师长被拘押，天气又冷，冻馁交迫，嘈杂之声达于山谷。我令该两师人围成方阵，然后站在一张四方桌上训话。我一上桌子，全体官兵立刻便肃静无哗。我告诉他们，将两位师长看管起来，为的是革命前途，和我们团体的荣辱。我们绝不容许有少数人临危变节，自损革命军人的人格。训话约历数十分钟始毕，我遂命两位新师长将部队带回营地休息。一场风波便立时平静下来。

　　黄绍竑、张发奎二人旋率第八路的一部和第三路全部渡江袭击玉林吕焕炎。吕以部属不听乱命，只身逃往广州，大河上下复归我有。唯是时粤军蒋光鼐等已沿西江西犯，向玉林前进，与黄、张两部战于北流。我军复败绩，因此，大河下游和玉林五属一带，复为粤军所据。是时幸白崇禧指挥有方，将深入平乐的朱绍良指挥的谭道源、刘和鼎等部击破，逐出桂境，民心才稍定。于是形成粤我两军隔江对峙之局。直至民国十九年春，扩大会议在北京开幕，阎锡山也加入反蒋阵营，联合冯玉祥对蒋作战，我军乃再度入湘北伐，参加倒蒋的战役。

第四十五章　抗大会议与北上护党

壹

民国十九年春初，蒋先生和阎、冯的关系已濒于决裂，双方都在积极备战。

自我第四集团军在武汉解体后，蒋先生及其所控制的"中央"气焰很盛，拟乘势一举消灭阎、冯，以实现其党政军"清一色"的理想。事态发展至十九年二、三月间，冯、阎二人不得已，乃采取联合反蒋的军事部署。三月初，阎锡山在太原电邀各主要人物赴并（即太原）共议国是。我们派了叶琪、胡宗铎、麦焕章等代表前往参加。

汪系中央委员陈公博等，及西山派元老邹鲁、谢持等也亲往太原晤阎。他们都是蒋氏召开的"第三次全国代表大会"所排斥的人。事实上，出席三全大会的代表泰半由蒋氏所控制的中央党部所指定，决不能代表全党。该次大会中，汪兆铭竟被开除党籍，其他同志更不消说。所以在太原会议中，众人遂拟乘机重整国民党，以免党权被蒋先生等少数人所把持。

最初，当张发奎自荆沙南下时，蛰居法国的汪兆铭便有电报给我，希望捐弃前嫌，共为改革本党而奋斗，并着张发奎军改易番号，归我节制。太原会议后，我们电报往返更多，我也劝他早日北上，领导党务活动。

三月中旬，各派反蒋人士遂在北平酝酿发起"扩大会议"，并组织新的党中央与政府，军事上也实行改组。三月十五日，鹿钟麟等五十七位将领通电全国，一致推举阎锡山为全国海陆空军总司令，冯玉祥、李宗仁、张学良为副司令。经数度电报往返之后，冯玉祥和我遂于四月一日分别于所在地联衔通电就职。于是原在广西的第三、第八两路军也改编为"中华民国陆军第一方面军"。其编制略如下表：

第一方面军总司令　李宗仁

　　　　副总司令　黄绍竑

　　　　总参谋长　白崇禧

　　　　　参谋长　陈翰誉

第一路指挥官　张发奎

第四军

第四十三师

第二路指挥官　白崇禧（兼）

第七军

第四十五师

第三路指挥官　黄绍竑（兼）

第八军

教导第一、第二师

迟至五月中旬，北平"扩大会议"尚未开幕，而蒋、冯、阎的大战已全面爆发，津浦、陇海两线皆有激战。而广西境内的战事至此却成胶着状态。粤军虽莫奈我何，然以我区区数万之众，想把入侵的粤军逐出省外，亦复不易。在此情况之下，白、张二人和我乃筹商打破僵局的办法。我们三人一致同意放弃广西根据地，挥军入湘，北上攻占武汉，与冯、阎友军会师中原。黄绍竑时在右江剿匪，我们将会议决定电告他，他也不反对。计划既定，我们乃于五月中电告华北友军，同时将全军秘密北移。五月二十二日我梁瀚嵩师先放弃浔州，许宗武师接着放弃贵县、横县。全军集中桂东，分三路入湘。第一路取道柳州、桂林，出全州，直向永州、衡阳前进。第二路出平乐，经永明、道州，亦向永州、衡阳集中。第三路则布置于迁江一带，掩护各军集中，俟各军入湘，才随后跟进。广西后方则酌留保安团队，维持治安。

贰

大军北进，所至如入无人之境，湘军何键等部都望风披靡。五月二十七日湘军唐生明（唐生智之弟）率部向我输诚。我军旋即占领衡阳，继续北进，于六月三日占领长沙。敌军朱绍良、夏斗寅、钱大钧等部仓促退入湖北。何键部则遁入湘西。六月八日，我第一、二两路军乃占领岳州，前锋已入湖北境内。我本人也进驻岳州，指挥北进军事。黄绍竑的后续部队和辎重等则正向衡阳跟进。预计十五日可以攻占武汉，与友军冯、阎等部会师。

孰知六月十日我后方交通重心的衡阳突为粤军蒋光鼐所占，我军顿被腰斩，首尾不能相顾。因我军五月底放弃广西根据地全师北进时，粤军陈济棠、陈铭枢等误以为我军绕道北江入粤，乃仓促全师自西江流域东撤，向北江增防。会我军北上向长沙推进，陈铭枢部乃随我军之后，乘虚占领衡阳。

我军既被中分为两，当前的决策只有二途可循。一、不顾一切，以破釜沉舟的决心直取武汉。二、回师会攻衡阳，克复衡阳后再继续北进。最后，我们决定采取第二项，回师攻衡阳。因我军辎重给养都滞留于湘、桂边界，无给养则我军便势难久持。

六月十八日，我军全线自长沙南撤，围攻蒋光鼐于衡阳。不意是年湖南大旱，赤地数百里，购粮无处。我军给养中断，军心涣散，加以缺乏重武器，屯兵于坚壁之下，无能为力。衡阳久攻不下，而敌人援军云集。六月底，敌我复在湘南展开激战。我方官兵至此已疲惫不堪，我虽亲赴前线督战，终以全军缺粮，无法维持。不得已，再向广西撤退，情形狼狈不堪。官兵对战事都十分消极，情况的艰窘，实我军作战以来所未曾遇过的。值此极端困窘之时，适阎锡山接济我四十万元，才得渡过难关。

阎氏送我四十万元也是一段有趣的故事。当民国十九年八月上旬扩大会议正在北平进行时，余妻郭德洁适闲住于香港。她的一位好友——舒之锐女士忽自北平来信，约她往故都一游。德洁以我在军中，一人住在香港也感觉无聊，遂答应舒女士之请，往北平观光。此行原是私人游历性质，事前我且不知其事。孰知此时正当北平冠盖云集，扩大会议最高潮时期，内子忽然北来，汪、阎诸公不知其详，都误以为我专派内子为私人特别代表前来与会。因此，当她在天津登岸时，军政各界代表到码头欢迎的不下数百人。抵北平时，欢迎的场面更为热烈，党中元老如邹鲁、谢持、张知本，及陈璧君、陈公博等，纷来拜访恳谈。内子因事先无此心理上的准备，最初颇觉尴尬，幸而她尚有应变捷才，乃索性假戏真做，与各方代表酬酢一番。

后来因张学良祖蒋，率兵入关，北平局面紧张，扩大会议决定移往太原，内子遂也乘机往太原拜访阎氏。此时冯、阎的败征已见，岌岌不可终日，扩大会议事实上已经解体。阎氏感我率军入湘遥为呼应的往事，乃自库存中拨款四十万给我。阎的本意，以大势已去，失败已成定局，故特地分给我个人一笔巨款，以为日后生活费用。孰知此款转到之日，正是我军粮饷两缺之时，骤得巨款，颇足稍纾燃眉之急。

此次我们二、三、四三个集团军联合倒蒋失败的重大关键，在于张学良被利诱入关。先是，当蒋、冯、阎三军在中原剑拔弩张之时，三方面都派人向张学良游说。阎、冯方面仅给予张氏以"全国海陆空军副总司令"的虚衔，劝其袖手旁观，而蒋先生方面据说，除了"海陆空军副总司令"的头衔外，还有河北、山西等省地盘，及现金六百万元的实际利益。张接受了，遂率兵入关勤王。

蒋和阎、冯本来势均力敌，张学良入关，自然举足轻重。东北军既占领平、津，阎、冯两军斗志顿失，遂一败涂地。"挟天子以令诸侯"的蒋先生所以能独霸天下，张学良实居首功。孰知因此便伏下"九一八"沈阳事变的祸根。

第四十六章　苦撑桂局与西南开府

壹

民国十九年夏，北方阎、冯势力瓦解，扩大会议无疾而终，蒋先生的声势至此可说是如日中天，因而他要以武力彻底解决本军的心也愈坚。

自我军退回桂林后，湘、粤之敌在蒋先生命令之下，不断侵入桂境，企图消灭我军。云南方面的龙云也受中央唆使，令卢汉率三师之众，将南宁包围。此时共产党李明瑞、张云逸等，屡陷百色、恩隆等地，组织苏维埃政府。广西全省弄得疮痍满目，残破不堪。我军处此危殆的境地，实在疲惫已极，军心难免涣散。纵是高级人员如张发奎、黄绍竑等，也心灰意冷，表示极端的消极。

张发奎军自荆沙南下时原有万余人，士气尚旺。无奈首受挫于广东的从化，再败于广西的北流，三败于湖南的衡阳，三战三北，张氏愤慨已极。自湖南撤入广西时，全军仅剩千余人。

张氏回到桂林后，曾向我说，该军人数所以没落至此，并非由于向敌人投降或被敌缴械，乃是由于薛岳在忿怒冲动之下，在撤退途中向部属官兵公开宣布，他本人和张军长决不再干了，各官兵所携武器听凭自由处置。卖枪得款，返乡务农也好，聚众持械，入山落草也好。总之，张某、薛某是不过问了。因此全军解体。他们的部队退抵桂林时，所剩不过五六百支枪，比之极盛时代的第四军，简直不可同日而语了。张氏甚至屡请撤销该军番号，俾息仔肩。为慰勉张氏，我总以乐观的态度说，胜负为兵家常事，劝他不必消极。张说，他现在毫无凭借，难以重整旗鼓。我为维持第四军于不坠，遂将本军许宗武、梁重熙两师番号取消，将该两师的装备，和少校级以下官兵约六千人，拨交张发奎补充第四军，以恢复其战斗力量。我们苦心孤诣维护第四军，可说是仁至而义尽了。

孰知张氏对拨补的部队，只收了士兵和枪械，将各级官佐陆续送回我的总司令部，另行安置，而易以他的第四军原有的心腹股肱。被解除职务的官佐，不免啧有烦言。我则竭力疏解安慰，以维持全军上下的和睦。值此万分艰难之时，我为维持正义，支撑残局，用心之苦，实难尽述。嗣后不久，"九一八"事变发生，汪、蒋再度合作，汪兆铭出长行政院。张发奎以广西地处边陲，发展不易，乃自柳州防地以急行军方式入湘，向南京开拔。张氏北上依附蒋、汪，本可减轻广西的负担，我们是不会留难的。

当上年张氏图粤失败，入桂避难期间，我们为表示欢迎及开诚合作，曾委张军中的陈劲节为第一方面军的军需处处长。到两广化敌为友，开府广州时，又改派为我军驻香港办事处处长。后来，本军因弹械缺乏，曾由陈氏经手，向德国购买七九步枪三千支。该批弹械到港后，陈氏竟秘不报告，反拟转运上海，交第四军应用，事为我方所侦悉，其谋乃败。

张发奎之外，另一表示绝对消极的，便是黄绍竑了。我军自湘败退后，绍竑便认为局面极端严重，无法应付而时有去志，经我和白崇禧苦劝无效，终于八月通电息兵下野，南宁收复后，即取道安南赴港。黄氏此去纯系他个人消极所致，并非与我李、白有何不洽。黄氏的通电措辞极为委婉，殷殷以和平为职志。然则我李、白二人坚持内战吗？此种内战的不断发生，纯然是由于蒋先生的独裁乱纪，以不正当的手段图谋消灭异己所引起。蒋氏这种作风，已引起全国的公愤，广西军民对蒋氏，无不痛心疾首。我们纵想解甲归田，也不愿在蒋氏的淫威之下俯首帖耳。其所以陈兵抗拒，实是逼上梁山。故黄绍竑的通电在广西袍泽中未发生丝毫反应。此非八桂袍泽独厚于我李、白二人而薄于黄氏，实因黄氏的主张有违军民大众心理所致。

贰

为应付广西当前危局，我乃以柳州为发号施令的中心，重新整顿所部，决定择要固守，并先派黄旭初军长驰赴南宁指挥韦云淞师固守，拒止滇军与贵县余汉谋粤军的合流，（旭初在邕垣竟被围困达两个月之久。）然后次第将客军逐出境外，全省或可以复苏。

军队改编后的新序列，略如下表：

第一方面军总司令　李宗仁

　　副总司令　黄绍竑

　　总参谋长　白崇禧

　　前敌总指挥　张发奎

第四军军长　张发奎

　　第十师师长　吴奇伟

　　第十二师师长　薛　岳

第七军军长　杨腾辉

　　第十九师师长　莫树杰

　　第二十一师师长　廖　磊

第十五军军长　黄旭初

　　第四十三师师长　梁朝玑

31

第四十五师师长　韦云淞

独立第一师师长　韩彩凤

这一期我们肃清广西的战略是对湘、粤两方敌人取守势，而以全力先将滇军逐出省外，以解南宁之围。讨滇的战事自九月底发动，由白崇禧指挥，经两周的激战，已迫近南宁。南宁守军在黄军长旭初指挥之下出城夹击滇军。至十月中旬，入侵滇军才悉数被逐出境，西线遂无战事。

卢汉既去，我军乃乘势"进剿"盘踞右江一带的共军李明瑞部。李部不支，退据东兰，其后又向桂北溃窜，终于二十年春初越境逃入湖南，东窜江西，与正在滋长中的朱、毛部队合伙。

叁

西线戡平之后，我军本拟回师进击侵入桂境的粤军，然而此时广东与南京之间又酝酿新变化，粤军已与我军通款言和。我军乃兵不血刃，将梧州以西和平收复。

此次宁粤的龃龉实缘于粤籍元老胡汉民的被囚，而胡的被囚，则又起源于所谓"约法"之争。原来当蒋、冯、阎中原大战结束之初，蒋氏以战胜余威，竟不经中央党政机构会议，擅自通电声言制定"约法"，开国民会议。中央要人如吴稚晖、杨永泰、张群之流，都附和蒋氏，唯胡汉民独持异议。汉民坚持党统，主张训政，反对约法。加以当时盛传，蒋先生将利用约法，出任总统，尤为胡氏所反对。二人相持不下。至民国二十年二月二十八日，蒋先生突然将胡汉民幽禁于汤山，并于中常会中宣布胡氏请辞本兼各职。

胡氏在党中允为元老，地位高于蒋氏，在政府中，胡氏也位居立法院院长。蒋先生竟因一言不合，即加以幽禁，则蒋氏对付他人的手段为如何，更可想见了。这些都可见蒋先生的独裁，目无纲纪，实为招致党内外一致强烈反对的原因。

胡汉民被幽禁后，举国哗然，粤籍中委纷纷南下，集议于广州，反对蒋先生。国民党自有史以来，粤籍要员最具畛域之见，其原因或者是由于方言的关系。他们彼此之间，平时虽互相猜忌，然一有事变，则又尽释前嫌，作坚固的团结。如陈铭枢、陈济棠争夺广东地盘即是一好例。当李济深被拘押后，蒋先生以利禄分化李的部属，以陈铭枢为广东省主席，陈济棠为绥靖主任。我军出湘时，陈铭枢部下的蒋光鼐、蔡廷锴等，竟自告奋勇，为虎作伥，开赴衡阳作战。其后，陈部被调往津浦线，参加对冯、阎的战争。陈铭枢在粤顿失羽翼，陈济棠乃排挤陈铭枢离粤。铭枢诉诸中央，蒋先生故意纵容陈济棠的所为，意在使两陈相斗，从中渔利。陈铭枢含恨在心，从此乃暗中积极反蒋。到了胡汉民被囚事件发生，所有粤籍中委又团结一致，铭枢、济棠也尽释旧怨，在广州开会反蒋援胡。

这时广州方面的实力派为陈济棠，因而粤籍要人如孙科、古应芬、邓泽如、萧佛成、林云陔、刘纪文等，群起赴穗依附陈氏，策划反蒋，甚至连汪精卫的改组派也被邀参加。

粤籍要人并师民国七年中山先生护法故事，在广州举行非常会议，开府西南，以与南京对抗。粤方反蒋计划既定，乃决定自广西撤兵，并派林翼中为代表，到南宁和我们商议合作，请我方派兵维持粤军撤退地区的治安。因此峰回路转，两广化干戈为玉帛，又由敌对之局转而为合作了。

第四十七章　沈阳事变后广西之新面貌

壹

中国国民党中央执监委员非常会议是在五月下旬在广州召集的。凡属国民党第一、二、三届中委而不愿与南京合作的，都纷纷到广州参加。同时由非常会议议决成立国民政府。推选唐绍仪、汪兆铭、萧佛成、林森、古应芬、孙科、李宗仁、蒋尊簋、陈济棠、邹鲁、许崇智、邓泽如、唐生智、李烈钧、陈友仁等为委员，汪兆铭为国府主席。通电要求蒋先生下野。

五月二十八日国民政府在广州成立，我也于是日自广西应约前来参加。粤、桂两军二月前尚在西江对垒，今又释嫌修好，共议北伐大计了。我到广州时，中枢要人齐集天字码头欢迎，握手相见甚欢，前次血战，似已遗忘干净。

新的国民政府治下的第一要务便是整军，拟北上讨蒋。粤、桂两军改编为第一、四两集团军。我受任为第四集团军总司令，陈济棠为第一集团军总司令。秣马厉兵，准备入湘北伐。南京方面也调兵遣将，预备在湘、赣一带堵截我军。

民国二十年夏季，双方电战不绝，继之以动武。唐生智在湘收编的部队，已和宁方军队发生接触。忽然日军侵占沈阳的警报自天而降，将内战风云立时吹散。

"九一八"事变爆发后，张学良蒙不抵抗便将东北拱手让敌的罪名，全国人心大愤。（据说张氏原拟回师与日军作战，为蒋先生密令阻止。）各界纷电宁、粤两方息争对外。蔡元培、张继等奔走和平，不久，胡汉民、李济深在宁先后恢复自由，和平空气顿形浓厚。广东非常会议乃推出汪兆铭、孙科、邓泽如、古应芬、李文范等赴沪，会商宁、粤息争问题。广东中央提出，如蒋中正息兵下野，粤方当自动撤销政府，双方合作，一致对外。

十二月十五日蒋氏终于被迫通电下野。广东方面遂撤销国民政府，另成立中国国民党"西南执行部"和"西南政务委员会"，为暂时党政最高机构。表面上，全国党政复归于统一。

蒋氏下野前，特手令将在沪被捕的邓演达枪毙以泄愤。于此也可见蒋氏残忍的本性。蒋氏每次下野总要杀一二要员以泄其胸中的积愤。民国十六年八月，遭难者为第十军军长王天培和第十四军军长赖世璜，这次却为邓演达。民国三十八年下野时，遭殃的则为陈仪。三事的发生，前后如出一辙，实为怪事。

值此期间的另一怪事，为南京、上海、广州几于同时举行所谓中国国民党第四次全国代表大会。南京为蒋派所主持，广东方面为孙科等粤籍委员所主持，上海则为汪兆铭系的改组派。三方各选出中央执监委员数十人，实在不成体统。

蒋氏下野后，三方人士乃齐集南京，共赴国难，我辈均应约前往。十二月二十二日，四届一中全会在京举行，修改国民政府组织法，并改组国民政府。十二月二十八日，中央执行委员会选任林森为国民政府主席，孙科为行政院长。二十一年一月中旬，汪、蒋会晤于杭州，商议合作，并宣布同返南京负责国事。一月二十五日孙科辞行政院长，由汪接替，中枢遂又恢复汪、蒋合作的局面。一月二十八日晚，淞沪战事爆发，战火扩大，国难日深，国府部分机关自南京迁往洛阳。全国一片抗日之声，国民党党内的内战总算暂时停止，各地维持现状。我也暂回西南，一面长住广州，和陈济棠协议维持西南治安；一面和白崇禧合力整顿桂局，作抗日的准备。

贰

"九一八"及"一·二八"事变相继发生之后，国难日深，我们以为抗日报国之道，实应登高自卑，从头做起。因此自民国二十年秋起，我和白崇禧、黄旭初等乃决心从根本上整理广西省政。历年内战之后，原在外省做事的桂籍军政干才，如叶琪、李品仙、廖磊等也多倦游归来，有志参与省政，共图复兴。这一阶段内的广西，可说人才济济，大可振作一番。

在群贤协力之下，我们首先精简省内军民两政。由我担任第四集团军总司令，白崇禧为副总司令。叶琪为总参谋长，廖磊为第七军军长，夏威为第十五军军长。

广西省政府则由黄旭初担任省主席，所有任职人员俱是一时之选。

二十三年本省召集"扩大党政军联席会议"，会中通过"广西建设纲领"，具体地确定了广西省内建设的方针。这一纲领当时便成为广西的"根本大法"。大致说来，这一纲领系根据"三民主义"的原则而拟定的。

例如：第三条规定"以现行民团制度，组织民众，训练民众，养成人民自卫，自治，自给能力，以树立真正民主政治之基础。"这一"三自政策"便是与"民权主义"中所提示的"地方自治"的原则是一致的。

又如：第九条"施行社会政策，依法保障农工利益，消弭阶级斗争。"第十二条"运用金融政策，扶植中、小工商业。"第十三条"适应民生需要，公营重要工商企业"。等等，都是依据"民生主义"的"平均地权，节制资本"的原则所拟订的。

第二十一条"提高民族意识，消弭阶级斗争，创造前进的民族文化。"则分明是发扬"民族主义"。

所以我们当时的口号便是"建设广西，复兴中国。"希望将广西建立成一个三民主义的模范省，为全国作一榜样，以逐渐达到复兴中国的最后目标。

在上下一致根据广西建设纲领励精图治之下，为时不久，全省政治便面目一新。原来在黄绍竑治下的广西，行政效率已为全国各省之冠。然有计划的现代化建设，则实自"九一八"以后开始。

我认为廉洁的政府，在广西已经确立，然当时唯一当务之急，则为维持治安，清除匪患。广西向以多匪出名，所谓"无处无山，无山无洞，无洞无匪。"广西之所以多匪，有数种重要因素。第一，广西人民的构成分子极为复杂，风俗不同，语言各异。大致说来，西江流域居民的言语多属广东语系，桂江、柳江流域的居民则说普通官话。此外还有客家，以及少数民族如壮、苗、瑶、夷、傣等。彼此习俗不同，极易发生争斗。相沿既久，遂养成广西人好勇斗狠的习性。这种习性固可练成好兵，也易养出惯匪。第二，广西地方偏僻，人民教育程度很低，也是养成盗窃的主因。第三，便是贫穷，语云"饥寒起盗心"。冻馁不堪忍受的人，则往往铤而走险。

以前官府剿匪政策的失败，实由于未能掌握广西产匪的基本原因。所以兵来匪去，兵去匪来，终无根治办法。至于传统的地方民团制度，更是无用。所谓团练多数为地方土豪劣绅所包办，鱼肉乡民则有余，维持治安则不足。

我们既掌握了广西匪患的基本原因，故能治标治本，双管齐下。治标的方法，则严申军令，明辨善恶，实行剿灭政策。治本的办法则实行保甲制度，严密基层组织，并以受过严格训练的乡村青年干部代替原有的腐败的团局。

第一步，先由省政府创设"广西全省民团干部学校"，招考知识青年受训。最初为期半年，后来增至八个月。训练的主要科目为灌输现代的知识，培养专门的技能。例如：地方自治，户口调查，农田水利，筑路造林，国民教育，畜牧兽医的常识等，此外更着重组织乡村壮丁，加以军事训练。一言以蔽之，即是训练出大批足以推行"三自政策"的青年干部。

这些青年于受训期满后，便分发到各县任村、乡长和街、镇长。由他们负责调查户口，将各区人民的人口、财产、教育情况，生死及流动的情形完全调查明白，向上级机关按期呈报。所有民枪均集中于乡、村公所之内，由乡、村长于农暇时，集中壮丁，加以军事训练。村长兼民团训练的中队长，乡长兼大队长。每县的壮丁则编为一或两个以上联队，以县长任总队长。军训教官则由无职军官中遴选充任。

这种制度在推行初期，颇受地方土豪劣绅的反对，但因政府政策坚定，阻力瞬即消失。一两年后，全省匪患几乎绝迹，风声所播，全国各界来桂参观的络绎于途，对广西的治绩，颇致称道。

同时，我们的教育和经济建设也齐头并进。新政策下的广西，基层的国民教育是义务性的。每村设一国民基础学校，由村长兼校长。每乡则设立一设备较优的"中心学校"，由乡长兼校长。所有学龄儿童都强迫免费入学，并利用夜校教育成年失学男女。不数年间，全省文盲大减。

二十二年，我更在全省党政军联席会议中，提议公共积谷的办法。因中国农村，贫农每因食用不足，向富农或地主高利借贷。消灭这一高利贷，便是我们"积谷"的最大原因。其办法是每村设一公共谷仓，由每年有余粮的农户以累进的方式摊派，征集收入公共谷仓，为各该村的公产，由村民公选的委员会任保管。每村更抽出若干成，积存于乡公所，借以挹注贫村。这种积谷，凶年可以防饥，平时则可出借予贫农以扫除高利贷。贫农可无利贷谷，唯秋收归还时，每百斤多还若干斤，以填补新谷折耗。

这种公产且可挹注乡村其他公营事业，如补助教育，兴办水利，开荒，养鱼，畜牧，植林等。民有之，民享之，类似西方的合作事业。积谷累年而有盈余时，则由乡、村公所购买田地，以为公产，且可借此防止土地集中。

至于城市街镇，无谷可积，则以公积金方式行之。这样行了数年，有些乡村可说是仓廪充实，人民乐岁终身饱，凶年得免于死亡。全省一片新兴气象，为广西农村有史以来所未尝有。

在整饬广西省府时，我们最感棘手的一项，便是税收机关。因税收机关中饱，相沿成习，不以为异，故最难杜绝。广西当时内地关卡不下五六十处，专事征收商贾货物过境税。这种关卡积弊最深，商贾受其扰害也最大。例如某地江边设有一税局，过往货船须往报税。验查数量的多少自不消说，即是验税和清查的时间先后，也有极大的弊端。有些税员故意稽延不查，使货物不能按时转运销售。因此税员最易收受贿赂，政府虽三令五申，肃清贪污，但道高一尺，魔高一丈，革新实非易易。

民国二十三年，一日我问省财政厅厅长黄钟岳说，这些扰民的税局可否全部裁撤，只保留通省外的边境税局。黄说，那如何使得，偌大的税收一旦裁去，省经费将如何弥补？

我问他，这笔税收每年共有多少呢？他估计一下说，总在七八百万元之间。我说，开支要多少呢？黄说，约三百万左右。我说，那么，净收入不是只有四百多万吗？黄说，四百多万不是个小数目，裁去将如何弥补？我说，那只有节流，我们可以裁兵。当时我们便这样决定了，由省府下令，除通省外的税局外，其余一律裁撤。这消息一出，全省商民无不额手称庆，颂为德政。同时为减少省经费的开支，我即着手裁兵。孰知年终结算，税局裁撤后，税收不特未减少，且较前多出八百多万元。黄厅长起初极感惊奇，其后仔细想想，道理也甚简单。因自内地各处税局裁撤后，商旅称便，货畅其流，省内的生产和消费，以及对外省的出入口贸易，都大为增加，市场繁荣，税收也就增加了。这一点证明了，福国利民，实在是事在人为。

关于裁兵，民国二十一年以后，广西裁得相当彻底。由原来四十个团，一气裁至十四个团。其中两个团且用作兵工，调至贺县的八步开采锡矿。

但是，我们也估计到抗日战争有随时爆发的可能，所以我们的裁军，事实上，只是寓兵于民的政策。一旦有事，政府一道命令，旦夕之间，便可成立军旅，调赴前方。卢沟桥事变后，我们在两个月内便装备了四个军（第七、三十一、四十八、八十四军），共四十八个团，配备齐全，开上前线。动员的迅速，是全国所无的。

广西动员所以能这样迅速，一则由于平时有准备，有健全的行政基层组织，有全省皆兵的民团训练，再则归功于兵工政策配合的适当，有武器、弹药、被服储存，随时可以取用。民国二十年以后，我们在广西节衣缩食，一面向外国购买枪械，一面设厂以谋自给。我们的兵工厂计有：轻机枪厂、重机枪厂、步枪厂、迫击炮厂、迫击炮弹厂、手榴弹厂、七九口径子弹厂、硝酸硫酸厂、无烟火药厂，以及飞机修理厂。上述各厂的机器，大都购自捷克，为最新式的设备。抗战爆发后，我们便将大小兵工厂悉数交予中央统筹管理。据接办的人员说，我们的兵工厂中，有两个其规划的精密，设备的新颖，实凌驾中央各厂之上。

同时，我们还积极建设空军，设有航空军事学校。最初，我们聘粤人林伟成为校长，兼空军大队长。林君曾在美国学习民用航空，对军事航空是门外汉。广西的空军最初自然是模仿广东的空军。不过广东空军中，骄傲轻浮、奢华的习气很深。因这些创办空军的人物，概属美国华侨子弟，只学会了一些民航驾驶技术，回国之后，社会上即恭维他们为"飞将军"，因此习气极深，和我们坚苦卓绝的精神颇不调和。为救此弊端，我们乃派航校学生十余人往日本空军学校深造。起初，我们以为日本既是我们的假想敌人，恐不会认真为我们训练空军人才。谁知这批人员回国之后，其学术与纪律和原有空军人员完全两样，使我们对日本另眼相看。

抗战前夕，广西空军共有各式飞机五六十架，英、美、日式样俱备。我们另设规模宏大的飞机配制厂。据专家说，这个厂的规模较中央所有的又新又大。当时英、美、日的经纪商人出售飞机，照商场惯例，都有很大的回扣，意在酬庸买方经手人员。但是我们和厂商订合同时，首先就问明，除掉回扣，实价多少？所以我们购买飞机、枪炮和兵工厂机器，绝无任何中间人中饱。飞机厂商也不敢瞒混欺骗。但是当时中央就不同了，层层侵蚀，官官相卫，上下舞弊，已成为公开的秘密。

民国二十五年，陈济棠联络广西发动请缨北上抗日，孰料蒋氏反而用金钱收买陈济棠的部曲，终致黄光锐率广东空军投奔中央。嗣后蒋又以同样方式策动广西陆、空军叛变，然仅林伟成一人接受煽动，驾一架练习机潜逃广州。林去之后，白崇禧乃自兼航校校长和空军大队长。抗战起后，广西空军悉数移交中央。八年血战，当年广西空军将士泰半都已壮烈殉国，真是可泣可歌。

叁

民国二十四年冬季，中共号称二十万红军，忽自江西突围西"窜"，并自湖南经茶陵、桂东等处，直迫桂北的恭城、灌阳、全县三个县边境。中央当局拟借刀杀人，故任由共军进入广西，并未跟踪追击，一面反捏造电讯，诬蔑我们私通共军，居心险恶，令人发指。

共产党系在民国十七年春初，发动湘南一部分农会暴动，何键第三十五军中的团长彭德怀也树起红旗响应。为我西征军所派部队协同三十五军分途兜"剿"，地方治安旋即恢复。彭氏无处容身，乃率部和毛泽东等向赣南地区"流窜"。不久又有驻防广东南雄的范石生师所收编的朱德一团叛变，这是中国共产党据有武装部队的开始。但那时中共的武器、兵员究竟不多，故蒋先生一向忽视共军的发展，认为他们是"土匪"，不足为虑。加以私心自用，意图挟寇自重，内则胁制江、浙一带的财阀和中央元老们，为其出钱出力，外则向英、美、日等资本主义国家鼓吹其反共的决心，以自抬身价。蒋氏既故意养痈，"剿共"军队更不堪作战，时为共军所败，例如第二军副军长张辉瓒的阵亡，陈诚第十八军的溃败，孙连仲所部数万人的投降，使中共日益壮大。到了蒋、冯、阎中原大战后，江西的红军已增至数十万人，盘踞数十县。不过中央如能倾全力"围剿"仍不难消灭。无奈蒋先生别有怀抱，意欲利用共党为其消灭异己，"共祸"遂益发不可收拾了。

民国二十二三年间，江西"剿共"战事正炽烈之时，我们也派一师军队假道广东入赣助"剿"。不久，江西共军在中央第五次"围剿"之下，有突围他"窜"模样，我军乃撤返广西，增加省防。

共军此次"西窜"是由于中央第五次"围剿"战略的成功。这一战略原是采取德籍顾问的建议，一面用碉堡政策，一面建筑公路，稳扎稳打，步步为营，封锁共军，并断绝其食盐的供给，使其坐困。就战略的原则来说，中央应自四方筑碉，重重围困，庶几使共军"逃窜"无路，整个就地消灭。如不得已要网开一面，也应将缺口开向闽、粤两省，把共军驱至沿海一带，加以消灭，如民国十六年贺、叶"南窜"，终于在潮、汕一带为李济深、黄绍竑所击败，便是一绝好的例证。但此次中央的战略部署却将缺口开向西南，压迫共军"西窜"。

共军入湘之后，按当时情势，中央军本可利用粤汉铁路和湘江，水陆两路南下，截击共军，使其首尾不能相顾。而蒋先生却屯兵湘北，任共军西行，然后中央军缓缓南下，迫使共军入桂。同时，中央宣传机构在海内外大事宣传，捏造截获我们予共军电报，说广西李、白勾结"赤匪"，期待我和共军互斗两败俱伤之后，中央军可有借口入占广西，居心极为"阴险"。民国二十三年九十月间，共军先遣部队万余人在肖克率领之下，"窜"至湘、桂边境，全军十余万人随后跟进，有入桂模样。为应付这一紧急局面，第四集团军总司令部乃下令地方政府，将桂东北各县坚壁清野，以防共军"入侵"。同时将本省常备军十四个团悉数调往湘、桂边境，由白崇禧指挥，堵截共军入境，全省民团也奉令动员，以为增援的准备。不久，共、我两军遂在湘、桂北边境的全州、灌阳、资源等处发生接触。共军来势极猛，所幸该地山岭重叠，地形险要，易守难攻。我军以寡敌众，共军无法逞其志。经旬余的战斗，共军攻势已有再衰三竭之势，我军乃全面出击，共军死伤万余人，被俘七千余人[1]，造成抗战前"剿共"战役中罕有的大捷。

---

[1] 据当时参与拍摄《七千俘虏》电影的周游同志称："红军开始长征，先是派肖克在一九三四年农历七月经过广西而去贵州。到了农历九月，共产党中央及主力部队，再由湖南边界进入广西，经过灌阳、恭城、全州、兴安、资源、龙胜、三江等县的边界而进入贵州。整个时间约十天左右，就顺利完成了这一通过，双方并无战斗。

桂系的最高指挥官白崇禧亲自在桂林指挥。他命令廖磊所率的第七军紧跟着红军之后，彼此相距四十华里，一路相送，一直把红军送入贵州省。

当时我是广西桂系'中国国民革命军第四集团军总司令部政治训练处宣传科少校处员'。处长是潘宜之，科长是李文钊。我们率领一个电影队到兴安，队长是黄学礼。那时红军已经过了兴安华江，越过老山界，进入资源的浔源乡（今两水公社），向龙胜三江去了。

在兴安县城外收容了由各处送来的一些跟随红军长征的掉了队的男女老幼，其中还有背孩子的妇女。总共约有一百二三十人。这些人，都由电影队作为红军俘虏摄了影，上了镜头。

另外，华江千家寺烧了十多间房子，这是桂系尾随红军部队的第七军因不慎失火烧的，我带着电影队长黄学礼去把残余的烟火及颓墙断瓦等尽量上了镜头。后来这些都做了制造《七千俘虏》电影的镜头材料。随后，李文钊就率领电影队回南宁拍摄《七千俘虏》电影纪录片。所有俘虏战利品等镜头，都是由民团扮演的，全是假的。时至今日，除我之外，现在在南宁的，还有当时电影队员蒙惠坤（现在南宁冶矿厂）、李露莎、雷卡零、方衣零等可以证明。"

当共我两军正打得血肉模糊之时，中央追兵却在湘中一带作壁上观。京沪一带CC系的报纸，更鼓其如簧之舌，极尽颠倒黑白之能事，说共军已和我军妥协合作云云。因此，在共军被我击溃之后，我即发一急电给上海市长吴铁城。略谓，此次共军西"窜"，我军加以堵截，在湘、桂边境发生激战，共军为我击伤击毙的凡万余人，生俘七千余人。俘虏之中，湘、粤籍的约三千余人，已就地设法遣送还乡。其余四千余人，都是共军在苏、浙、皖、赣一带，裹胁来的，就地遣散不易，弟拟租用专轮，将该批俘虏，分批运往上海，敬烦吾兄就便遣散回籍，庶使被胁良民返乡务农，并慰其父母妻子喁喁之望，实为德便云云。

吴铁城得电后，立即回电说，请将俘虏就地遣散，千万不必运来上海云云。在我和吴市长数度电报往返后，全国非CC系的报纸俱有报道。因而CC系报纸造谣中伤的阴谋，适自暴其丑，从此不敢再度造谣了。这也是"剿共"战役中一段有趣的小插曲。

共军既不能得志于广西，乃西"窜"入黔。我得报后即分电中央和贵州省主席王家烈，建议将湘、黔边境道路彻底破坏，凭险防堵。因湘、黔边境多羊肠小道，一经破坏，共军即运动困难。中央军和我军再从后夹击，则湘黔边区便为远东共党的坟场了。孰知中央置若罔闻，其原因固然是中央别有企图，同时也可能是中央军实在不经打，与其见屈于共军，倒不如保存实力，慢慢跟进，以占领共军离去后的地盘。

二十三年底，共军入黔，贵阳吃紧。为免贵阳沦陷，我遂派廖磊率我军精锐的第七军，星夜赴援。共军乃舍贵阳，北"窜"遵义。嗣后不久，蒋先生即偕顾祝同飞贵阳视察。事毕，蒋先生即原机返京，贵州省主席王家烈亲赴机场送行。当飞机正发动时，蒋先生忽命王主席上机，告诉他说："你随我到南京去！"王家烈闻言大惊，连忙道，我还有事务待亲自处理，且随身也无行李。蒋说，你可招呼随从人员回去收拾，交随行飞机带京。

王氏无奈，只得到机舱口吩咐了善后事宜，随蒋先生往南京。不久，中央便发表吴忠信为贵州省主席。所以共军西"窜"，未替蒋先生打下广西，却打下了一个贵州。

共军绕过贵阳之后，一部分取道滇、黔通路"窜"往云南，顾祝同也遥领大军尾随其后。云南省主席龙云得讯大恐，乃倾全力堵截，和共军血战于滇边，共军不支而北"窜"，与朱、毛在遵义会师，往川边"骚扰"。四川省主席刘湘又为之惊慌失措，乃调重兵至大渡河一带严防，并急电龙云，请派兵乘势夹击。龙云复电，请刘湘转向中央请示，质问顾祝同，其大军不追击共军，却屯于黔、滇边境，用意何在？刘湘乃商请张群转呈蒋委员长办理。中央不得已，乃将顾祝同所部主力北调，然共军此时已越过大渡河入川了。大渡河素称天险，太平天国时，翼王石达开便铩羽于此，终至身殒军灭。今朱、毛却能飞渡天堑，长驱北进，非朱、毛的才略远过翼王，只因蒋委员长培养来等候他们往成都为其效力而已。蒋先生玩火自焚，朱、毛终至壮大，席卷神州，岂非天意！

第四十八章　福州人民政府
与广州"六一运动"

壹

"九一八"以后，全国都在抗日气氛笼罩之中，人心悲愤。兄弟阋于墙，外御其侮。以前内战中的重要领袖们，现在多少都有"先国难而后私雠"的概念，认为内战实在不应再继续了。孰知就在这一段时间，发生了两件可笑的小政变。一为民国二十二年，抗日成名的十九路军诸将领所导演的福州"人民政府"；另一则为二十五年夏，陈济棠在广州所号召的"反蒋抗日运动"。两件都富有高度的戏剧性。

先是，"一·二八"淞沪之役，十九路军一举成名。蒋光鼐、蔡廷锴一干人物顿时变成民族英雄，为全国人士所一致钦仰。但是中央此时却抱退让的态度。淞沪战时，蒋先生曾令张治中率第五军俞济时等部参加作战，表面上是协同抗日，事实上则用来监视十九路军，防其扩大战争范围。这事使蒋、蔡等将领极感气愤。

淞沪战后，中央为防止十九路军再度抗日滋事，有碍和局，乃将蒋、蔡等部队调防福建，并发表蒋光鼐为福建省主席。其实，中央如真为防止十九路军闹事，则大可将蒋、蔡等调往河南、安徽等无日本通商口岸的省份，岂不更为保险？蒋先生不此之图，而调之入闽，实系一阴谋。

因十九路军原为北伐时第四军的一部。将领官兵多为粤人。其指挥官陈铭枢、蒋光鼐、蔡廷锴等更自视为广东的主人翁。十九路军于民国十九年蒋、阎、冯中原大战时，奉调自粤北上，使时为广东省主席的陈铭枢顿失羽翼。不久，陈铭枢便为陈济棠排挤而去，其衷心对陈济棠和蒋先生的怨恨，无时或释。一有机缘，渠等便想对广东卷土重来。蒋先生把握济棠、铭枢之间的矛盾，故意将陈铭枢的第十九路军调往福建，使其垂涎广东，互相火拼，以达一石击两鸟的目的。十九路军到了福建，广东方面的陈济棠以卧榻之侧岂容他人鼾睡，顿时感到极度的不安，而蒋先生则高踞南京，玩其分化统治的手法。

不过此时陈济棠虽感恐慌，十九路军的陈铭枢、蒋光鼐和蔡廷锴各人，对蒋先生这一手法却洞若观火，不愿轻易上当。故陈铭枢竭力设法和陈济棠取得谅解，希望福建和两广合作，在广州组织国民政府，号召抗日，和南京的汪、蒋相对抗。但这一计划却不能为陈济棠所接受。因陈济棠盘踞广东，俨然是岭南之主。如在广州组织政府，则党中元老以及陈、蒋、蔡等人将接踵而至，这样则抗日反蒋未成，而济棠先已失其在广东唯我独尊的局面，所以陈铭枢、蒋光鼐等人虽舌敝唇焦，陈济棠仍不为所动。

陈铭枢、蒋光鼐等无可如何，乃积极向我们游说，希望广西和福建合作，逼迫陈济棠同意开府广州，使南京国民政府不能不负起抗日的责任。而白崇禧和我则期期以为不可，因此项措置将愈陷国家于分裂。当前问题的中心是中央对日本的侵略一再退让，等到忍无可忍，则必然被迫抗战。一旦抗日战事爆发，则我们必须团结一致对外，若再开府西南，实非国家之福。

孰知陈铭枢、蒋光鼐等，昧于大势，不听我言，决定单独行动，树立中枢于闽垣，用资号召。仍向我们游说，希望福建举起抗日大旗之后，两广即通电附和，以壮声势。我和陈济棠竭力劝阻，也难遏止他们的行动。此外他们更竭力和急进派民主人士徐谦、谭平山、陈友红、章伯钧、沈钧儒、黄琪翔等，合作包围李济深。济深斯时刚自南京汤山恢复自由不久，避居香港，孑然一身，久静思动，而内心对蒋氏又极端怨怼。当他被陈铭枢等包围时，我曾向他献议，略谓，在目前情势之下，只以十九路军为后盾来组织中枢，号召抗日，似嫌势孤力单，反予蒋氏以借口。请告诚陈铭枢等慎重考虑，不要轻举妄动，自贻伊戚。李济深也颇以为然，主张慎重，不可孟浪从事。我乃自香港转广州回南宁。无奈陈、蒋、蔡和第三党领袖们对开府闽侯一事，仍积极筹划，势在必行，即使两广反对，他们也要硬干到底。民国二十二年秋，陈、蒋、蔡等和第三党分子，急进派民主人士接触频繁，并陆续齐集福州，另外更与江西瑞金的中共取得谅解，因而他们在福州组织"人民政府"的空气已甚嚣尘上。个中情节，蒋已深悉，然渠却故作不知，只是暗中从事军事准备。

到十月下旬，福州已密锣紧鼓准备成立政府。陈、蒋、黄、章、沈等人，要求李济深立刻前往主持。济深以为不可。然陈铭枢却诳他说，福州方面各级军官已准备发动，陈等无法控制，希望李济深亲往解说。李为忠厚长者，信以为真，且经不起左右亲信张文、李民欣等的怂恿，遂决定往福州一行。

当香港方面包围李济深已至成熟之时，我在南宁和白崇禧恐他们会弄假成真。但我们也深知，只要李济深不参加，陈铭枢辈就无法另组政府。为消弭这场无谓的纷争，我和白崇禧乃决定采用"调虎离山"的办法，把李济深从他们的包围中接出来。于是，我们立即包了一架民航机，由白崇禧亲飞香港，接李济深来南宁小住。谁知在白氏飞抵香港之前数小时，李济深已被骗往福州。

我在南宁得此消息，立刻便感到事无可为了。我判断李济深一到福州，他们必然拥李为首，组织政府，与持不抵抗主义的南京相抗衡。但以区区十九路军肩此重任，必然失败无疑。

果然不出所料，李济深一到福建，第三党人士即召集所谓"全国人民代表大会"，并成立"人民政府"，推选李济深为主席。同时宣言打倒国民党及国民政府，废除青天白日旗，另行制定上红下蓝中间一颗黄色五角星的新国旗。消息传出，全国大哗。因一般国民和国民党党员虽不满意于蒋先生，但对国民党和青天白日旗仍有无限的依恋。

胡汉民闻报，即首先通电痛斥闽方，措辞极为严峻。陈济棠和西南政务委员会继之。我原拟不作任何表示，因断定闽方必败，实毋需多此一举。但因外界盛传闽、桂合作，胡汉民、陈济棠等乃劝我也发表通电，以表明心迹。我和白崇禧遂联名通电，劝闽方人士"幡然改图，共赴国难"！

十二月中旬，中央军约十余万人由蒋鼎文统率，兼程自浙、赣两省分路南下入闽。闽方因和江西共党有谅解，以为共党可与之夹击中央军。孰知共军竟自赣东让开，中央大军数万乃一举而侵入闽北。闽方总司令为蔡廷锴，蔡氏负抗日英名，号称能战，原拟背城借一，与宁方一战。孰知蔡氏幕中早伏有宁方间谍。其参谋长邓世增虽极忠诚，但是黄埔一期毕业的参谋处长范汉杰家中则装有秘密电台，以故闽方的军事动态，中央了如指掌。加以名不正，言不顺，军心涣散，军长毛维寿等都暗中向南京输诚，蔡军因此不战自溃。到二十三年一月中旬，福州、漳州、泉州都为宁方所攻克。福州军政大员纷逃香港。十九路军残部退入广东，为陈济棠所收编，旋即缴械。抗日有功的十九路军到此竟全军解体，良堪惋惜。追溯闽变自二十二年十月中旬发动以来，到二十三年一月底十九路军缴械止，前后尚不足三个月，其经过情形亦殊堪浩叹。

贰

继"闽变"后的另一政变，便是陈济棠在民国二十五年夏季所导演的"六一运动"了。

在"闽变"期间，陈济棠曾力斥闽方的行动为幼稚。何以在"闽变"失败之后，又来导演这幕悲剧呢？其内幕也甚为错综复杂，政治的斗争之外，还掺杂了一些荒唐和迷信的故事，说来难以令人置信。

原来在"西南政务委员会"和"西南执行部"成立后，胡汉民先生俨然是西南的物望。关于西南方面的党务和政事的处理，我们都以胡氏马首是瞻。因胡先生为党国元老，德望素著，推他做西南领袖，原是顺理成章的事，但是当时握广东实权的陈济棠却另有怀抱。在他看来，假使胡汉民掌握了西南的党政实权，则他独霸广东地盘的迷梦，必被打破无疑。因此，在胡先生去世前，西南方面每以胡先生为号召而有所作为时，济棠皆若即若离，不甚热心。民国二十五年五月，胡汉民忽患脑溢血逝世。原在广东有号召力的领袖，如李济深、陈铭枢等又以闽变之故，无法抬头，济棠在广东的地位乃大增。西南有所行动，陈济棠少不了都是最高的决策人。他个人的政治野心自然也随之增长。

另一个促使济棠发动政变的重要原因，便是济棠获得情报，认为中央处心积虑，要彻底解决西南。济棠忧心如焚，乃先行发动。原来在胡汉民逝世后，济棠为刺探中央对西南的新政策，派乃兄陈维周入京晋谒蒋委员长。蒋先生为羁縻陈氏，曾设宴欢迎，优礼有加，并与维周详谈。据说，维周在南京时，探悉了中央彻底解决西南的三大原则：

一、彻底解决广西的李、白，由中央协助广东出兵。

二、驱逐萧佛成等反蒋的元老离粤。

三、广东仍维持原来局面。

这一决策可能是蒋先生亲自告诉陈维周的，希望因此挑起粤、桂之间的摩擦。维周回粤后，即将详情密告乃弟。济棠得讯大恐，他深知两粤团结的重要，和蒋先生分化离间手法的毒辣。中央既可授意广东解决广西，又何尝不可反其道而行之？反复思维，为之惴惴不安，深觉今后两广的局面，决难长久维持，与其坐待中央部署妥当，各个击破，何妨抢先一步，采取主动呢？而当时唯一可以借口，向中枢作兵谏的，便是掮起抗日大纛，要求中央领导抗日了。这一考虑可能是陈济棠导演"六一运动"的最主要的动机！

此外促使济棠妄动的迷信也是因素之一。原来济棠兄弟行中，他最敬佩的便是大哥陈维周，济棠对他可说是言听计从。维周粗通翰墨，人亦精敏，唯笃信阴阳命相堪舆卜算之术。据说，维周某次特往广东花县洪秀全的故乡，察看洪氏的祖茔，发现秀全的祖坟正葬在"活龙口"上。据维周及其堪舆朋友们推断，秀全的祖茔可惜葬高了一些，如下移数十尺，便正在"穴"上，秀全就是真龙天子，不会只拥半壁河山，及身而败了。维周认定此一墓地的可贵，便要洪姓子孙卖与他。洪姓起初不允，但经不起维周的威胁利诱，就将墓地割爱了。陈氏兄弟遂将生母遗骸迁往该处安葬，深信陈府不久便要出一位了不起的人物了。但环顾陈家上下，余子碌碌，除掉济棠还有谁呢？因而陈济棠就野心勃勃，予志自雄。

此后不久，维周便衔乃弟之命，去京与蒋委员长作促膝长谈。这又给维周一个最好的机会替蒋先生"看相"。据维周回粤语人，从相上看，蒋先生断难过二十五年这一关。说也奇怪，蒋先生的相倒是给维周看中了。当年发生的"西安事变"几乎使蒋先生丧命。不过其事的发生，是应在张学良身上，而不是陈济棠罢了。

又据说，在济棠发动请缨北上抗日之前，维周曾约了翁半玄等术士替他卜卦。卦中有"机不可失"字样，也使陈氏兄弟相信要"应"在蒋先生身上。孰知事变发动之后，陈济棠的空军——飞机数十架，在黄光锐率领之下，北飞投奔中央去了。原来"机"者"飞机"也。济棠既"失机"便只有亡命了。也可说，他被卦仙开了一场大玩笑吧！

济棠既预备发动，乃于五月间拍电至南宁给我，谓我们应在民众抗日高潮之下，要求中央立刻抗日，不可畏首畏尾。不久，陈济棠又派林翼中和陈维周等先后来邕，催促我和白崇禧去穗共商大计。我说，伯南（陈济棠）何以一时心血来潮，急于要发动抗日呢？如此鲁莽从事，万一与中央部队发生冲突，岂不未抗日而先内战了吗？他们都是异口同声地说"陈总司令也无意内战，不过据他判断，只要西南作出抗日的姿态，登高一呼，全国必定响应，蒋先生如不顺从民意，则必然垮台无疑。他们并一再强调，即使广西不参加，陈总司令还是要发动的。

在陈济棠一再要求之下，我便商请白崇禧赴穗一行，劝伯南不可妄动。白氏飞穗后，不数日便回，说陈济棠意志坚决，势在必行，无法挽回。然两广原属一体，广东一旦发动，广西方面不论愿与不愿，也必被拖下水，广西如果毅然参加，或许对陈济棠的行动尚能有所纠正，使其不致过分鲁莽灭裂。此实我们不得已的苦衷。

我既知无法挽回，乃于五月底飞往广州。济棠给我一个盛大的欢迎，并详述他此次发动抗日运动的原委。济棠且强调说，山东韩复榘、河北宋哲元均派有代表在此，声明唯西南马首是瞻，劝我纵不愿积极参加，至少也应向他的部下打打气才对。因此，在若干重要军事会议中，济棠便约我向其部将讲话。我当然讲了一些非抗日不足以图存，中央既不愿抚日，我们领导抗日实责无旁贷的大道理。说了，只见陈氏部将面面相觑，无丝毫热烈的反应。

看这情况，我便觉得这一运动的前途，凶多吉少。

在广州，我也见到元老萧佛成先生。萧佛成先生时为西南元老中的硕果仅存者。西南政务委员会中，自邓泽如、胡展堂（汉民）相继谢世，邹海滨（邹鲁）借故离粤之后，已有故老凋零之态。"九一八"前后，西南冠盖云集，我也常住广州，尔后不常来穗，即以此故。此次，我问萧佛成，何以他也赞成这一运动呢？萧微笑道"抬轿子、抬轿子"。他的意思是说替陈济棠捧场。陈以前不愿替胡汉民"抬轿子"，现在却发动这些元老来替他自己抬轿子。

佛成又告诉我一些关于陈济棠的笑话。这故事是当邓泽如在时，某日时近午夜，济棠忽亲自访邓氏，约其同赴燕塘军校。邓问何事。陈说，他的将领今晚在军校"宣誓"，他希望邓先生前往"监誓"。邓氏到了燕塘军校礼堂，只见礼堂上方安置一个皮制假人，上书"蒋介石"三字。宣誓时，由济棠唱名，各军官逐一起立，宣读"余决心效忠党国，抗日反蒋，拥护陈总司令，以后如违誓言，必遭天谴"一类的"誓言"。读毕，即趋至假人之前，举起一把木剑，向"蒋介石"身上痛劈三剑，以表示仇恨与决心。萧佛成说，陈伯南的荒唐落伍，愚不安愚，一至于此，如何能成大事。

香翰屏也告诉我一件故事。翰屏与济棠可说是亲如手足，陈氏任连长时，香即为该连排长，嗣后随陈升迁，最后充第二军军长。翰屏为人很通达，思想也很新。他实在看不惯济棠的开倒车作风，但是劝又无用，只好表示消极，请辞军长职，济棠不允，历时很久，香才摆脱军职。翰屏告我说，济棠对其亲信的部属都心存疑虑，防范他们有背叛的行为，但是他防范的方式却又愚蠢万状。

例如：第一军军长余汉谋，原是陈的心腹股肱，济棠却疑其有贰心，密派特务暗中监视。余氏在广州东山建有一住宅，陈便命其特务在余宅对面也筑一宅。余氏每自防地返穗，陈的特务便在对面屋顶鬼头鬼脑，日夜窥伺余宅的访客和其室内的行动。日久，此事为余汉谋所悉，乃渐生怨怼之心。

翰屏又告我一事说，广州市内的警察都奉有陈氏密令，随时报告各高级军官的行踪。有时三数高级军官将领暇时赴某地寻欢取乐，其地外人原不知道。孰知当他们玩兴正浓，陈总司令忽然轻车简从翩然莅止。陈来此并无恶意，只是笑对众人说："你们到哪里我都知道呀！"换句话，便是说你们要小心啊！你们有什么不法举动，我陈总司令都一概知道啊！诸如此类的事，广东将领都可以数出一些来。于此可见陈氏是如何不得部曲之心。

济棠做的另外一件荒唐的事，便是在五月底突然发表陈维周为广州卫戍司令。维周是个文人，从未涉足军旅，何能平地风波，一跃而为卫戍司令呢？因而，命令发表之后，广东各界都人言啧啧，尤其是各将领，一致认为济棠此举是有意侮辱其将校的人格。济棠这一失着，也是引起其部曲离心的一个重要原因。

在分析各种因素之后，我们便深知陈济棠所领导的这一运动必然要失败。但是西南政务委员会中既已有此决议，蒋光鼐、蔡廷锴、翁照垣等主张反蒋抗日人士都已联袂来粤，势成骑虎，欲罢不能。唯一补救之道，只有在运动发动后，加以纠正，使其不趋向于越轨，而免宁、粤双方同室操戈的一途了。

叁

六月一日西南政务委员会和西南执行部正式集会，决议呈请国民政府及中央党部，并通电全国，吁请国民政府领导抗日。呈文的内容要义如下：

"连日报载，日入侵我愈亟，一面作大规模之走私，一面增兵平津，经济侵略，武力侵略，同时迈进。瞻念前途，殷忧曷极。属部属会等，以为今日已届生死关头，唯抵抗足以图存，除全国一致奋起与敌作殊死战外，则民族别无出路。在昔我中央尝依赖国联，而国联之助我如何？尝屈辱图存，而屈辱之效果如何？今敌人又加紧侵略矣，中央忍辱负重之苦心，国民非不谅解，唯和必有方，忍必有期。长此因循，则敌人无餍之求，日甚一日，得陇望蜀，岂有穷期。呜呼，"九一八"之创痕未复，"一·二八"之腥血犹存。辽吉黑热四省之同胞，陷于敌人铁蹄之下，已逾五载，今平津又将继之矣。昔人有言，以地事人，犹抱薪救火，薪不尽，火不灭。国家之土地，先民所遗留，亦民族所托命，举以资敌，宁异自杀。属部属会，以为黄河以北，寸土不容予人。切冀中枢毅然决然，从事抗战，用以至诚，吁请钧府钧部，领导全国，矢抵抗之决心，争最后之一着。国家不亡，公理不诬，则奋起景从者，必不仅属部属会也。时不我待，唯实利图之。迫切陈词，伫候明教。"

六月二日西南政务委员会和西南执行部乃根据这呈文的内容，通电全国，是为"冬电"。两日后，西南将领数十人，由陈济棠和我领衔，再度发出"支电"表示拥护，并誓率所部"为国家雪频年屈辱之耻，为民族争一线生存之机"，"冬"、"支"两电一出，全国震动，是为有名的"六一运动"！

在当时不明内幕的人看来，以为两广又假抗日之名，对中央用兵。其实，一看"冬"、"支"两电的内容，就知道我们所要求的，只是由中央出面，正式领导抗日，西南当局无对中央做兵谏的行动，也无用兵的意图，大家只是发一个抗日通电，做个样子而已。当时中央如置若罔闻，或与西南电战一番，此事也便消灭于无形，而我们也算慎重地应付了陈济棠这次的妄动。

不料中央谋粤已久，反间工作做得十分有效。"六一运动"的发动，正予蒋氏以打击陈济棠的机会。先是，自非常会议之后，蒋先生即派蒋伯诚为代表，常住广州，伯诚是个老官僚，善于应酬，与济棠的部属过从极密，乘机大施反间之计，第一军军长余汉谋，空军司令黄光锐都和蒋伯诚有勾结。"六一"之后，蒋伯诚在反间上所用款项多至数百万元。果然"银弹"效力甚大，七月四日空军司令黄光锐突率飞行员四十余人，分驾飞机数十架，飞投中央。七月中旬第一军军长余汉谋通电拥护中央，师长李汉魂亦称病离职，赴港休养。七月十三日南京军委会乃明令免除陈济棠本兼各职，遗缺由余汉谋升任。余在粤北防地立即通电就职，并声明率部回广州。陈济棠见大势已去，乃于十七日晚间十一时约我到其官邸一晤。见面之后，济棠便说如今大势已去，他决定一去了之，并劝我回广西缓图善后。

陈氏并当面书一便条，送我大洋二十万元。是晚即由广西驻粤办事处主任王逊志赴广东财政厅如数提出，交轮运往梧州。陈氏临别赠金，其情形正与民国十九年阎锡山解囊相赠相似。因两广团结数年，共同维持西南的局面，陈氏一走，便要散伙了，陈氏所赠二十万元，大概就算是"散伙费"罢。

肆

陈济棠于七月十八日拂晓前，悄然离穗去香港，我也于同日中午包用一可乘四人的民航机径飞南宁。登机之后，我才感觉到此事殊欠考虑。此时广东局面已解体，中央特务在港、穗一带活跃异常，万一他们事先买通该民航机师，将飞机飞往江西，我岂不立刻成为俘虏了吗？想到这里，顿觉悚然。乃默察飞机的航线，如渠真图谋劫持，我便立刻取出手枪迫其改航，嗣见渠循西江而上，才放下了心。

回到南宁，满以为"六一运动"从此结束，陈济棠愚不安愚，咎由自取也就罢了。因为当中央于七月十三日将陈氏明令免职时，曾附发一电令，声明广西维持现状，仍以我李、白二人分任广西正副绥靖主任，我等也已专电中央表示就职。

孰知我返桂后不久，中央突然变更原意，电令白崇禧立刻出洋考察，李宗仁调往中枢军委会任职。这突然的转变，据说是由于时任湖北省主席、政学系巨擘杨永泰的建议。蒋氏于七月十八日自南京飞往庐山，曾接见杨永泰作长谈，杨氏乃有"彻底解决广西李、白，此正千载一时的机会"的建议。蒋先生深然其说，遂顿食前言。

我们接到电令，深感诧异。因而复电，认为中央"墨渖未干，自毁信誉"，我们"殊难遵令"。不久，又接复电，改任白崇禧为浙江省主席，我本人为军事委员会常务委员。桂局善后则由黄绍竑出任广西绥靖主任，负责处理。白崇禧和我接电后，均觉难以从命，乃开党政军联席会议，征求大家的意见。

地方官吏调职，原无抗命的必要。白崇禧和我也断无割据称雄的军阀心理。我们所不服的，只为中央政府的无能。蒋先生大权独揽，遇事不以国脉民命为重，只为一己私利，纵横捭阖，予取予求。因此在中央直接管治下的省份如湖北、江西、安徽、江苏、河南等，都是治绩最糟的几省。中央拿省政来应付人事，在上的贪婪渎职，在下的则民不堪命。但是广西近数年来，在我们苦心孤诣建设之下，各项政绩俱有可观，全国誉为模范省。中央无片言只字的褒奖，一分一厘的援助，反而要用武力胁迫我辈离境，好让他们来糟蹋。此事不仅我李、白等人心有不服，广西千余万人民也深知苛政猛于虎，断难让蒋家势力再入广西。

我们和蒋先生数度电战之后，广西全省人民也激昂无比，誓死为我李、白二人的后盾。蒋先生乃一不做二不休，调集各路大军，来围困广西。顾祝同所指挥的汤恩伯、薛岳等军，自贵州向桂北窥伺，陈诚的第十八军则循西江而上，余汉谋军则自高州一带进逼桂南，何键则取道湘南向桂林一带压迫。一时大军云集，自四面而来的不下四五十万人，剑拔弩张，遥遥向广西逼近。

广西军民也愤激异常，不数日，省防军已由十四个团扩编为四十四个团。弓上弦，刀出鞘，预备与中央军一决雌雄。中央方面策士知广西不可轻取，乃一面派遣高级人员如居正、朱培德、程潜等，入桂游说，一面发表黄绍竑为"广西绥靖主任"及"广西省政府主席"。更派无数特务人员，在港、穗一带活动，冀以高位厚禄，分化收买我军干部。谁知我军意志坚定，万众一心，中央策反工作完全失败，即使排长也未有被收买去的。黄绍竑也不直蒋氏所为，渠虽与我和健生（白崇禧）有旧，但迄未作片纸只字向我辈招降，更未认真在我军干部之间实施离间工作。以故我军士气迄未动摇，都愿与敌人一拼。

事态发展至此，蒋先生也深知战争一发便不可收拾，遂渐有放弃武力解决，并收回成命的打算。适冯玉祥自南京上庐山，乃乘机向蒋先生进言，劝毋斫丧国家元气。在冯氏缓颊之下，蒋乃决定采取和平解决的方针。

九月初旬，局势逐渐和缓，中央声明收回成命，各路大军也同时撤围。白崇禧和我也觉不为已甚，战争不可轻启，都同意和平解决，战争才算是避免了。

但是广西此时已全省动员，大军十余万义愤填膺，皆勒缰以待号令。全省民众，尤其是热血青年，都激昂万分，大家认为中央向日寇妥协投降，丧地辱国，我广西军民请缨抗日，反招致"围剿"的后果，中央方面怯于御侮而勇于内战，是可忍，孰不可忍！大家非和蒋氏中央军一拼不可。

当时来广西响应抗日的李济深、蔡廷锴、蒋光鼐、翁照垣等，更是唯恐天下无事，坚决要求以兵力威胁中央发动抗战。先是，蔡、蒋、翁等来桂后，我曾拨出一师部队，委派曾任前十九路军师长的翁照垣为师长，仍用抗日有名的第十九路军的番号以为号召，进驻粤南的北海一带。至是，我训令翁师长将部队撤回广西，照垣竟抗不从命。九月初，并无故将一日商杀害，企图引起国际争端。李济深、蔡廷锴等也随之鼓噪，全省军民随声附和。白崇禧和我用尽九牛二虎之力，舌敝唇焦，才将此一风潮平息下去。

九月中旬，蒋先生飞抵广州，电召白崇禧飞穗一晤。原先，白崇禧曾与某中央访桂大员提及，如蒋先生认为有此必要，彼可前往谒见。至是，蒋既来电，白氏似有践约的必要。孰知白夫人闻讯，深恐乃夫一去不返，力阻白氏赴穗，并向我哭诉。但我认为，丈夫一诺，重于千金，白氏既不能去，至少我应代其一行，虽然我本人并未作此诺言。

九月十七日，我乃只身飞广州，谒见蒋先生。大家寒暄一番，未及其他。自此大家言归于好，共赴国难。不久，西安事变发生，接着抗战也就爆发了。国家的命运与个人的经历，遂又进入另一阶段。

第七编

八年抗战

第四十九章　暴风雨的前夕

壹

民国二十六年七月七日夜十一时卢沟桥事变的爆发，实为日本帝国主义要沦中国为日本殖民地的最后一击。我全国军民至此已忍无可忍，而奋起抵抗，企图死里求生，或与日偕亡。

日本侵华系明治维新以来的一贯政策。一九二九年七月二十五日，日首相田中义一上日皇的奏折说："如欲征服中国，必须征服'满蒙'；如欲征服世界，必先征服中国。"便是这一狂妄政策的中心要义。然自甲午以来，中国因苟延于列强均势之下，门户开放，利益均沾，日本军阀侵华的行动，尚畏惧列强干涉而有所顾忌。直至"九一八"之后，日本才明目张胆侵略中国。"九一八"事变本是若干少不更事的日本少壮派军人冒险的尝试，尚非日本政府的有计划行动。无奈我国政府应付失策，抱不抵抗主义，而国际联盟又作壁上观，不积极制止日本暴行，遂助长了侵略者的气焰。于是，"一·二八"淞沪之战，与伪满的成立，相继发生。二十二年（一九三三年）日军更西侵热河，窥伺关内，迫我签订《塘沽协定》。由是意大利墨索里尼也起而效尤，派兵进攻阿比西尼亚了。

至希特勒于一九三三年登台以后，竟公然废除《凡尔赛条约》，这也是国联的姑息政策所诱致。欧洲多事，列强无暇东顾，日本侵华乃益发积极。二十四年（一九三五年）日竟使汉奸殷汝耕在冀东组织"自治政府"，割裂河北省政权，使成日本的附庸。而日本军阀犹嫌其政府侵华不够积极，竟于一九三六年发动"二二六"政变，树立军阀政权，退出国联，不顾西方抗议，一意侵略中国。内阁总理广田更向我政府提出：制止抗日运动，承认伪满，经济合作与共同防共的所谓"三原则"，迫我接受。我政府如接受此"三原则"，即无异亡国，如果拒绝，则日本大举武力侵华将为必然的结果。在此局面之下，南京中央政府乃一味拖延，日本军阀则步步进逼。组织冀东伪政府之后，继之以进兵察、绥，组织内蒙伪政权，并企图使华北五省"特殊化"。日、韩浪人更乘机在中国贩毒走私，无所不为，日本侵华方式的下流，实史无前例。局势发展至此，已无可收拾，全面抗战的爆发，只是时间问题而已。

值此时期，我们在西南，便觉全面抗战的暴风雨即将临头，蒋先生和中央虽一再拖延规避，最后还是无路可走，非挺身而出领导抗战不可。所以我们在广西建设的中心目标便是准备全面抗战，但是以一个老大落后的中国，一旦全面抗战爆发，我们怎样才可以作有效的抵抗，以制暴日于死地呢？经过长时期的反复考虑和研究，我于民国二十二年草拟了一篇讨论抗日战略计划的论文，名之曰《焦土抗战论》。"焦土抗战"四字后来在抗战期间曾被广泛引用，成为一项最悲壮的抗战口号。我这篇论文便是这一口号的来源所自。

在这篇论文里，我特地指出，与其听任敌人蚕食而亡国，毋宁奋起而全面抗战以图存。我们虽是一个落后国家，工业建设和交通设备尚未现代化，从战略方面说，若日本侵略者实行堂堂正正的阵地战，则彼强我弱，胜负之数，不待著龟。故敌人利在速战速决，以迫我作城下之盟。但吾人必须避我之所短，而发挥我之所长，利用我广土众民，山川险阻等优越条件来困扰敌人，作有计划的节节抵抗的长期消耗战。到敌人被诱深入我国广大无边原野时，我即实行坚壁清野，使敌人无法利用我们的人力和物资，并发动敌后区域游击战，破坏敌人后方交通，使敌人疲于奔命，顾此失彼，陷入泥沼之中，积年累月，则暴日必败无疑。这便是我《焦土抗战论》一文的精义所在。"焦土抗战"一词的含义，并非真个自行将所有物资烧毁一空，而是本宁为玉碎，不为瓦全的心理，以激励全民与敌人火拼。

文成之后，我即送给胡汉民先生，希望用他的名义发表。因胡氏是党国元勋，望重中外，以他的名义发表，更可引起国内外的重视。胡先生看过该文之后，承认我的看法完全正确，不过，他说，他是个文人，以文人谈兵，反令人有凿枘不投之感，而我既是一员握重兵的将领，倒不如由我自己发表。在胡氏敦促之下，该文乃由我自己署名，送交报馆和通讯社发表。全国各报竞相转载，成为当时舆论研讨最热烈的题目之一。

贰

"九一八"、"一·二八"以后，我国民间的抗日运动极为澎湃，当时借抗日口号而别有所图的，虽然大有人在，但是绝大多数人民，都是激于义愤，情难自抑。无奈中央有意敷衍日本，竟通令压制各地的抗日运动。两广因一向与中央的政治主张相径庭，故两广的抗日运动独能不受干扰。我们两广，尤其广西，抵制日货的彻底，可说史无前例，真是尺布寸纱也不能偷关一步。

日方有见于此，乃多方派人来粤做拉拢的功夫。因此，"九一八"以后的两三年内，日本军、政、商、学各界要员访粤，并来我私邸访问的，多至百余人。军人中，如土肥原贤二少将、松井石根中将、冈村宁次少将、梅津美治郎少将、板垣征四郎少将、铃木美通中将，和知鹰二中佐、血田宽三、服部、中井、吉野、佐方等，都是后来侵华战争和太平洋战争中的要角。

文人、政客、学者来访的，如现任日本国有铁道总裁的十河信二，便是当年与我长谈过的访客之一。年前十河氏来美，我们于纽约畅谈往事甚欢。

对于这些日籍访客，我总是开门见山毫不留情地痛斥日本强占我东北的狂妄行动。以同文同种之国，中、日两民族亚应相亲相重，以维持远东和平。而日本不此之图，却一意步西方帝国主义的后尘，变本加厉侵略中国，可耻孰甚？我一再强调说，日本咄咄进逼，最后必然要引起中国的全面抗战。试问以日本蕞尔小国，是否可将中国一举吞没？如不可能，则战事必然旷日持久，使日本陷入泥淖无法自拔，最后必惹起世界大战，日本玩火自焚，终要招致灭亡而后已。

一般日本人，在我责以大义以后，都有赧然无辞以对的表示，唯独土肥原和松井二人却态度倔强，向我反驳，此事已详第三十九章。其他日人则有一共同遁辞，说中国国势不振，赤祸弥漫，苏联最后必将以中国为踏脚石而侵入太平洋，赤化东南亚。中国的东北位居苏联东进的要冲，而中国无力防守，为免沦入苏联之手，日本实不得不越俎代庖云云。

针对这一点，我竭力反驳说，诸君此项遁辞实是自欺欺人。为着反共，必须侵略中国，这种理论不值一驳。如真有一二糊涂君子，以为侵略中国可以反苏，则他们将来所招致的结果将适得其反。中、日火拼，适使苏联坐收渔翁之利。日本也将为渊驱鱼，把中国广大的抗日群众驱向苏联怀抱，同时予中国共产党以坐大之机，将来"赤化"中国，祸延远东。

日本访客中，除少数顽固分子外，大都对我这项分析，口虽不服，而心然其说。在和他们广大人群接谈之后，我深深觉察到，日本人之间对侵华、反苏两项抉择实持有不同意见。纵使是少壮军人之间，意见也相去甚远。南进、北进两派颇为格格不入，陆军和海军也时相水火。

当时访粤的日本少壮军人中，和知鹰二中佐便是不赞成侵华而力主反苏的重要分子。他在和我接谈时，对我的分析几乎完全同意。他认为日本侵华是最大的错误，苏联才是日本的真正敌人。日本应联华反苏，不应把中国赶入苏联的怀抱。因为观点相同，和知在粤和我相处甚得，可说无话不谈。后来沪战爆发，和知任少将旅团长，在大场和我军血战。嗣以发表反战言论，为军部褫去兵柄，转任运输司令。太平洋战争爆发，又奉调为日本驻菲律宾占领军参谋长。战后，曾以战犯身份被捕入狱，嗣因渠一向反对"南进"，且在菲期间，对美国战俘多所庇护，故获无罪释放，此是后话。

在广州时，我便看到"南进"派极为得势，咄咄逼人。我乃竭力拉拢，"北进"派，企图扩大两派间的摩擦，并乘此刺探日本侵华的秘密。因此，我与和知的交情日笃，和知也引我为中国知己，不时有意或无意地将侵华机密泄露给我方情报人员。担任此项重要任务的人，便是何益之君。

何君是辽宁大连人。日本帝大法政科毕业，能操流利日语。"九一八"事变时，自大连逃出，企图到关内投效。但因关内无亲无友，不特请缨无路，甚至无计糊口。不得已，又潜返东北。终因其学历过人，日语流利，为日本军方所罗致，派充日本驻华南各机关华语译员。他遂乘机与土肥原、板垣、冈村、和知等厮混极熟，以故所有我的日本访客都请何君为通译。

我和何君见面多次之后，觉得他为人正派，年轻热情，何以竟甘心事敌呢？一次，我便秘密着人约其来私邸一谈。

见面之后，我便很诚恳地问他说："何先生，我看你是位有德有才的青年。现在我们的祖国如此残破，你的故乡也被敌人占据，祖国命运已到生死存亡的边缘，你能甘心为敌人服务而无动于衷吗？"

何君经我一问，顿时泪下。他因而告诉我，他于"九一八"事变后，入关投效失业的一段往事，以及后来为日本军部罗致，充当传译的经过。

我说："何先生，我看全面抗日战争很快就要爆发了，你希望不希望替祖国尽点力呢？"

何说："如有机会替祖国报效，万死不辞！"

我见他出语诚挚，乃私下和他议定，要他做我方情报员，刺探日方机密。何君一口允诺，并谢绝任何报酬。民国二十三四两年间，他果将日本派大批人员到印度支那半岛和东南亚国家活动情形向我报告。根据这一情报，我即断定日本向中国全面进攻为期当在不远了。"七七"事变后不久，上海、南京相继沦陷，益之得和知鹰二等朋友的掩护，在沦陷区行动自由，常搜集日方重要军事行动情报，交设于法租界的地下电台拍发第五战区。故日军每一军事动向我方都事先得报，历验不爽。甚至军委会所得情报，尚不及五战区所得的为可靠。所以军令部曾迭电嘉奖五战区的情报组，此实何君之功。

　　日本侵华与抗日运动发展至一九三六年，已至相当严重阶段。是年十二月十二日，"剿匪"军副总司令张学良暨陕西绥靖主任杨虎城突然发动"西安事变"，劫持蒋委员长，要求全面抗日。"西安事变"和平解决后，"剿匪"军事停止，全国抗日运动乃急转直下。到二十六年（一九三七年），日本向华北压迫，有增无已，抗战遂成箭在弦上，一触即发。

　　为应付即将爆发的抗战，我们深觉广西省会的南宁，距离海口太近，极易受敌人威胁。二十五年秋，"六一抗日运动"事件结束后，我乃于广西全省党政军联席会议中陈述，为应付将来抗战军事上的需要，省会应自南宁迁返桂林。一则可避敌人自海上登陆的威胁，再则可与中央取得更密切的联系。加以桂林多山洞，是最好的天然防空设备。一省省会的迁移，往往引起人民不绝的争执，且兹事体大，最难作出决定。但此次经我解释后，大家一致通过，殊出人意料之外。广西省会迁治后，果然不到半年，抗战便爆发了。

第五十章 "七七"事变
与上海、南京保卫战

壹

"七七"卢沟桥事变，实为日本帝国主义有计划的挑衅行为所发动，消息一出，全国民气沸腾，一致主张全面抗战，不再让步。此时蒋委员长正在庐山举行谈话会，邀请著名教授和社会名流聚论国事。与会人士也多数认为只有发动抗战，才可挽救国家的灭亡，于是中、日全面大战遂成定局。

卢沟桥事变后约四五日，蒋先生即自庐山拍电来桂林，声言中央已决心抗战，约白崇禧和我速赴庐山，共商大计。我们接电后，不假深思，便复蒋先生一电说，中央既已决心抗战，我辈誓当拥护到底，崇禧当即遵命首途，听候驱遣，我本人则暂留桂林，筹划全省动员事宜，一俟稍有头绪，亦即兼程北上，共效驱驰。

当我们同中央电报往返之时，四川省主席刘湘、云南省主席龙云均有所闻，两人乃相继来电劝阻。大意说，传闻中央预备对日抗战，不过是否出于诚意，尚在未知之数，兄等殊未可轻易入京，万一抗日不成，反而失去自由，则国家将因此愈益多事，务盼兄等深思熟虑云云。

刘、龙二人当时对国是意见颇尊重我们的主张，故对我们北上，特别关切。他们认为蒋先生的为人，最尚权诈，万一借抗日之名，将我李、白二人骗往中央，加以羁縻，则广西省政必为蒋系所控制。唇亡则齿寒，川、滇两省也将岌岌可危了。所以他们来电劝阻。

我得电后，当即复电劝慰刘、龙二主席。大意是说，我们的判断与他二人大有出入。因日本侵略者现正着着逼我，不只是蚕食而已，而是实行其一举征服中国的政策。相信中枢已无忍让的余地。今日的局势只有两条路可循，不是抗战图存，便是投降亡国。中央和蒋先生纵有意拖延，日本侵略者也未必容许，此其一。如中央此次仍无心抗战，而欲采取投降一途，则不特全国军民不能同意，恐怕蒋先生的嫡系部队也将自动实行抗战，此其二。根据以上两点判断，我认为中央和蒋先生除抗战外，实无他路可走。今蒋先生既有发动抗战的决心，广西自当响应号召，实行全省动员，参加抗日。希望刘、龙二公也秉"先国难而后私仇"的大义，动员全省人力物力，拥护中央，参加抗战，切勿迟疑不决，致贻蒋先生以吾人不愿共赴国难的口实，而向侵略者低头。

电报发后，白崇禧便乘广西省府所购的法国制六座小飞机，直飞南京。我本人则暂留桂林，主持动员计划。

广西平时仅有常备军十四个团，其中两团还被用作兵工，在贺县开采锡矿。幸而我们平时寓兵于农的政策十分成功，广西于民国二十二年起实行征兵，新兵训练一年后退伍。所以"七七"事变前，我们已有四届有训练的士兵退伍在乡，各级干部也储备齐全。现在抗战爆发，我们拟立刻编成四十个团，开赴前线。一经号召，各县农民蜂拥前往县政府报到入伍，终因报到人数太多，政府还须以抽签方式决定取舍。不满一月，便编成四个军，共四十个团，嗣后改编为三个集团军。开中国近代史上，军事动员前所未有的先例。战斗序列如下：

第十一集团军总司令　李品仙

第十六集团军总司令　夏　威

第二十一集团军总司令　廖　磊

各军指定集中地点为：桂林、衡阳、岳州、武昌，以便听候中央统帅部调遣。各军成立时，重武器虽不多，然轻重机枪和步枪均系自己新制或购自欧洲的。士兵一律戴捷克制钢盔，士气旺，纪律佳，军容亦盛。

各军编成后，廖磊、李品仙两集团军即依次北上入湘，开赴前线。我在离桂前，特地电白崇禧，决定将广西数年来惨淡经营而颇具规模的兵工厂，悉数移交中央统筹办理。并请白氏就近通知中央派人接收。其实当时各厂原有的管理及技术人员均已驾轻就熟，中央接收时，仅须将管理系统改由中央直辖便可，本无须作人事上的更动。孰知中央竟将内部行政人员一律撤换，殊属不近情理。我们为促成全国团结，一致抗日起见，力诫部属不得吐露微词。

十月十日晨，我参加桂林各界庆祝双十国庆节后，乃专机北飞，参加抗战。专机起飞时，我察看手表，正指着十时十分，可谓巧合。

贰

自桂林动身之前，我原定直飞南京，不意在长沙遇到大雨，飞机着陆后无法起飞。天气短期内也无转晴迹象，不得已，乃改乘火车到武昌。本拟即时换乘客轮下驶，但是一时无定期班轮开行，所幸湖北省主席黄绍竑、建设厅长伍廷飏都是我的老朋友，我便问伍厅长有无办法。最后，伍厅长替我找到一艘可乘百人的破旧小火轮。当天中午，我便率随员数人，搭该轮下驶。不料行至中途，西北风大作，长江之上，白浪滔天，这艘轮船既旧又小，风摧浪卷，危险不堪。尤其因西北风从船尾吹来，时常将船头压向浪中。船尾螺旋桨脱离水面，舵手便无法操纵，只得随风逐浪漂流，船员和同行官兵都面呈忧惧之色。然此时轮船已不易靠岸，只有冒险前进。一路历经险恶，翌日船过芜湖，风浪稍减，人心始定。据船上领江的告诉我说，他在长江上下游操舟数十年，尚未遭遇过这种危险。

船抵南京下关，已是十月十二日晚间，我便暂时在中山陵园一座洋房内和白崇禧同住。这座洋房据说是张学良被囚前的私人住宅。翌日，白崇禧乃陪我去拜访蒋委员长。此时敌我双方已在上海战场血战两阅月，国军死伤甚巨，南京也时受敌机空袭，市面萧条。但是委员长精神饱满，且不时作豪语，一再向我说："要把敌人赶下黄浦江去！"当时我心中殊不以此言为然，为最高统帅的，断不可意气用事。我想，我们如果能把敌人赶下黄浦江去，敌人也不敢来侵略我们了。但是值此鏖战正烈，民气沸腾之时，最高统帅有此豪情，我们也不便浇他冷水。一日，我见有机可乘，便对他陈述意见，略谓，淞沪不设防三角地带，不宜死守。为避免不必要的牺牲，我军在沪作战应适可而止。我并建议将廖磊第二十一集团军和其他增援前线的部队调至苏嘉路国防线上的既设阵地，凭险据守，然后将沪上久战之师抽调回南京整补，再相机向国防线增援。如此更番抵抗，才能持久消耗敌人的力量。至不得已时，我军便自动放弃南京，将大军向长江两岸撤退，诱敌深入，节节抵抗，实行长期的消耗战。

无奈蒋先生个性倔强，不听我的建议。那时的作战计划，全以他一人的意志为依归，旁人简直没有置喙的余地。他坚持死守淞沪三角地带。并告诉我说，他已命令廖磊的第二十一集团军赶赴上海参战，要我去电催促他一下。这既是最高统帅的命令，我的建议未蒙采纳，自然只有绝对服从。不久，廖磊所部六旅之众赶到上海，奉命参加大场的决战。

叁

淞沪会战，历时三月，是我国抗战八年，牺牲最大，战斗最惨的一役。

敌方上海派遣军总司令官为松井石根大将，所部有：第三、六、九、一一、一〇一、一〇五、一〇六、一一〇、一一四、一一六等师团和海军陆战队，总共不下三十万人；有大炮三百余门，战车二百辆，飞机二百架，兵舰数十艘。战斗力之强，火力之旺，一时无两。

我方投入这一河道港湾交错，地形复杂的三角地带的部队，也是国军的精华。初期作战（自八月十三日至九月十七日）司令官为冯玉祥，嗣后由委员长自兼。全军分三路，战斗序列，略如下：

司令长官　蒋中正（兼）

　副司令长官　顾祝同

　右翼军总司令　张发奎

　　第八集团军总司令　张发奎（兼）

　　第十集团军总司令　刘建绪

　中央军总司令　朱绍良

　　第九集团军总司令　朱绍良（兼）

　　第二十一集团军总司令　廖　磊

　左翼军总司令　陈　诚

　　第十九集团军总司令　薛　岳

　　第十五集团军总司令　罗卓英

　　另直辖部队九个师

以上我军参战的约五十余师，战斗兵员总数在七十万左右。淞沪战场离苏嘉路第一道国防线尚有百余华里。战场上人数既多，又无险可守。敌海、陆、空三军的火力可以尽量发挥，我军等于陷入一座大熔铁炉，任其焦炼。敌方炮火之猛，令到我炮兵白日无法发炮，而夜间又无法寻找目标，只是盲目轰击。所以淞沪之战，简直是以我们的血肉之躯来填入敌人的火海。每小时的死伤辄以千计，牺牲的壮烈，在中华民族抵御外侮的历史上，鲜有前例。

沪战进行中，除前敌指挥官外，副总参谋长白崇禧也经常亲冒炮火，在前线督战。委员长以及我们高级将领也不时亲赴前线鼓励士气。某夜，委员长和我们若干高级将领专车抵苏州，适敌机数十架前来空袭，一时照明弹满天照耀如同白昼。我们均在车站月台附近暂避，幸而敌机狂炸苏州城内，未炸车站，故我们一行未有死伤。

此时前线我军虽抱必死的决心，然血肉之躯究不敌炮火的摧残。十月中旬，我军已不能支持，自上海华界市中心撤至郊外大场一带。幸廖磊及时赶到，协力扼守大场，阵地赖以暂时稳定，但敌人倾全力来扑，我军也只能固守一星期。二十一集团军原有旅长六人，数日之内，三死两伤，战斗的激烈，可以想见，大场遂为敌所陷。

淞沪会战至此，我军已成强弩之末，亟应后撤。然委员长意气用事，严申命令，有敢擅自撤退的，军法从事。前线指挥官都知道委座脾气，谁也不敢以真情实况报告，偶承以电话垂询，多诳报士气旺盛，倘直陈实际情形，即遭申斥。

白崇禧因常在前线视察，深知敌我战斗力的悬殊，乃于十一月初建议委员长下令后撤，蒋先生坚持不允，前线官兵又苦撑两三日，实在疲惫不堪，白崇禧再度献言撤退，蒋仍不允。全线又勉强支持一二日，时我军阵容已乱，白氏知事急，乃向委员长报告说，前线指挥官已无法掌握部队，委员长不叫撤退也不行了，因为事实上前线已"溃了"！统帅部下令撤退，面子上似好看点罢了。委员长才于十一月九日下令分两路，一向杭州，一向南京，全线撤退。然前方此时已溃不成军，各军仓皇后撤，加以敌机日夜轰炸，人马践踏，秩序大乱。大军数十万竟越过钢筋水泥所建的苏嘉国防线阵地而不能停足。阵地上虽有坚固的堡垒，退兵因一时找不到钥匙，不得其门而入，竟一一放弃，溃退之惨，一言难尽。敌人跟踪追击，不出数周，便自东、西两面进迫京畿，将南京合围。

肆

上海会战失败后，委员长乃约在京高级将领和德国顾问商讨南京应否固守的问题。应召到会的，计有白崇禧、李宗仁、唐生智、何应钦、徐永昌等多人。

委员长首先便问我说："敌人很快就要进攻南京了，德邻兄，对南京守城有什么意见？"

我回答说，我不主张守南京。我的理由是：在战术上说，南京是个绝地，敌人可以三面合围，而北面又阻于长江，无路可退。以新受挫折的部队来坐困孤城，实难望久守。历史没有攻不破的堡垒，何况我军新败之余，士气颇受打击，又无生力军增援；而敌人则夺标在望，士气正盛，南京必被攻破。与其如此，倒不如我们自己宣布南京为不设防城市，以免敌人借口烧杀平民。而我们可将大军撤往长江两岸，一面可阻止敌人向津浦线北进，同时可拒止敌人的西上，让他徒得南京，对战争大局无关宏旨。

委员长再问白崇禧，白说，他极同意我的主张——放弃南京。蒋先生说，在他看来，南京为国府和国父陵寝所在地，断不能不战而退，他个人是主张死守的。

接着，他便问总参谋长何应钦和军令部长徐永昌。二人皆异口同声说，他们没有意见，一切以委员长的意旨为意旨。询及德国首席顾问，他也竭力主张放弃南京，不作无谓的牺牲。

最后，委员长问到唐生智，唐忽然起立，大声疾呼道："现在敌人已迫近首都，首都是国父陵寝所在地。值此大敌当前，在南京如不牺牲一二员大将，我们不特对不起总理在天之灵，更对不起我们的最高统帅。本人主张死守南京，和敌人拼到底！"唐氏说时，声色俱厉，大义凛然，大有张睢阳嚼齿流血之概。

委员长闻言大喜，说孟潇兄既有这样的义愤，我看我们应死守南京，就请孟潇兄筹划防务，担任城防总司令。唐生智慨然允诺，誓以血肉之躯，与南京城共存亡。死守南京便这样决定了。

当唐生智在会上发此豪语时，我就揣测他是静极思动，想乘此机会掌握一部兵权，所谓与城共存亡的话，不过是空头支票罢了。会后，我便向唐生智翘起大拇指道："孟潇，你了不起啊！"

唐说："德公，战事演变至此，我们还不肯干一下，也太对不起国家了！"生智此时意态鹰扬，满腹豪气跃然脸上。我们遂互道珍重而别。

会议的翌日（十一月十二日），我便搭车赴徐州，执行第五战区司令长官的任务。此时国民政府名义上虽然早已迁往重庆，但中央各部会仍多在武汉办公。唐生智于城防司令职务发表后，公开宣称与南京城共存亡，并督率军民赶筑防御工事，准备和敌人厮杀。到十二月上旬，敌军前锋已逼近南京城郊，发生零星的战斗。

此时，驻在蚌埠，职司保卫津浦路南段的第十一集团军总司令李品仙，忽有长途电话给我，说："唐孟公要我在浦口车站替他预备一列车，这是什么意思呢？恐怕南京沦陷就在旦夕了！"

我说："孟潇大概预备逃走了吧？！"

果然不久，噩耗传来，南京失守了，大军十余万人，激战不到三四天工夫便全军溃败。据说，撤退时毫无计划，任由官兵乱窜，各自逃生。少数勇敢部队不知究竟，误认友军畏缩，擅自撤退，竟在城楼上架起机枪，扫射溃窜出城的友军，卒至自相残杀，死伤枕藉，惨烈之至。敌人于十二月十三日入城后，更大肆奸掳焚杀，我军被俘和无辜平民被屠杀的，计数十万人。充分表现日本军人的兽性，为人类文明史永远留下了污点。

我军在南京损失部队十余万，器械弹药无算。当南京城郊尚在激战时，李品仙又来电话说，唐孟公已乘车经蚌埠北上，将过徐州转陇海路去武汉。我闻讯乃亲到徐州车站迎接。见面之下，真使我大吃一惊，唐氏神情沮丧，面色苍白，狼狈之状，和在南京开会时判若两人。我们在徐州列车上倾谈二十分钟，握手唏嘘。

孟潇说："德公，这次南京沦陷之速，出乎意外，实在对不起人。"言罢叹息不已。

我说："孟公不必介意，胜败乃是兵家常事，我们抗战是长期的，一城一地的得失，无关宏旨。"

我们谈了片刻，唐生智便垂头丧气，转陇海路驶向武汉而去。

伍

上海、南京相继失守之后，我国陆、海、空军的精华丧失殆尽。举国惶惶，凄惨景况难以言状。于是汪兆铭等主和派沾沾自喜，以为有先见之明，一时妥协空气甚嚣尘上，若非全国军民抗战意志坚强，实已不堪再战。

检讨京沪会战的得失，我们不能不承认我们的最高统帅犯了战略上的严重错误。我们极不应以全国兵力的精华在淞、沪三角地带作孤注的一掷。

蒋先生当初作此次决定的动机，第一可能是意气用事，不惜和日本军阀一拼，以争一日的短长。第二可能是他对国际局势判断的错误。在蒋先生想来，上海是一个国际都市，欧美人士在此投下大量资金，如在上海和敌人用全力火拼一番，不特可以转变西人一向轻华之心，且可能引起欧美国家居间调停，甚或武装干涉。谁知此点完全错误。第三便是由于蒋先生不知兵，以匹夫之勇来从事国际大规模战争。

兵法有云，知己知彼，百战百胜。我敢说，蒋先生固不知彼，连自己也茫然不知。乘危用险，破釜沉舟，只可在少数场合偶一用之。长期战争，断不可竭泽而渔，自丧元气。

淞沪之战，不过表示我国抗战的决心而已，自应适可而止。当我方败征已见时，蒋先生应即采纳白副总参谋长的建议，作有计划的撤退，实行节节抵抗。则我虽退不败，敌虽胜不武，以空间换取时间，达成消耗战的目的。

无奈蒋先生不此之图，意气用事，甚至溃败之兆已显，他还要一守、再守，终于溃不成军。试问在长期抗战的原则下，多守一两日和少守一两日，究有多少区别？但是在用兵上说，有计划的撤退和无计划的溃败，则相去远甚。可惜蒋公不明此道，而好逞匹夫之勇，怎能不糟？溯自北伐以来，凡蒋先生亲自指挥各战役，如武昌之围，南昌之围，徐州之溃退，以及后来"剿共"战争中，东北与淮海的全军覆没，均如出一辙，实堪浩叹！

所以蒋先生在中国战场纵横数十年，他所凭借的武器，不外金钱收买和分化离间的伎俩。若从纯军事观点立论，则蒋先生实在是既不能将将，也不能将兵，若以他一己的意志来统兵作战，安有不败之理？只以军事一端作简单的论列，中共今日囊括大陆，实非偶然。

第五十一章　第五战区初期防御战

壹

当我于民国二十六年（一九三七年）十月十二日抵达南京时，中央统帅部对全面抗战的通盘战略已经拟好。发表我担任第五战区司令长官，驻节徐州。职务是指挥保卫津浦路的防御战。北至济南黄河南岸，南达浦口长江北岸，东自长江吴淞口向北延伸至黄河口的海岸线。直辖地区计有：山东全省和长江以北江苏、安徽两省的大部，辖区辽阔，责任綦重。而最高统帅部为集中力量起见，特规定长官部的职权，可直接指挥辖区内的党政机构。

我奉命后，即选拔徐祖贻君任本战区参谋长，嘱其立刻束装赴徐，组织司令长官部，我本人则奉委员长面谕暂留南京。因此时淞沪战事正急，中央统帅部也需要我随时建议和协助战事的筹划。

徐君为江苏无锡人。毕业于保定军官学校、日本士官学校和陆军大学。为人十分干练，军事学识也极丰富。北伐前在奉军服务，十七年曾任张学良代表，来北平和我方接洽东北易帜事，但是那时因徐君先期离平，我们未能晤面。"九一八"以后，徐君奉调至中央，出任军令部第一厅厅长，筹划作战事宜，颇有能名。我受任五战区司令长官时，想由军委会中选一干员为参谋长，以便和中央联络，因而想到徐君。我们虽未尝谋面，然一经把晤，即一见如故。

当沪上溃败，南京告急之时，我徐州司令长官部已组织就绪，只待我亲往坐镇。不过此时我五战区所直辖的部队却少得可怜。部队番号和驻地大略如下：

第三十一军，军长刘士毅，辖一三一（师长覃连芳）、一三五（苏祖馨）、一三八（莫德宏）三师。本军虽为我在广西所亲自征调成立，班长以上的各级干部多系北伐前后的旧班底，颇有作战经验，不过士兵多系新近入伍的乡农，受训期间很短，也无作战经验。幸本军究系我所直接领导的，指挥起来可以得心应手。三十一军奉调北上到苏北海州驻防，以防敌人在该地登陆。

第三集团军总司令韩复榘所辖两军为第十二军（孙桐萱）和第五十五军（曹福林）。韩部驻在山东境内，训练和装备都还差强人意，不过是否服从命令拼死作战，却大成问题。因此时我已得到情报，韩复榘曾派遣代表赴天津活动，和敌军有妥协的企图。

第五十七军缪澂流，下辖一一一（常恩多）和一一二（霍守义）两师，驻在苏北。缪部原为东北军，装备尚可，但战斗力素称薄弱。

第八十九军韩德勤，辖三三（韩德勤兼）和一一七（李守维）两师。韩部为江苏省保安队改编，原非正规军，故战斗力很差。

第五十一军于学忠，辖一一三（周光熊）和一一四（牟中珩）两师，驻在青岛。于部原为东北军，尚可作战，然算不得是劲旅。

第三军团庞炳勋，辖五个团，驻防砀山。庞部原为西北军，因其年资甚高，故位至军团长。然该军团的实力，只有五个步兵团而已，作战能力自甚有限。

所以当时五战区内可用的兵力尚不足七个军。而且这些部队均久被中央列为"杂牌部队"，蓄意加以淘汰之不暇，更谈不到粮饷和械弹的补充了。因此，这些军队的兵额都不足，训练和士气也非上乘。和当时在上海作战的部队相比拟，这些部队实在是三四等的货色。唯在抗日战争以前，因内战频繁，各级干部的战阵经验极为丰富，若在上者能推心置腹，一视同仁，并晓以国家民族的大义，和军人应尽的天职，必能激发良知，服从命令，效命疆场。不过我们的最高统帅蒋先生一贯作风，却是假全国一致团结，共赴国难的美名，阴图将这些非他嫡系的杂牌军悉数消灭。所以这些被目为杂牌军的将领，一面激于民族争生存的义愤，都想和日军一拼；一面却顾虑部队作战损失之后，不仅得不到中央器械兵员的补充，恐还要被申斥作战不力，甚或撤职查办，并将其部队番号撤销，成为光杆一根，即无以谋生。因此都怀着沉重惶惑的心情。我在日常言谈之中得知他们的隐衷甚详，也引以为忧。

在战略上说，京沪战事一旦结束，津浦线必然是敌人攻击的次一目标。当时若干新闻记者和一知半解的政论家，都有一错误的论断。他们认为敌人在京、沪一带将我军主力击破之后，如能长驱直入，一举而下武汉，则我们抗战的局面可能就彻底溃败而不堪收拾了。其实，这说法是缺乏军事学识的纸上谈兵的谬论。因敌人在京沪线得手之后，必定要打通津浦线以清除右侧面的威胁，然后才可西进，这是军事学上最起码的基本认识，不必多赘。所以我在离京之日，便和委员长谈起将来津浦线防御战的兵力问题。我说，津浦线处于南北两面夹攻之中，敌人且可随时自海州、青岛登陆。目前的七个军的兵力，断难应付。委员长说，将来京沪线上撤往江北的部队，都可归你节制。我心才稍安。

我离京赴徐时，深知南京危在旦夕，唐生智断不能久守。南京一失，敌人必以排山倒海之势，来犯津浦线。我军在京沪线上有百万貔貅，尚且一败涂地，今敌人挟新胜之威，自南北两路倾巢而来，我胆敢以七八万疲惫之师，与之周旋，也未免有螳臂当车之感了。

此时我虽深知情势危迫，然自思抗战至此，已是千钧一发的关头，我如能在津浦线上将敌人拖住数月，使武汉后方有充分时间重行部署，则我们抗战还可继续，与敌人作长期的纠缠，以待国际局势的转变，如我军在津浦线上的抵抗迅速瓦解，则敌人一举可下武汉，囊括中原，使我方无喘息机会，则抗战前途便不堪设想。思维及此，我深觉责任重大，然统计所部兵力，则又有"巧妇难为无米之炊"的感觉。所以我赴任之日，虽未作唐生智所发的豪语，然哀愤之情，与拖住敌人的决心，则远非唐氏所能比拟。

徐州是四战之区，无险可守。平、津沦陷之后，太原、淞沪也相继失守。徐州居民知道徐州的危险性，迁徙一空，市面萧条，形同死城。我到徐之后，即发动民众抗战运动，召集民众代表大会，策励寸土必争，组织第五战区抗战青年团。南北流亡学生闻风而至，市上行人渐多。我为安定人心起见，每日清晨或午后，骑马到主要街道巡视一番。此时心情虽极沉重，而态度故作悠闲。一般市民见司令长官尚有此闲情逸致，出来试马，相信战局必可稳定，乃相率回市开店复业。不旋踵，徐州市上又摩肩接踵，熙熙攘攘起来。人心安定，物质充裕，市面恢复繁荣。

然此时南京已失，敌军屠杀我军民数十万，主将松井石根竟在我国民政府前，举行规模极大的所谓"入城式"。全军杀气腾腾，一个个如狼如虎，以为支那军主力已为其消灭，今后北上津浦线，不过是旅次行军，徐州、蚌埠可以传檄而定。

我也料到敌人此时是骄狂无比，我要掌握住他们这"骄兵必败"的弱点，以我所可能运用的数万哀兵与之周旋。然此时津浦路南段直至浦口，完全空虚，无兵防守。我即将原驻海州的三十一军调至津浦路南段滁州、明光一带，作纵深配备，据险防守。由明光以南，为湖沼和小山交错的地区，易于防守，而敌人的机械化部队则不易发挥威力。

三十一军虽是新成立的部队，但是全军上下义愤填膺，足堪一战。加以此时适有在上海战场被俘后逃出的一位广西籍排长前来报告。他在淞沪被俘时，伪称炊事兵，敌军遂迫令挑运伙食担。他沿途竟亲自看见敌兵将比较肥胖的农人砍死，然后割取肘上的肉，放入饭盒，到宿营时，取出烤食，吃得津津有味。据说，这部分敌军是虾夷族，以烤食人肉为癖嗜。这位排长亲眼所见，言之凿凿。三十一军全军上下抗日情绪本已十分激昂，一闻敌军兽行，尤为发指，誓与野蛮的敌人一拼到底。

津浦路南段的敌军指挥官为畑俊六。十二月中旬，敌军约有八师之众，先后自镇江、南京、芜湖三地渡江北进。在津浦路正面的敌军即有三师。总兵额当为我三十一军的数倍，敌军原意，显然是以旅次行军方式，直趋蚌埠。孰料行抵明光以南，即为我军所堵截。血战逾月，双方打成平手，敌军竟不能越雷池一步。大出敌军指挥官意料之外。遂自南京调集援军及坦克车、野炮等重武器，倾巢来犯。我深知我军不论就人数、就武器来比，均难于与敌相火拼，到了我军将敌军主力吸入明光一带时，我便命令坐镇蚌埠的第十一集团军李总司令品仙，将三十一军全军于二十七年一月十八日自明光迅速西撤，将津浦路正面让开。在此之前，我已将原守青岛的于学忠第五十一军南调，布防于淮河北岸，凭险拒敌越河北进。

敌人以狮子搏兔之力猛扑明光，结果扑了个空，没有捉住我军主力。嗣后虽连下定远、怀远、蚌埠，然为我军阻于淮河南岸，一无所获。此时西撤的三十一军忽自敌军左侧背出现，向东出击，一举将津浦路截成数段。四处围歼孤立之敌。

淮河前线之敌，因后路忽被切断，乃迅速将主力南撤，沿津浦路与我三十一军展开拉锯战。敌人用尽九牛二虎之力，将我军自津浦线向西加强压力，唯敌进我退，敌退我进，敌人始终无法消除我军对津浦线的威胁。而参加淞沪会战的二十一集团军，时已北调到合肥，我方力量更加雄厚，使敌人增加后顾之忧，不敢贸然北进。因此，津浦南段战事乃形成敌我双方胶着，隔淮对峙之局。

这一战役的关键，是三十一军执行命令的彻底。敌退我进，始终钉住津浦线，使敌军不能北进。因三十一军为我亲手训练出来，调动起来，如臂使指。若是其他部队，恐怕在被敌向西加大压力之后，便不敢再乘虚东进，袭击敌人的后路了。如是，则日军早已越过淮河，与南下之敌会师徐州了。

以上是津浦南段，初期保卫战的大略。

贰

津浦线北段的保卫战，原由副司令长官兼第三集团军总司令韩复榘所指挥。

韩氏与中央素有隔阂，抗战开始后，对最后胜利也无信心，所以自始至终想保持实力。敌军占领平、津，沿津浦线南下时，即传韩复榘秘密派遣代表，与敌军华北派遣军总司令小矶国昭和津浦北段指挥官西尾寿造秘密接洽，希图妥协。无奈双方条件相去太远。敌人要韩复榘宣布山东独立，正式充当汉奸。而韩氏之意，只希望日军不犯鲁境，以达其保存实力的目的，双方距离太远，当然无法谈得拢。但是敌人总还是希望韩氏当汉奸，而不愿逼其抗战，故津浦北段的日军迟迟未渡黄河，以期待韩氏的叛变。这样反给我们以充分的时间来从容部署。

我初到徐时，即顾虑到韩氏抗战意志不坚定，乃亲赴济南一行。在韩氏的总司令部中住宿一宵，和他作竟夕之谈。这是我和韩复榘第一次见面。韩氏虽识字不多，言谈也很粗俗，但是却生得眉清目秀，皮肤白皙。骤看之下，俨然一位白面书生。

韩氏一见我，便问："长官，你看我们抗战有把握吗？"

我说："抗战有把握，最后胜利必属于我！"

嗣后我和他聚谈终宵，我反复解释"最后胜利必属于我"的道理。我说，我们的抗战是不得已的。日本人逼得我们无路可走，只有"抗战"与"亡国"两条路。我们选择了"抗战"！须知日本侵略中国，不是单纯的中日两国的事，它是有国际性意义的。日本入侵我东北，国联无力制裁，鼓励了日本，同时也鼓励了西方德、意两国的侵略集团。西方今日法西斯侵略势力的增长，吸引了英、美、法的注意力，也增加了日本侵华的勇气，才有今日的战事。所以东、西两个侵略势力是相互为用、相互影响的。今日日本侵华得手，世界各国莫奈伊何。你看德、意两国一定要步其后尘，如法炮制。以今日形势来看，欧战的爆发，只是时间问题。欧战爆发了，英、法、荷等国自顾不暇，他们在远东的殖民地便成了俎上之肉，听任别人宰割了。到那时，日本这头贪狼岂能坐视肥脔在侧而无动于衷？

接着，我就分析日本必然南进的道理。我认为日本的南进不仅是国际间的利害问题，同时也是日本国内问题发展的必然后果。日本军阀之间，陆、海二军原即相互嫉忌，相互水火，如今日本陆军在中国大陆横行无忌，扬威一时，大小军阀皆鸡犬升天。但是，以英美为假想敌的海军则原封未动，值此时机，能不跃跃欲试？根据我在华南所得日本在南洋活动的情报，日本将来必然南进无疑。日本南进，英、法、荷等国无力东顾，则美国必定挺身而出，与日本作战了。到那时，欧亚反侵略战争合而为一，便是我们抗战转机的时候了。

根据我的分析，我们抗战的战略重点便是以空间换取时间，以待世界局势的转变。我们能拖得愈久愈好，千万不能泄气。我们如果泄气了，投降了，侵略者势力东西相呼应，则可能西方被侵略国家也不敢蹈我们的覆辙，作不量力的抵抗。如果欧战因之不能爆发，或爆发后，不旋踵即为德、意侵略势力所扑灭，则二次世界大战不能实现。我们就永远做日本的奴隶了。

韩复榘听了我这番分析之后，如大梦初醒，也认为我们的抗战是有前途的。前途建立在欧战和世界大战之上。所以他一再追问我："长官，你看欧战什么时候可以爆发呢？"

我说："迟早总归要爆发的，至于确定的日期，则谁也不敢说了。"

我们在济南分手时，韩复榘对时局的看法，便完全以我这番话为依归。

他也认为抗战是长期的，是有前途的，汉奸是当不得的。但是，他的愚而好自用的简单头脑终于误了他。他认为"留得青山在，不怕没柴烧"。他那两军部队，断不可在长期抗战的局面下，而在短期之内被消耗了。他不能与日军死拼。保存实力是第一要务。

二十六年十二月中旬，日方既攻下南京，乃强迫韩复榘摊牌，韩氏不肯。敌军遂于十二月二十三日由青城、济阳间渡河。二十七日侵入济南。韩复榘不战而退。三十一日敌陷泰安。二十七年一月二日韩部放弃大汶口。敌军乃于一月五日攻入济宁，沿津浦路长驱直入。我于徐州得报后，即严令韩复榘循津浦线后撤，设险防守。无奈韩氏不听命令，竟率所部两军，舍弃津浦路，向鲁西撤退，且不向我报告，以致我方津浦路正面，大门洞开。大批敌军乘虚而下，若非沿路少数部队拼力死守，则大局不堪收拾了。

一月中旬，统帅部忽传出命令，要一、五两战区，师长以上的军官可以暂离阵地的，齐集归德，举行由委员长亲自主持的军事会议。我心知这一会议系专为惩治韩复榘而召集的。韩氏本人果然也疑虑丛生，特派专人来徐州长官部请示，问他应否亲自出席这一军事会议。我告诉他的使者说，"应该去"。韩乃如命前往。

归德军事会议系在二十七年一月十一日举行。委员长偕白副总参谋长已先一日到归德。事实上，此一会议是会而不议。共到师长以上军官八十余人。首先由委员长训话，鼓励大家奋勇作战。随即面嘱第一战区司令长官程潜和我分别报告战况。报告毕，委员长遂宣布散会。

当与会众人纷纷离去之时，刘峙忽然起立大呼道："韩总司令请慢点走，委员长有话要同你讲！"韩复榘闻言留下。离会众人遂议论纷纷，齐说"韩复榘糟了，韩复榘糟了！"

当散会时，我走在最后，只见会场内留有委员长的便衣卫士四五人。刘峙便指着卫士对韩复榘说："韩总司令，你可以跟他们去。"韩氏脸上顿时发青，低着头，蹒跚地随卫士去了。

同日下午，委员长在其归德行辕召集一小规模的谈话会。出席者仅委员长、程潜、白崇禧和我，共四人而已。大家方坐定，蒋先生便声色俱厉地说："韩复榘这次不听命令，擅自行动，我要严办他！"

程潜应声说："韩复榘应该严办！这种将领不办，我们的仗还能打下去吗？"

白崇禧和我在一旁默坐，未发一言。我回徐州后不久，即闻韩复榘已被枪决于武昌。虽未经过军法审判，然此事确使抗战阵营中精神为之一振。这是后话。

此次谈话的另一问题，便是实施军政合一。委员长认为抗战以来，地方行政机构未能切实配合军事上的要求，影响作战甚大，故提议以战区司令长官兼辖区内的省政府主席。并随即提以程潜兼河南省主席，我兼安徽省主席。程潜当即附议，认为是"最好的解决办法"。

我则认为无此必要。因为司令长官应该集中精神筹划军事，哪里还有时间兼管全省的政务？如果只是担任一个名义，那又何必多此一举呢？再者，军事与省政之所以未能密切配合，双方均有责任，如果只责一方，实欠公允。双方如均能设身处地，互相谅解，则闲言诽语自可消弭于无形。故对"军政合一"，我请委员长缜密考虑，然后决定。但是委员长仍说："我看还是兼着好！"白崇禧也以为然。谈话至此乃告结束，并未作具体决定。

不意我回徐州后不久，中央便明令发表程潜兼河南省政府主席，我兼安徽省政府主席。程潜当即就职，我则去电恳辞。无奈电报数度往返，中央仍坚持不准。最后白崇禧从汉口打电话来，劝我先到六安就职再说罢。同时皖省前主席蒋作宾，已于接到调职令后，离职去汉，致省政成了无政府状态。各厅长均频频来电相催。我不得已，乃勉强抽空往六安住一星期，接篆视事。

第五十二章　台儿庄之战

壹

我在六安就任省政府主席后回到徐州时，已是二月初旬，鲁南保卫战至此已进入紧急阶段。敌军板垣、矶谷两师团正以台儿庄为会师目标，并策应津浦路南段敌军的攻势，企图合攻徐州。

先是，当韩复榘态度游移之时，津浦路敌军可以随时南下，青岛在战略上已成孤立之点，无死守价值。我乃命令青岛守军于学忠部南下，沿淮河北岸据险防守，以堵截敌军北进。对青岛防务只采取消极态度，由市长沈鸿烈率海军陆战队五百人和一部分警察，协同维持治安，并监视海面敌人。二十七年一月十二日，敌军板垣第五师团在青岛的劳山湾、福岛两处强行登陆，沈市长即率所部南撤。敌军占领青岛后，乃沿胶济路西进，至潍县转南，经高密，循诸城、莒县一线，进迫临沂，与津浦线上的矶谷师团取得呼应，齐头猛进。

板垣、矶谷两师团同为敌军中最顽强的部队。其中军官士卒受侵略主义的毒素最深。发动"二二六"政变的日本少壮派，几乎全在这两个师团之内。今番竟协力并进，与自南京北犯的敌军相呼应。大有豕突狼奔，一举围歼本战区野战军的气概。

二月上旬，临沂告急，该地为鲁南军事上所必争的重镇，得失关系全局。处此紧急关头，既无总预备部队可资调遣，只有就近抽调原守海州的庞炳勋军团，驰往临沂，固守县城，堵截敌人前进。（庞部防地则由驻苏北的缪澂流军接替。）

庞军团长的职位虽比军长崇高，但所指挥的军队则只有五个步兵团，实力尚不及一个军。庞君年逾花甲，久历戎行，经验丰富。于抗日以前的内战时期，以善于避重就轻，保存实力著称。人极圆滑，为一典型的"不倒翁"人物。凡为庞氏的指挥官和并肩作战的友军，莫不对渠存有戒心。

但是庞氏有其特长。能与士卒共甘苦，廉洁爱民，为时人所称道。所以他实力虽小，所部却是一支子弟兵，有生死与共的风尚，将士在战火中被冲散，被敌所俘，或被友军收编的，一有机会，他们都潜返归队。以故庞部拖曳经年，又久为中央所歧视，仍能维持于不坠。

当庞部奉命编入第五战区序列之初，庞氏即来徐州谒见，执礼甚恭。我因久闻其名，且因其年长资深，遂也破格优礼以待。我虽久闻此公不易驾驭，但百闻不如一见，于谈吐中察言观色，觉他尚不失为一爱国诚实的军人。在初次见面时，我便推心置腹，诚恳地告诉他说，庞将军久历戎行，论年资，你是老大哥，我是小弟，本不应该指挥你。不过这次抗战，在战斗序列上，我被编列为司令长官，担任一项比较重要的职务而已。所以在公事言，我是司令长官，在私交言，我们实是如兄如弟的战友，不应分什么上下。

接着，我又说，我们在内战中搅了二十多年，虽然时势逼人，我们都是被迫在这旋涡中打转，但是仔细回想那种生活，太没有意义了。黑白不明，是非不分，败虽不足耻，胜亦不足武。今日天如人愿，让我们这一辈子有一个抗日报国的机会，今后如能为国家民族而战死沙场，才真正死得其所。你我都是五十岁以上的人，死也值得了，这样才不愧做一军人，以终其生。

庞听了很为感动，说，长官德威两重，我们当部属的，能在长官之下，为国效力，天日在上，万死不辞，长官请放心，我这次决不再保存实力，一定同敌人拼到底。

我又问他道，你的部队有没有什么困难需要我替你解决呢？庞叹息说："我原有五个团，现在中央有命令，要我把一个特务团归并，共编为四个团。长官，我的部队兵额都是足额的，我把这个团归并到哪里去呢？不能归并，就只有遣散。现在正是用兵之时，各部队都在扩充，唯独要我的部队遣散，似乎也不是统帅部的本意吧！"

我说："可能上级不知道你部队的实况！"

庞说："报告长官，我如不遵令归并，中央就要停发整个部队的粮饷！"

我说，中央这样处理是不公平的，我当为你力争此事。我又问他道，你的部队还缺少些什么呢？庞说，子弹甚缺，枪支也都陈旧，不堪作战。我也答应在我权力所能及，尽量予以补充。在庞部去海州之前，我便认真地向中央交涉，请求收回成命。旋奉军政部复电说："奉委员长谕，庞部暂时维持现状。"我将此消息告诉庞，全军大喜过望，庞氏自更感激涕零，认为本战区主帅十分体恤部曲，非往昔所可比拟。我更命令本战区兵站总监石化龙尽量补充第三军团的弹药和装备，然后调其赴海州接防。全军东行之日，我亲临训话，只见士卒欢腾，军容殊盛，俨然是一支劲旅。

此次临沂吃紧，我无军队可资派遣，只有调出这一支中央久已蓄意遣散的"杂牌部队"，来对抗数目上且占优势的号称"大日本皇军中最优秀的板垣师团"。

二月下旬，敌我两军遂在临沂县城发生攻防激烈的战斗。敌军以一师团优势的兵力，并附属山炮一团、骑兵一旅，向我庞部猛扑。我庞军团长遂率其五团子弟兵据城死守。敌军穷数日夜的反复冲杀，伤亡枕藉，竟不能越雷池一步。

当时随军在徐州一带观战的中外记者与友邦武官不下数十人，大家都想不到以一支最优秀的"皇军"，竟受挫于一名不见经传的支那"杂牌部队"。一时中外哄传，彩声四起。板垣征四郎显然因颜面有关，督战尤急。我临沂守军渐感不支，连电告急。

所幸此时我方援军张自忠五十九军，及时自豫东奉调赶至津浦线增援。张部按原命令系南向开往淮河北岸，增援于学忠部，适淮南敌军主力为我李品仙二十一集团军的三十一军和廖磊十一集团军的第七军、第四十八军所纠缠而南撤。我遂临时急调张自忠全军北上临沂，援助庞部作战。

张部以急行军出发，于三月十二日黄昏后赶到临沂郊外。翌晨，当敌军攻城正急之时，五十九军先与守城部队取得联系，乃约定时间向敌人展开全面反攻。临沂守军见援军已到，士气大振，开城出击。两军内外夹攻，如疾风暴雨。板垣师团不支，仓皇撤退。庞、张两部合力穷追一昼夜，敌军无法立足，一退九十余里，缩入莒县城内，据城死守。沿途敌军遗尸甚多，器械弹药损失尤大。造成台儿庄大战前，一出辉煌的序幕战。

敌军退入莒县后，我军围攻数日，终因缺乏重武器，未能奏效。

临沂一役最大的收获，是将板垣、矶谷两师团拟在台儿庄会师的计划彻底粉碎。造成尔后台儿庄血战时，矶谷师团孤军深入，为我围歼的契机。

此次临沂之捷，张自忠的第五十九军奋勇赴战之功，实不可没。张自忠部也在"杂牌"之列，他所以能造出这样赫赫的战功，其中也有很多有趣的故事：

张自忠原为宋哲元第二十九军中的师长，嗣由宋氏保荐中央，委为北平市长。"七七"事变前，敌人一意使华北特殊化，张以北平市长身份，奉宋氏密令，与敌周旋，忍辱负重，外界不明真相，均误以张氏为卖国求荣的汉奸。"七七"事变后，张氏仍在北平城内与敌交涉，因此舆论界对其攻击尤力，大有"国人皆曰可杀"之概。迨华北战事爆发，我军失利，一部分国军北撤南口、张垣，张部则随大军向南撤退。时自忠被困北平城内，缒城脱逃，来京请罪。唯京、沪舆论界指责张自忠擅离职守，不事抵抗，吁请中央严予惩办，以儆效尤。南京街上，竟有张贴标语，骂他为汉奸的。群情汹汹，张氏百喙莫辩。军委会中，也有主张组织军法会审。更有不逞之徒，想乘机收编张的部队，而在中央推波助澜。那时我刚抵南京，闻及此事，乃就西北军自忠的旧同事中调查张氏的为人。他们，尤其是张的旧同事黄建平，便力为辩护说，自忠为人侠义，治军严明，指挥作战，尤不愧为西北军中一员勇将，断不会当汉奸。我听到这些报告，私衷颇为张氏惋惜。一次，我特地令黄君去请他前来一叙，孰知张君为人老实，竟不敢来，只回答说，待罪之人，有何面目见李长官。后经我诚恳邀请，他才来见我。当张氏抵达之时，简直不敢抬头。平剧中，常见犯人上堂见官，总是低着头说："犯人有罪，不敢抬头。"对方则说："恕你无罪，抬起头来。"我以为这不过是扮戏而已，殊不知抗战时期，北方军人中尚有此遗风。

我说："荩忱兄，我知道你是受委屈了。但是我想中央是明白的，你自己也明白的。我们更是谅解你。现在舆论界责备你，我希望你原谅他们。群众是没有理智的，他们不知底蕴才骂你，你应该原谅他们动机是纯洁的……"

张在一旁默坐，只说："个人冒险来京，带罪投案，等候中央治罪。"

我说："我希望你不要灰心，将来将功折罪。我预备向委员长进言，让你回去，继续带你的部队！"

张说："如蒙李长官缓颊，中央能恕我罪过，让我戴罪图功，我当以我的生命报答国家。"

自忠陈述时，他那种燕赵慷慨悲歌之士的忠荩之忱，溢于言表。张去后，我便访何部长一谈此事。何应钦似有意成全。我乃进一步去见委员长，为自忠剖白。我说，张自忠是一员忠诚的战将，决不是想当汉奸的人。现在他的部队尚全师在豫，中央应该让他回去带他的部队。听说有人想瓜分他的部队，如中央留张不放，他的部队又不接受瓜分，结果受激成变，真去当汉奸，那就糟了。我的意思，倒不如放他回去，戴罪图功。

委员长沉思片刻，遂说："好罢，让他回去！"说毕，立刻拿起笔来，批了一个条子，要张自忠即刻回至其本军中，并编入第一战区战斗序列。

自忠在离京返任前，特来我处辞行，并谢我帮忙，说，要不是李长官一言九鼎，我张某纵不被枪毙，也当长陷缧绁之中，为民族罪人。今蒙长官成全，恩同再造，我张某有生之日，当以热血生命以报国家，以报知遇。言出至诚，说来至为激动而凄婉。我们互道珍重而别。

至二十七年二月，淮河前线吃紧，于学忠兵力不敷，军令部乃将五十九军调来五战区增援。张军长大喜过望，因为我和他有那一段渊源，他颇想到五战区出点力。不过，在五战区他也有所顾虑，因为他和庞炳勋有一段私仇。原来在民国十九年，蒋、冯、阎中原大战时，庞、张都是冯系健将，彼此如兄如弟。不意庞氏受蒋的暗中收买而倒戈反冯，且出其不意袭击张自忠师部，张氏几遭不测。所以自忠一直认为炳勋不仁不义，此仇不报，誓不甘休。自忠此次奉调来徐时，便私下向徐参谋长陈述此一苦衷，表示在任何战场皆可拼一死，唯独不愿与庞炳勋在同一战场。因庞较张资望为高，如在同战场，张必然要受庞的指挥，故张不愿。好在原定计划中，已调他去淮河战场。

天下事真是无巧不成书，淮南敌军主力适于此时被迫南撤，淮河北岸军情已经缓和。独于此时，庞炳勋在临沂被围请援，而我方除五十九军之外，又无兵可调。徐参谋长颇感为难。我闻讯，乃将张自忠请来，和他诚恳地说："你和庞炳勋有宿怨，我甚为了解，颇不欲强人之所难。不过以前的内战，不论谁是谁非，皆为不名誉的私怨私仇。庞炳勋现在前方浴血抗战，乃属雪国耻，报国仇。我希望你以国家为重，受点委屈，捐弃个人前嫌。我今命令你即率所部，在临沂作战。你务要绝对服从庞军团长的指挥。切勿迟疑，致误戎机！"

自忠闻言，不假思索，便回答说："绝对服从命令，请长官放心！"

我即命张氏集合全军，向官兵训话鼓励一番，自忠乃率所部星夜向临沂增援，竟打了一个惊天动地的胜仗！若非张氏大义凛然，捐弃前嫌，及时赴援，则庞氏所部已成瓮中之鳖，必至全军覆没。其感激张氏，自不待言。从此庞、张二人竟成莫逆，为抗战过程中一段佳话。

贰

临沂一战，津浦北段敌军，左臂遂为我军砍断，敌两路会攻台儿庄计划，遂为我所破，唯敌军沿津浦线而下的正面矶谷师团，则因韩复榘不抵抗的影响，日益向南推进，值此紧要关头，我方另一部援军，第二十二集团军川军邓锡侯部（辖第四十一及第四十五两军）适自郑州赶来增援。我遂急调第四十一军（军长孙震，辖一二二及一二四两师）前往鲁南的邹县堵截，四十五军跟进为预备队。军次滕县，知邹县已失，四十一军乃以一二二师（师长王铭章）守滕县城，一二四师在城外策应。敌军以快速部队南侵，将滕县包围，并以重炮及坦克猛攻县城。王师长亲自督战死守，血战三昼夜，终以力有不逮，为敌攻破。王师长以下，全师殉城，至为惨烈。然卒将敌军南侵日期延缓，使我增援部队汤恩伯、孙连仲等部能及时赶到参战。

邓锡侯部川军来五战区作战，也有一段有趣的故事：

邓部原驻于川西成都，因其防区通向外界之水路为川军刘湘所部封锁，无法购买弹械补充，故士兵所用的枪械半为土造，极其窳劣。此次激于大义，请缨出川参加抗战，奉统帅部令，编为第二十二集团军，以邓锡侯为总司令，孙震为副司令，由二人亲自率领，往第二战区参加山西保卫战。然仓促出师，远道跋涉，沿途又无补给兵站的组织，势须就地购买粮草，对军纪不无影响。

川军方抵山西而太原已告失守。敌人用机动性快速部队向溃军左冲右突，川军立足未稳，便被冲散，随大军狼狈后退，沿途遇有晋军的军械库，便破门而入，擅自补给。败兵之际，士兵强买强卖皆所难免。事为第二战区司令长官阎锡山所悉，大为震怒，认为川军是"抗日不足，扰民有余"的"土匪军"，乃电请统帅部将川军他调。统帅部接此难题，乃在每日会报中提出。委员长闻报也很为生气，说："第二战区不肯要，把他们调到第一战区去，问程长官要不要？"

军委会乃打电话去郑州给第一战区司令长官程潜，告知此一命令，并老实说出其原委。孰知程潜对川军作风早有所闻，在电话里竟一口回绝，说："阎老西都不要，你们要送给我？我不要这种烂部队！"据说，当军令部次长林蔚将此消息报告委员长，并请示办法时，委员长正因南京初失，心绪不好，闻报勃然大怒，说："把他们调回去，让他们回到四川去称王称帝罢！"

白崇禧在一旁听着，便劝解道："让我打电话到徐州去，问问五战区李长官要不要？"白氏随即自武汉用长途电话问我，并娓娓陈述此一事件的经过。此时正值韩复榘不战而退，我无援兵可调之时。我便立刻告诉白崇禧："好得很啊！好得很啊！我现在正需要兵，请赶快把他们调到徐州来！"

白说："他们的作战能力当然要差一点。"

我说："诸葛亮扎草人做疑兵，他们总比草人好些吧？请你快调来！"

白崇禧闻言一笑。川军就这样地调到徐州来了。

邓锡侯、孙震两君，我和他们虽曾通过信，这次在徐州却是第一次见面。邓、孙两君对我个人的历史知道得很清楚，如今加入我的战斗序列，也颇觉心悦诚服。他们所以被调到五战区的原委，他们本人也完全知道。

邓、孙二人见到我便苦笑着说："一、二两战区都不要我们，天下之大，无处容身。李长官肯要我们到五战区来，真是恩高德厚！长官有什么吩咐，我们绝对服从命令!"

我说,过去的事不必提了。诸位和我都在中国内战中打了二十余年,回想起来,也太无意义。现在总算时机到了,让我们各省军人,停止内战,大家共同杀敌报国。我们都是内战炮火余生,幸而未死,今后如能死在救国的战争里,也是难得的机会。希望大家都把以往种种譬如昨日死,从今以后,大家一致和敌人拼命。

随即,我便问他们有什么需要,有没有困难要我代为解决的。邓、孙异口同声说,枪械太坏,子弹太少。我乃立刻电呈军委会,旋蒙拨给新枪五百支,每军各得二百五十支。我又于五战区库存中,拨出大批子弹及迫击炮,交两军补充。两军官兵欢天喜地。适矶谷师团另附骑兵旅、野炮团、重炮营和战车数十辆,自济南循铁路南进,我遂调两军前往防堵。大军出发前,我并亲临训话,举出诸葛武侯统率川军北抗司马懿的英勇故事,希望大家效法先贤,杀敌报国。大军上下无不欢跃。滕县一战,川军以寡敌众,不惜重大牺牲,阻敌南下,达成作战任务,写出川军史上最光荣的一页。

以上所述临沂、滕县两役,都是台儿庄大捷前,最光辉的序幕战。但是这两项艰苦的血战,却都是由一向被中央歧视的"杂牌部队"打出来的。这些"杂牌部队"在其他场合,往往畏缩不前,但是到了五战区,却一个个都成了生龙活虎,一时传为美谈。

叁

当临沂和滕县于三月中旬同时告急时,蒋委员长也认为在战略上有加强第五战区防御兵力的必要,乃仓促檄调第一战区驻河南补充训练尚未完成的汤恩伯军团和孙连仲集团,星夜增援。首先抵达徐州的为汤恩伯第二十军团,辖两个军（第五十二军关麟征和第八十一军王仲廉）共计五个师（第二师郑洞国、第二十五师张耀明、第四师陈大庆、第八十九师张雪中和第一一〇师张轸）。该军团装备齐全，并配属十五生的德制重炮一营，为国军中的精华。

汤部八十一军先抵徐州，即乘火车北上支援二十二集团军的作战，不幸滕县城已先一日陷敌，迨汤军团全部到达，已不及挽回颓势，只消极地掩护友军退却和迟滞敌人的南进而已。

随汤部之后到徐州的为孙连仲的第二集团军。孙集团军名义上虽辖两军（第三十军田镇南、第四十二军冯安邦），唯该部因曾参加山西娘子关之保卫战，损失颇大。四十二军所剩只一空番号而已，孙连仲虽曾屡次请求补充，均未获准。其后不久，四十二军番号且为中央新成立的部队取而代之。故该集团军实际可参加战斗的部队只有三师（第二十七师黄樵松、第三十师张金照、第三十一师池峰城）。孙总司令到徐州来见我时，匆匆一晤，我就叫他快去台儿庄部署防务建筑工事。因孙部原为冯玉祥的西北军，最善于防守。我当时的作战腹案，是相机着汤军团让开津浦路正面，诱敌深入。我判断以敌军之骄狂，矶谷师团长一定不待蚌埠方面援军北进呼应，便直扑台儿庄，以期一举而下徐州，夺取打通津浦路的首功，我正要利用敌将此种心理，设成圈套，请君入瓮。待我方守军在台儿庄发挥防御战至最高效能之时，即命汤集团潜行南下，拊敌之背，包围而歼灭之。

部署既定，敌人果自滕县大举南下。汤集团在津浦线上与敌作间断而微弱的抵抗后，即奉命陆续让开正面，退入抱犊岗东南的山区。重炮营则调回台儿庄运河南岸，归长官部指挥。敌军果不出我所料，舍汤军团而不顾，尽其所有，循津浦路临枣支线而下，直扑台儿庄。敌军总数约有四万，拥有大小坦克车七八十辆，山野炮和重炮共百余尊，轻重机枪不计其数，更有大批飞机助威。徐州城和铁路沿线桥梁车站，被敌机炸得一片糜烂。

三月二十三日，敌军冲到台儿庄北泥沟车站，徐州城内已闻炮声。

二十四日敌人开始猛烈炮轰我防御工事，战斗激烈期间，我第二集团军阵地每日落炮弹至六七千发之多。炮轰之后，敌军乃以坦克车为前导，向我猛冲。将我台儿庄外围阵地工事摧毁后，敌步兵乃跃入据守，步步向前推进。台儿庄一带，耕地之下盛产石块，居民多叠石为墙；以故每一住宅皆系一堡垒。此种石墙被敌人冲入占据之后，我军因无平射炮，又无坦克车，即无法反攻。然我军以血肉之躯与敌方炮火与坦克相搏斗，至死不退。敌人猛攻三昼夜，才冲入台儿庄城内，与我军发生激烈巷战。第二集团军至此已伤亡过半，渐有不支之势，我严令孙总司令死守待援。自二十七日始，敌我遂在台儿庄寨内作拉锯战，情况非常惨烈。

在此同时，我也严令汤恩伯军团迅速南下，夹击敌军，三令五申之后，汤军团仍在姑婆山区逡巡不进。最后，我训诫汤军团长说，如再不听军令，致误戎机，当照韩复榘的前例严办。汤军团才全师南下。然此时台儿庄的守军已伤亡殆尽。到四月三日，全庄三分之二已为敌有。我军仍据守南关一隅，死拼不退。敌方更调集重炮、坦克猛冲，志在必克。其电台且宣称已将台儿庄全部占领。我方守庄指挥官第三十一师师长池峰城，深觉如此死守下去，必至全军覆没而后已。乃向孙总司令请示，可否转移阵地，暂时退至运河南岸。孙连仲乃与长官部参谋长徐祖贻和参谋处长黎行恕通电话请示。

参谋处来报告，我因汤部援军快到，严令死守，决不许后撤。最后，孙总司令要求与我直接通话。连仲说："报告长官，第二集团军已伤亡十分之七，敌人火力太强，攻势过猛，但是我们把敌人也消耗得差不多了。可否请长官答应暂时撤退到运河南岸，好让第二集团军留点种子，也是长官的大恩大德！"

孙总司令说得如此哀婉。但我预算汤恩伯军团，明日中午可进至台儿庄北部。第二集团军如于此时放弃台儿庄，岂不功亏一篑。我因此对孙连仲说："敌我在台儿庄已血战一周，胜负之数决定于最后五分钟。援军明日中午可到，我本人也将于明晨亲来台儿庄督战。你务必守至明天拂晓。这是我的命令，如违抗命令，当军法从事。"

孙连仲和我，仅在他奉调来五战区增援时，在徐州有一面之缘。此时我向他下这样严厉的命令，内心很觉难过。但是我深知不这样，便不能转败为胜。

连仲知我态度坚决，便说："好罢，长官，我绝对服从命令，整个集团军打完为止！"

在电话中，我还指示他说，你不但要守到明天拂晓之后，今夜你还须向敌夜袭，以打破敌军明晨拂晓攻击的计划，则汤军团于明日中午到达后，我们便可对敌人实行内外夹击！孙连仲说，他的预备队已全部用完，夜袭甚为不易。我说："我现在悬赏十万元，你将后方凡可拿枪的士兵、担架兵、炊事兵与前线士兵一齐集合起来，组织一敢死队，实行夜袭。这十万块钱将来按人平分。重赏之下，必有勇夫，你好自为之。胜负之数，在此一举！"

连仲说："服从长官命令，绝对照办！"

我所以要他组织敢死队的原因，便是根据我的判断。第二集团军的伤亡虽已逾全军十分之七，但是从火线上因抬运负伤官兵而退下的士兵一定不少，他们因为战火太猛没有回到火线上去。重赏之下，必有勇夫。现在我们要利用这一点最后的力量，作孤注的一掷。

孙总司令和我通话之后，在台儿庄内亲自督战。死守最后一点的池师长峰城，又来电向他请求准予撤退。连仲命令他说："士兵打完了你就自己上前填进去。你填过了，我就来填进去。有谁敢退过运河者，杀无赦！"

池师长奉命后，知军令不可违，乃以必死决心，逐屋抵抗，任凭敌人如何冲杀，也死守不退。所幸战到黄昏，敌人即停止进攻。及至午夜，我军先锋敢死队数百人，分组向敌逆袭，冲进敌阵。人自为战，奋勇异常，部分官兵手持大刀，向敌砍杀，敌军血战经旬，已筋疲力竭，初不意战至此最后五分钟，我军尚能乘夜出击。敌军仓皇应战，乱作一团，血战数日为敌所占领的台儿庄市街，竟为我一举夺回四分之三，毙敌无算，敌军退守北门，与我军激战通宵。

长官部夜半得报，我汤军团已向台儿庄以北迫近，天明可到。午夜以后，我乃率随员若干人，搭车到台儿庄郊外，亲自指挥对矶谷师团的歼灭战。黎明之后，台儿庄北面炮声渐密，汤军团已在敌后出现，敌军撤退不及，遂陷入重围。我亲自指挥台儿庄一带守军全线出击，杀声震天。敌军血战经旬，已成强弩之末，弹药汽油用完，机动车辆多被击毁，其余也因缺乏汽油而陷于瘫痪。全军胆落，狼狈突围逃窜，溃不成军。我军骤获全胜，士气极旺，全军向敌猛追，如疾风之扫落叶，锐不可当。敌军遗尸遍野，被击毁的各种车辆、弹药、马匹遍地皆是。矶谷师团长率残敌万余人突围窜往峄县，闭城死守，已无丝毫反攻能力了。台儿庄之战至此乃完成我军全胜之局。

战后检点战场，掩埋敌尸达数千具之多。敌军总死伤当在二万人以上。坦克车被毁三十余辆，掳获大炮机枪等战利品不计其数。矶谷师团的主力已被彻底歼灭。台儿庄一役，不特是我国抗战以来一个空前的胜利，可能也是日本新式陆军建立以来第一次的惨败。足使日本侵略者对我军另眼相看。

台儿庄捷报传出之后，举国若狂。京、沪沦陷后，笼罩全国的悲观空气，至此一扫而空，抗战前途露出一线新曙光。全国各界，海外华侨，乃至世界各国同情我国抗战的人上，拍致我军的贺电如雪片飞来。前来参观战绩的中外记者和慰劳团也大批涌到。台儿庄区区之地，经此一战之后，几成民族复兴的新象征。我军得此鼓励，无不精神百倍，各处断壁颓垣之上，都现出一片欢乐之情，为抗战发动以来的第一快事。

肆

我军在台儿庄的胜利，在敌人以及国内外的观察家看来，简直是不可思议之事。因我军以区区十余万疲惫之师，在津浦路上两面受敌。敌人来犯的，南北两路都是敌军的精锐，乘南北两战场扫荡我军主力百余万人的余威，以猛虎扑羊之势，向徐州夹攻。孰知竟一阻于明光，再挫于临沂，三阻于滕县，最后至台儿庄决战，竟一败涂地，宁非怪事？！

不过仔细分析我军作战的情形，便知制胜之道并非侥幸，主要原因有以下数端：

第一，我三十一军在津浦南段运用的得宜。南京弃守之后，我军利用地形，据守明光至四十余日之久，使我在鲁南战场有从容部署的机会。到了敌我双方在明光消耗至相当程度时，我便命令三十一军对敌的抵抗，适可而止，全师西撤，让开津浦路正面，但仍保有随时出击的能力。孰知敌人竟误认我三十一军已溃败，乃将主力北调，一举而陷我明光、定远、蚌埠，拟渡过淮河，直捣徐州。而我自青岛南调的于学忠的第五十一军，适于此时赶到，予以迎头痛击。敌方主力正预备渡河与我死拼之时，我又命令三十一军配合新自江南战场北调的第七军，自敌后出击，一举将津浦路截成数段，使敌首尾不能相顾。敌不得已又将主力南撤，与我军胶着于津浦沿线，减少我军在淮河一线的威胁，使我可以抽调原来南下赴援于学忠的张自忠部，转头北上，向临沂增援，充分发挥内线作战的优越条件。

第二，当板垣、矶谷两师团齐头南下时，我守临沂庞炳勋部，适时赶到。以最善于保存实力的旧式军队，竟能与其私雠最深的张自忠部协力将板垣师团击溃，阻其南下与矶谷师团在台儿庄会师。临沂之捷，实为台儿庄胜利的先决条件。而庞、张二人先国难而后私雠的胸怀，尤有足多者。台儿庄战后，蒋先生曾惊讶地向我说："你居然能指挥杂牌部队！"似乎真使他莫测高深。其实做主帅的人只要大公无私，量才器使，则天下实无不可用之兵。

第三，此点也可能是最重要的条件，便是我违背统帅部的意旨，毅然拒绝将长官部迁离徐州。

先是二十七年初，当韩复榘不战而退，津浦路正面无兵可守，徐州顿形危急之时，中央统帅部即深恐五战区长官部临时撤退不及，为敌所俘。

二月初，蒋委员长就在每日会报中提出此问题，交军令部研究。后即指定河南的归德和安徽的亳县，让我任择其一，俾长官部迁往该地办公。但是我却大不以为然。因此时敌人南北两战场的重心，正集中对付第五战区，且敌我的态势也已为我军形成了天造地设的内线作战有利条件。为争取空间和时间起见，徐州的保卫战必须不惜任何牺牲，以期粉碎敌人速战速决的野心。然后才可达成掩护武汉，使有充分时间部署保卫战的重大任务。

再者，徐州铁路四达，尤为电话、电报网的中心。长官部一旦迁往亳县或归德，一切命令与情报全须凭借无线电。而无线电每日拍发电报有一定时间，如此司令长官真等于耳目失聪，如何能指挥作战，更谈不到赴前方督战，鼓舞军心了。况司令长官部的迁移，必然影响民心与士气。重心一失，全盘松动，将不可收拾了。

但是军令部既有此建议，徐州各中央机关都人心思迁，即长官部若干职员也作同样的主张，我也未便公开反对，自想唯有拖延的一法。乃令成立"设营小组"，前往察看归德与亳县的形势，以及长官部和各机关住地如何分配等情，嘱其详细具报。如是，往返费时半月，台儿庄的局面已紧张万分，值此背城借一之时，长官部自然更不能迁移了。这一点实在是台儿庄之战的最大关键。当时我如遵从中央命令将长官部迁出徐州，则此后战局便面目全非了。

第四，便是敌人本身战略的错误。日军在南北两战场将我百余万抗战主力扫荡之后，骄狂无比。我五战区内区区十余万残兵败将，根本不在敌军指挥官的眼里。南北两路主将都以为攻打徐州，也不过是旅次行军。到了南北两路同时受挫，敌人仍不觉悟，满以为只要它认真作战，仍可一举攻下徐州。南北诸将，彼此贪功，不待各路配合便冒险前进，以"先入关者为王"的心情向徐州单独进攻，这样便堕入我所预设的陷阱，被各个击破。

总之，敌人此来，是以"利人土地财宝"的贪兵，来向我进攻，犯下了"骄兵必败"的大忌。我军人数虽少，装备虽差，但是我们是保国卫民与侵略者作殊死战的哀兵，我们在士气上已享有"兵哀者胜"的心理条件。加以我们在指挥上对本军量力而用，上下一心，对敌情判断正确，击其所短，可说是知己知彼，发挥了内线作战的最高效能，故有台儿庄的辉煌战果。综观台儿庄一役的战史，固知制胜之道，初未可幸致也。

第五十三章　徐州会战

壹

日军在进攻台儿庄受挫后，原攻临沂败退费县附近的板垣师团，获知其友军矶谷师团残部被困于峄县、枣庄、临城一带，也舍去临沂战场而将主力向西移动，与矶谷残部合流，死守待援。同时敌方统帅部也深知徐州不可轻取，非调集重兵，自四面合围，断难打通津浦线。四月间，敌方遂自平、津、晋、绥、苏、皖一带增调十三个师团，共三十余万人，分六路向徐州进行大包围，企图歼灭我五战区的野战军。

敌军这次所抽调的，均为其中国派遣军中最精锐的部队，配备有各种重武器。全军按计划构成数个包围圈，逐渐向徐州轴心缩小包围圈，以期将我徐州野战军一网打尽。

在敌方这种有计划的大规模歼灭战的部署之下，雄师数十万，复辅以飞机数百架，装备窳劣的我军，断难与之抗衡。无奈台儿庄之捷鼓起了我方统帅部的勇气，居然也调到大批援军，想在徐州附近和敌人一决雌雄。

我方首先抵达徐州的援军为周喦的七十五军和李仙洲的九十二军。我命令周、李两军自台儿庄向东延伸。因此时矶谷残部尚死守峄县待援，敌板垣师团已舍弃临沂战场而向西挺进，与矶谷合伙，企图对台儿庄卷土重来。我周、李两军向东延伸，正抵其背。

四月二十日，樊崧甫的四十六军和卢汉的六十军也奉调到徐。我乃调该两军到运河两岸，加强这方面的防御兵力。不久，李延年的第二军和晋军商震部的一师也到徐，乃加入东线。谭道源的二十二军也尾随而至，加入徐州西北微山湖一带的防线。接着石友三的六十九军抵达鲁西，冯治安的七十七军、刘汝明的六十八军也先后到徐，我即令开拔南下，增强淮河北岸的防御力量。

因此，不到一个月，我援军抵徐的，几达二十万人，与本战区原有军队合计不下六十万，大半麇集于徐州附近地区，真有人满之患。而白崇禧从汉口军令部打电话来，还高兴地对我说，委员长还在续调大军向我增援。

我说："委员长调了这么多部队干什么呢？"

白说："委员长想要你扩大台儿庄的战果！"

我说："现在已经太迟了！"

此时我已判断到敌军向我合围的新战略，我方集大军数十余万人于徐州一带平原地区之内，正是敌方机械化部队和空军的最好对象。以我军的装备，只可相机利用地形有利条件，与敌人作运动战，若不自量力而与敌人作大规模的阵地消耗战，必蹈京沪战场的覆辙。当徐州保卫战时，我军元气已有限，类似上海的会战，断不可重演。因此当大军云集之时，我深感责任的重大，和内线作战无能为力之苦。

统帅部也深知此役关系重大，不久，白副总参谋长即率统帅部参谋团的刘斐、林蔚等到徐筹划防御战。

敌军自攻占宿县与蒙城两个重要战略据点后，除以少数部队固守宿县外，竟放弃津浦路正面，而循西侧的地区，与蒙城之敌相联系，分途向北推进。

四月中旬，津浦路北段之敌在土肥原等指挥之下，开始自濮阳、张寿分两路强渡黄河，进入鲁西，分别陷我郓城、菏泽、金乡、鱼台，自西北方面向徐州推进；东北方面之敌，则由海道自连云港登陆，占海州、郯城，与进占台儿庄和峄县之敌相呼应，自东北方向徐州进迫。

五月上旬，津浦路南面敌人为排除其侧翼常被我军突击的危险，乃以其主力配合大量装甲部队和飞机，向西部闪电挺进，攻占合肥，压迫李品仙十一集团的三十一军西撤，退守大别山外围的六安县，然后转向我据守淮河中流一带的廖磊二十一集团第七、第四十八两军防线猛烈攻击。我防守淮河两岸和田家镇、凤台县、寿县、正阳关等重要据点的部队，为避免被敌包围集体歼灭计，乃稍事抵抗即自动放弃，实行化整为零的游击战术，与敌人纠缠，使其疲于奔命。不幸敌人不入我军的圈套，而以其第三、第九、第十三等师团和井关机械化部队，配属大群飞机，作战斗开路先锋，然后循涡河地区向蒙城迈进。同时，蚌埠南岸附近的敌军也已抢渡淮河，向北急进。至此，于学忠之五十一军和冯治安的七十七军忽遭受敌军优势力量的压迫，乃星夜东向皖、苏边境撤退。刘汝明的六十八军原奉命南下增援，师行到夹沟，而战局面貌已非，我遂令该军迅速西向涡阳，突出重围。是时，廖磊总司令见徐州以南津浦路防线已完全洞开，乃调二十一集团军总预备队，师长杨俊昌与周副师长各率步兵两团，驰赴扼守南宿县和蒙城两个据点。不料周副师长赶到做仓促布防之际，敌人也已跟踪而至，将蒙城团团围困得水泄不通。敌机械化部队和机群复整日冲击、轰炸。城中房屋火光烛天，变成一片焦土，五月九日蒙城遂陷。后来据少数突围士兵的报告，当敌军猛烈进攻时，周副师长曾数度奋勇反攻，期望冲破重围，无奈敌人火网严密，未能成功。除二十一名士兵乘黑夜蛇行逃出，幸免于难外，其余官兵、夫役、马匹等，则一概为国牺牲。至杨师长俊昌，率所部扼守南宿县，因城垣被敌炮摧毁，被迫撤至郊外，损失虽重，尚未全部牺牲。

北上之敌随即切断我陇海路于徐州以西的黄口车站。蚌埠之敌约三个师团，于攻破宿县后也自津浦路的西侧平原向徐州迫近，形成对徐州四面合围之势。

我军为避免与优势之敌作消耗战，也于五月初旬作有计划的撤退。敌军此次来势甚猛，构成数重包围圈，志在将我军一举歼灭。我军为打破敌方此一企图，只有迅速作有计划的突围，脱离敌人的包围圈。然大军数十万仓促撤退，谈何容易！

贰

五月初旬，当鲁西与淮河战事同时吃紧之时我即严令该方面的孙桐萱与廖磊两集团军，自南、北两方尽最大的努力，阻止敌人会师于陇海线；并乘敌人尚未合围之时，督率徐州东北方面的孙连仲、孙震、张自忠、庞炳勋、缪澂流诸军，凭运河天险及运河以东地区择要固守，以掩护徐州四郊大军向西、南两方面撤退，脱离敌军的包围圈。一待任务完成，即向南撤入苏北湖沼地区，然后再相机西撤。因敌军的注意力概集中于徐州陇海路西部，因此，我军能安全向苏北撤退。

五月中旬，我军其他各部乃陆续开始撤退。为避免敌机轰炸，多数部队都昼息夜行。敌军旋即南北会师，唯阵容不无混乱，且因地形不熟，不敢夜间外出堵截，故我军未脱离包围圈的部队也能自敌人的间隙中安全通过。五月十七日晚，汤恩伯军团及其机械化部队因西线敌已重重合围，乃改向南撤。其他掩护部队也奉命逐渐向东南撤退。敌军遂自北面迫近徐州，其野炮且已可射入城内，长官部数次中弹起火，幸皆迅速扑灭。我乃迁长官部到郊外城南陈家大屋暂住，然该地仍在敌炮射程之内。一次，我命一传令兵向附近传达命令，渠刚离开，忽然一颗炮弹落在司令部内爆炸，此传令兵即应声倒地，我连忙前去将他扶起，只见其血肉模糊，臀部已被炸去一大块。当时情况的险恶，可以想见。

到五月十八日，各路大军泰半已撤退就绪，我乃决定于十八日午夜放弃徐州。是晚十一时，我率长官部职员、特务营、中央留徐各机关人员和若干新闻记者，共约千余人，合乘火车一列南开。本拟于车抵宿县后，折向西方撤退。孰料车行方一百华里左右，忽闻前路有猛烈爆炸声，停车一问，才知系我方工兵炸毁铁路桥梁。因工兵误以为长官部列车已过，所以将桥梁炸毁。火车既不能前进，全军千余人只得舍车步行。翌晨抵宿县城北十余里处，汤恩伯军团适亦停止在此，据难民报告，宿县已为敌军所得，不能通行。

汤军团长乃和我作简短会议。他问我要否将宿县克复，再继续西进。因汤军团此时尚有数师之众，并有十五生的大炮数门随行，克复宿县，可无问题。不过我认为无此必要，我军今日当务之急，是脱离敌人的包围圈。一小城镇的得失实无关宏旨。

汤恩伯并问我要否和他的部队一起向西突围，因为他的军团实力雄厚，不虞敌人包围，我则认为汤军团是我军的精华，此时脱离战场要紧，我长官部和他同行，恐为该军团之累。所以我命令汤军团长即刻率部西行，我本人则偕长官部一行东向绕过宿县。此地是一望无际的大平原，我们这一千余人的小部队，在本国的土地上，可以四处行动，敌人断难捕捉我们。同时，我更电令第七军自皖派部队到宿县以南三十里附近接应。

自与汤军团在宿县以北分手之后，我即亲率长官部一行千余人向东南前进。沿途皆有敌机跟踪轰炸，然在大平原之上，部队分散前进，敌机杀伤力甚小。越过津浦路以西地区后，某次吾人正在一大村落造饭休息，忽为敌侦察机发现。该机兜了个圈子，即行离去。我知其情不妙，匆匆饭毕，即令全体人马离开该村。我们走了不及二三里地，突有敌轰炸机二十余架比翼飞来。一阵狂炸，将该村落顿时夷为平地，而我辈竟无一人死伤，亦云幸矣。又一次，我们在途中被数架敌轰炸机发现，我们遂作紧急疏散，匍匐于附近麦田中，敌机群在我们上空低飞一转，并未投弹便匆匆飞去了。此时敌机如集中狂炸一阵，则吾辈千余人将无噍类了。又一次在宿县东南，几与敌骑数百人相遇，敌我相去极近，而却"交臂相失"，否则其情况也就不堪设想了。

我们自东边绕过南宿州，足足走了一整天，抵达涡河北岸，与第七军来接的部队共一团人相遇，涡河桥梁、渡船皆毁。人、物渡河已感困难，随行汽车数十辆自然更无法携带，乃悉数在河边焚毁。渡过涡河，进入第二十一集团军防地，才完全脱离了敌人的包围。

叁

此次徐州会战，我方参战的不下六十万人，敌军总数也在四十万左右，敌方参谋部显欲将我野战军主力吸引到徐州附近，自四面重重包围，渐次将包围圈缩小，然后一举将我数十万大军悉数歼灭。

敌人再也没有想到，他以狮子搏兔之力于五月十九日窜入徐州时，我军连影子也不见了。数十万大军在人不知鬼不觉之中，全部溜出了他们的包围圈。敌人四处搜寻，仅捉到了我方几个落伍的病兵。其中之一是二十二军军长谭道源的勤务兵。敌人自他衣袋中搜出了一张谭军长的名片，便误以为生俘了谭道源，竟据此大事宣传，闹出个大笑话。

在徐州会战的最后阶段，敌军捕捉我主力的计划是何等周密，其来势是何等凶猛，但是鏖战月余，敌方不特没有击溃我军的主力，甚至连我方一个上尉也没有捉到。这种情形，在双方百万大军的会战史上也可说是个奇迹。彻底毁灭了敌人捕捉我军主力，速战速决的侵略迷梦。

溯自二十六年十二月十三日南京失守时起，到二十七年五月十九日我军自动放弃徐州时止，我军与南北两路双管齐下的敌军精锐，竟周旋了五个月零六天。使其无法打通津浦路，充分地发挥了以空间争取时间的战略计划。使我大后方有充分时间来部署次一阶段的武汉大会战。到了津浦路保卫战最高潮时，我在台儿庄还打了一个举世闻名的胜仗，把京沪战后敌军的一团骄气，打得烟消火灭，同时也冲淡了我方在南京失守后的悲观气氛。使长期抗战重露一线曙光，也延迟了汪兆铭之流的"低调俱乐部"里汉奸们的卖国行动。

肆

徐州五个月的保卫战，今日回思虽颇有兵凶战危之感，然在当时环境下，我不但不觉其紧张，且觉生活颇有乐趣，其中数端，也不妨略述于此。

徐州此时是第二期抗战重心的所在，观战的西方各国武官和军事人员，以及国内外慰劳团体的来徐者，川流不息。长住徐州的中外记者、访员、作家也不下百数十人。长官部内终日熙熙攘攘，热闹之至。台儿庄告急之时，敌机更日夜狂炸。我空军既少，防空设备尤差，长官部内仅有一小型防空洞，可容二十人。每逢敌机来袭，洞内总为各种访客和本部少数胆小官员所占用。我身为司令长官，未便和他们去挤作一团，所以每逢敌机临空，我只是走到办公室外，在草地上看敌机投弹，或与二三访客谈战局。有时弹落长官部附近，震耳欲聋，客人每每恐惧至面无人色，而我则能处之泰然，若无其事。军民和一般访客对我的大胆和镇定都佩服得五体投地。正因为我个人的镇静和谈笑自若，使本城的紧张与恐慌的气氛大为减低。

台儿庄战前一次委员长来徐视察，他就感觉徐州情形危急，一再问我说：

"你看徐州可以守吗？"我说："请委员长放心，徐州短期内没有问题。如果我能得充足的补充，我可能还要打一个不大不小的胜仗！"委员长虽未多言，但是在神情上，我可看出他是将信将疑。

此外我在平时纪念周上也一再强调徐州没有危险，我们说不定要打一小胜仗来转换转换空气。由于我个人的信心坚定，我的部队上下均充满信心，在徐观战人员及人民均甚沉着。作战五阅月，步骤未乱丝毫。凡此均足见兵凶战危之时，主将个人的言行关乎全局甚大。古人用兵所谓"指挥若定"，其重要意义盖亦在此。

在此紧张的局面中，和我数次谈论的一位来自美国的不平凡的访客，便是当时美国大使馆的上校武官，后来成为大名鼎鼎的史迪威将军。史君能操华语，和我谈话不用通译，人均称其为"中国通"，渠也颇引以为荣。史氏为人极豪爽，谈笑风生，颇有战将的气概。一见其人，便知道他可以做一位叱咤风云、出入枪林弹雨的猛将，而不是一位"借箸为君一筹"的参谋人才。言谈之间，他对我国抗战的前途很是悲观。因当时一般西方人士讥笑中国拿筷子去和日本军队打仗，史迪威身受高度物质文明和唯武器论的教育的熏陶，自更不能例外。我请其一述他对中、日两国军队作战的观感。他即坦白表示，他是外交官员身份，不便发表意见。我提到中国军民抵抗日本侵略的英勇事迹时，他就申明他站在个人的立场，是相当同情的。我并说，这场战争是长期的消耗战，影响所及，希特勒很快就要发动欧洲大战，英、法既无力兼顾东亚殖民地的利益，日本必然南进取而代之。日本军阀更可能对美国不宣而战，企图将美国在太平洋的势力驱回到西海岸去。届时，美国必被迫与中国站在同一战线上，并肩作战，最后胜利当属于我们的。我希望他向美国政府建议，乘珠江和印度支那半岛的海口尚未被日军封锁之时，赶快贷款给我国，购买大量作战物资，运入西南大后方，增加中国军队的作战力量，以防制日本南进。中国有句"借刀杀人"的成语，实为美国对付日本最高明的策略。

美国如果犹豫不决，则他日必定后悔莫及。不意史迪威听了，大摇其头，严肃地反驳我说，法国已建了马奇诺防线，德国有何力量来发动欧战？至于日本，其志在征服中国，所以它自信尚有把握，若言南进，与强大的英、美海军为敌，何异痴人说梦。我乃将国际局势的发展，反复申述，说，历史上的战争多是偶然爆发的，并不能以常理去判断。中、日之战实由国联的姑息政策所引起，而后乃有意大利侵略阿比西尼亚，与德国废除《凡尔赛和约》的举动。如今侵略集团正得寸进尺，不幸英国张伯伦仍存姑息，法国则恃有马奇诺防线，犹自醉生梦死。英、法显然毫无备战的意向，而德国则利用其优越的工业基础，如火如荼地扩张军备。你轻视德国无力发动欧战，难道英、法同床异梦，各行其是，反有力量抵抗希特勒的扩张主义？美国虽拥有雄厚的实力，然因地处西半球，且素抱门罗主义，对于国际纠纷，每不愿介入，凡此荦荦大端，皆为养痈遗患。根据此种逻辑来展望国际间的变化，则欧战的爆发，与日本的南进，只是时间问题而已。

至此，史君亦无置辩的余地。我乃对中、日战局作扼要的分析说，日本虽强，中国虽弱，但中国拥有广土众民的优越条件。敌人志在速战速决，而中国则志在困敌于泥沼之中，至其崩溃而后已。美国朝野睿智之士须知今日表面上虽为中、日的战争，而实质上实为侵略集团与反侵略阵线的战争，中国不过是首当其冲而已。所以美国提早贷款援华，确是为美国将来在远东战场上减少子弟牺牲的不二法门。

史君倾听良久，才慨然说，假使他是罗斯福总统或国会议员，一定同意我的主张，只可惜人微言轻，莫可奈何云。

后来不久，欧战果然爆发了。我因公到重庆，史迪威请我吃饭，一见面，他就翘起大拇指说："你说对了，你说对了！"原来他还记得我在徐州的一番谈话。这也是台儿庄会战时一段有趣而难忘的小插曲。

另有一事值得顺便一提的，便是二十一集团军师长杨俊昌失宿县受军法审判一事。

　　当长官部最后自徐州撤退时，二十一集团军总司令廖磊曾严令师长杨俊昌死守宿县，俟长官部退过宿县，始可放弃。无奈敌军企图断我后路，以优势兵力猛攻宿县。我守军至势穷力竭时，杨师长便向廖总司令请示，电话尚未说完，敌军已攻进城内，俊昌便放下听筒，且战且走，放弃了宿县。廖磊大怒，呈请严办杨俊昌。杨遂被押往汉口，交军法会审，判处监禁十年。其实杨师的守宿县，已用尽最后力量，力竭始退。抗战期中，各部队所犯错误比此严重的，不知凡几，甚少受到处罚。纵使受到处罚，也很轻微。尤其是中央军，军官都是黄埔出身，同学之间互相照应，许多严重罪犯，都给马虎过去。所以如杨师长的十年监禁，多少有点冤枉。嗣后他在湘西芷江监狱，不时写信给我，请求缓颊。我因未便徇私，总是复书叫他耐心等待。俊昌足足坐了十年牢，胜利后才恢复自由。这也可说是徐州会战时，一点小小的美中不足。

第五十四章　武汉保卫战

壹

我长官部一行，脱离了敌人包围圈，随行的中央机关人员和新闻记者无不喜气洋洋，向我申谢保护之劳，随即分头赶路，向武汉而去。长官部则经阜阳、三河尖，入河南的固始，至潢川暂驻。潢川遂暂时成为第五战区司令长官部所在地。自徐州先行撤退的"第五战区徐州青年干训团"也暂在潢川驻屯，继续训练。这便是抗战初期有名的"潢川青年干部训练团"。

关于该团的历史，此地且略为补叙一下。原来在抗战开始之后，平、津、京、沪学校泰半停办。青年人请缨心切，纷纷投入军旅报效。我于二十六年十一月抵徐时，平、津方面退下的大、中学男女学生、教授、教员不下数千人。无不热情兴奋，希望有杀敌报国的机会。为收容这批知识青年，我便命令长官部在徐州成立"第五战区徐州抗战青年干部训练团"。共有学员四五千人。但是当时中央没有这笔经费，我便商请广西绥靖公署汇款前来维持。经过短期训练后，毕业学员都分发至地方行政机构或各部队担任组训民众和宣传等项政治工作，以提高军民抗敌情绪，颇著成效。徐州撤退时，在该团受训学员尚有二三千人，遂迁至潢川继续训练。各地青年来归的，仍络绎于途，朝气蓬勃，俱有志为抗战效死力。无奈为时不久，委员长忽有命令将该团停办。

而陈诚所主持的战干团，那时却正开班招生，何以独独将潢川训练团停办，殊令人不解。然为免中央多心，只有遵命办理。一个朝气蓬勃的青年训练机构，便无端夭折了。这批青年学生后来投效延安方面为数甚多。

当长官部停留潢川期间，我原先撤往苏北的孙连仲、冯治安、张自忠、孙震、于学忠、李仙洲、庞炳勋等部，均已陆续越过津浦路，通过安徽，至豫东布防。敌军既陷徐州，即乘势大举西侵，因此也无暇顾及我撤往苏北的部队。因敌人的战略计划在于速战速决，企图西向席卷皖、豫产粮地区，同时掌握津浦、平汉两交通线，进而扫荡西南，逼我国作城下之盟。因此，敌人于六月五日陷开封后，便继续前进。六月九日因黄河花园口的河堤被炸，黄河东南汛区顿成一片泽国，敌方辎重弹药损失甚大，敌军沿陇海线两侧西进的计划遂被我统帅部完全粉碎。于是，敌军改变进攻方向，将其主力南调，配合海军，溯长江西进。六月下旬占我安庆，再陷潜山、太湖。敌人利用强大海军，旋又突破我马当要塞。再攻占我湖口、九江两据点后，乃分兵两路，一循南浔铁路攻马回岭；一在北岸小池口登陆，与太湖西进宿松之敌会合，陷黄梅，进攻广济。但鄂东地势南滨长江，北连大别山，无数河道由北向南，汇入长江。兼以其间遍地皆为稻田，地形又起伏纵横，形成天然的障碍防线，易守难攻。又兼廖磊的二十一集团军以大别山为根据地，时向皖西和鄂东猛烈出击，截断敌军交通线，威胁敌军后方，逼使敌人屡进屡退，一筹莫展。敌我双方遂成胶着的状态。敌军为排除其战术上的困难，以达成其迅速占领武汉的目的，乃改变战略，另出奇兵两路，由大别山的北麓平原西进。一路自正阳关向河南的固始、潢川、罗山、信阳攻击，企图于截断平汉铁路后，再南下攻击武胜关及平静关；另一路则由合肥攻入六安，然后直捣商城，再南向威胁麻城，与鄂东之敌相呼应，对武汉构成大包围的态势。在敌军发动新攻势前，我已向中央建议：自大别山北麓乘敌人防务空虚之时主动出击，威胁南路敌人的后方。无奈中央置若罔闻，致有后来之失，下章当再详叙。

贰

正当敌军溯长江西上陷落安庆之时，我右颊上于讨龙济光战役所受的枪伤突然发作。这一创伤自民国五年以来，并未完全治愈。时有轻性发炎，旋又消肿，并无大碍。而此次发作则为最厉害的一次，右脸红肿，右目失明。不得已乃请假赴武汉就医，并将指挥职责交请白崇禧暂代。我由友人介绍，住于武昌有名的东湖疗养院内。此医院的资产，大半为张学良所捐赠，规模宏大，设备新颖。院长兼外科主任为一美国人，医道甚好。我即由他施手术，自口腔上腭内取出一撮黑色碎骨，肿痛遂霍然而愈。

东湖为武昌风景区之一。我出去散步时，常在路上碰到周恩来和郭沫若，大家握手寒暄而已，听说他们的住宅就在附近。此疗养院环境清静，风景宜人。时值夏季，湖中荷花盛开，清香扑鼻。武汉三镇，热气蒸人，东湖疗养院实为唯一避暑胜地。因此李济深、黄绍竑、方振武也来院居住。这三人都和我有莫逆的友谊，现在朝夕聚首，或谈论国事，或下围棋，或雇扁舟遨游于荷花之中，戏水钓鱼，真有世外桃源之乐。而亲朋故旧前来慰问的，更不绝于途，以致引起中统和军统特务的注意，派了一王姓女士来暗中监视。某次，陈诚来院访问，见我等数人正围坐聊天，彼半开玩笑地说，诸公是否开秘密会议，可得与闻否。大家相顾愕然，苦笑了之。由此可见中央当局庸人自扰的一斑。

我在东湖住了二十多天，鄂东、豫东战事已至最紧张阶段。第五战区长官部早已自潢川迁往蕲水，此时再由蕲水迁至宋埠。宋埠为黄陂县属一小镇，长官部即设于镇外一小庙中。我回到宋埠不及一旬，委员长曾亲来视察，为表示与前线将士共甘苦，并在小庙中住宿一宵。我只好将床铺让出，自己在庙中正厅办公桌上放一门板而卧。入夜蚊子太多，不能入睡，蒋先生睡在我的床上，虽有蚊帐，但也为蚊虫所扰，不能入睡，时时呼唤侍从人员入室将帐里的蚊子赶掉。可是越赶越多，整整一夜我们二人都未好好睡觉。

武汉外围保卫战发展至十月初旬，北线敌军已迫近信阳，另一部敌军已占领麻城，威胁宋埠。江北敌军正进逼黄陂，江南敌军也已迫近湘、鄂边境。我五战区长官部乃自宋埠北迁至黄安属的夏店。

十月十二日信阳失守。我原先已电令胡宗南自信阳南撤，据守桐柏山平静关，以掩护鄂东大军向西撤退。然胡氏不听命令，竟将其全军七个师向西移动，退保南阳，以致平汉路正面门户洞开。胡宗南部为蒋先生的"嫡系"部队，在此战局紧要关头，竟敢不遵命令，实在不成体统。先是，胡宗南部在上海作战后，自江北撤往蚌埠。蒋先生曾亲自告我说，将来拨胡宗南部归五战区指挥。但是这批"嫡系"中央军至蚌埠后，也不向我报告。同时他们彼此之间为争取溃退的士兵，竟至互相动武，闹得乌烟瘴气。徐州失守后，长官部驻扎鄂东，军令部更有明令拨胡宗南部隶属于我，但胡氏从不向我报告敌我两方情况。信阳危急时，竟又擅自撤往南阳。此事如系其他任何非"嫡系"将官所为，必被重惩无疑。但是此次我据情报告军委会，要求严办胡宗南，军委会竟不了了之。

平汉路正面既让开，武胜关瞬亦弃守。战局至此，我预料平汉路以东的正规战已告结束。中央旋即明令，除大别山据点保留为游击基地外，所有五战区部队应悉数向鄂北撤退。为商讨据守大别山问题，我乃在夏店召集第二十一集团军总司令廖磊和第十一集团军总司令李品仙开紧急军事会议。我告诉廖、李二人说，中央有令要保留大别山为游击基地，你们二位中谁愿意留在敌后打游击呢？李品仙默不作声，似乎不大愿意。我本人也觉得廖磊为人笃实持重，比较适宜于这项艰苦工作。我便问廖磊说："燕农，你有没有兴趣留在大别山内打游击呢？"

廖磊说："好得很呀！我愿意在大别山打游击！"

我遂派廖磊率第二十一集团军在大别山内打游击。最初在我们想象中，在敌后打游击是件极艰苦的事。孰知事实证明大谬不然。大别山根据地后来竟变成敌后的世外桃源，比大后方还要安定繁荣。不久，中央又发表廖磊兼安徽省政府主席。当我任皖主席时，早已罗致了抗战前所谓"七君子"之一的章乃器任财政厅长，整顿税务，颇见成效。廖磊在大别山苦心孤诣经营的结果，竟形成令人羡慕的小康之局。可惜廖磊原有心脏病，一度且曾患轻微的脑溢血，医生嘱咐，须安心静养。但是值此抗战最紧张的阶段，军书旁午，戎马倥偬，一位责任心极强，勇于任事，能征善战的将官，哪有机会静养呢？廖君终于积劳成疾，旧病复发，于民国二十八年十月不治而逝。廖君死时，大别山根据地内的军政设施已粗具规模。我乃呈请中央调第十一集团军总司令李品仙继任第二十一集团军总司令，并兼安徽省主席，驻节立煌。至于第十一集团军总司令遗缺，则呈请调黄琪翔充任。

十月中旬，我长官部复自夏店西撤至平汉线上花园站以西约十里的陈村。当我尚在夏店时，平汉路正面之胡宗南已不知去向，乃檄调西进至应城附近的覃连芳八十四军和刘汝明六十八军赶赴武胜关、平静关一带择要固守。不料我甫抵陈村，长官部的无线电台与刘汝明已失去联络。八十四军也被敌压迫，退守应城。该军与刘部虽相去不远，然亦不知其确切所在地。我绕室彷徨，焦灼万状，辗转反侧，至午夜犹不能入睡。忽然心血来潮，惊觉战况不好，在陈村可能有危险，遂披衣而起，将随从叫醒，命通知长官部同人速即整装，向西移动。这时徐参谋长祖贻等都在梦中，忽被叫醒，都很感到突兀。祖贻问我道："长官一向都很镇静，今晚何以忽然心神不安了？"

我说："陈村可能不安全，我觉得应该从速离开！"

118

众人也未多问，遂整队西撤。黎明后，行抵安陆县境，众人就地休息，忽发现陈村附近居民竟尾随我长官部之后，如潮涌而至。问明原委，始知在我们离开陈村后约二小时，敌骑兵千余人便窜入陈村。这批敌军的快速部队是否因为得到情报，知我长官部驻在陈村，特来抄袭，不得而知。但是当晚我如果不是因为心血来潮，临时决定离开陈村，则不堪设想了。当时我长官部同人得到陈村难民的报告后，无不鼓掌大叫。徐参谋长也把手一拍说："昨晚要不是长官心血来潮，就糟了！"

这件小事使我想到中国史书上常常记载有某一重要事件，由于当事人一时"心血来潮"，或"耳鸣眼跳"等所引起的奇迹，似乎也非完全捏造。

我们退到安陆后，武汉三镇也于十月二十六日为敌人窜入。武汉既失，抗战形势又进入另一阶段了。

第五十五章　武汉弃守后之
新形势与随枣会战

壹

武汉撤退后，我方主力部队都退往西南山区，抗战乃进入最艰难的阶段。不过，敌人因深入我内地，战区扩大，补给线延长，兵力不敷分配，也有陷入泥淖之势。故无力对我作全面进攻，只有对各战区不时作间歇性的战斗，但每次作战时期亦不能超过一月以上，真所谓势穷力竭，捉襟见肘了。

民国二十七年十一月间，我偕五战区长官部退至枣阳时，第十一集团军总司令李品仙已先抵该处，与我会商防务。李部所辖的第八十四军在应城一带突破敌人包围圈，到达随县。刘汝明的六十八军也自左翼退下，同时到达。我便命令两军在随县布防，以待敌军来袭。我长官部则暂设于樊城。因按军令部于武汉失守后的新规划，本战区现辖防地，计包括自沙市至巴东一段长江的江防。北面包括豫西的舞阳、方城、南阳、镇平、内乡数县。东向则敌后的大别山和皖北、皖西、鄂东各县也在本战区防地之内。故樊城实为指挥本战区内战事的最适中地点。

长官部到樊城后，我遂将在武汉保卫战中打残了的部队约十余万，加以整顿，重行部署，准备向武汉反攻。这一时期，我五战区的战略是死守桐柏山、大洪山两据点，以便随时向武汉外围出击，同时与平汉路东大别山区内的廖磊集团军相呼应，威胁平汉路的交通，使敌人疲于奔命，发挥机动战与游击战的最高效能。

敌人固亦深知我方战略的重心所在，故视我桐柏山、大洪山两据点为眼中钉。无奈武汉四周我军的游击队实力强大，日军四面受敌，暂时无足够兵力来扫荡我五战区，我们因而有充分时间来重行部署。而二十七年岁暮，我们在樊城也能从容过年，未受敌军骚扰。

孰知正当敌人陷入泥淖，攻势日弱之时，我方阵营的悲观论者，却出人意料地，背叛抗战，开始做投降的活动。十二月十八日国民党副总裁、国民政府国防最高委员会主席汪兆铭突然秘密离渝飞滇，转往越南的河内，并发表反对抗战，诬蔑抗战将士的文告。

汪兆铭的叛国虽出我意外，但是他的反对抗战，我实早已亲自领教过。我在上年十月抵京的翌日，便专诚去拜望汪先生，见汪氏态度很是消极。他一再问我："你看这个仗，能够打下去吗？"说时摇头叹息。

我说："汪先生，不打又怎么办呢？不是我们自动要打呀！是日本人逼我们抗战呀！我们不打，难道等着亡国吗？"汪氏遂未多言。也许他已认定我是好战分子，不可以理喻吧！？那时汪派反抗战人士已组织一个"低调俱乐部"，当前方抗战最紧张，后方民气最沸腾时，这批悲观分子却打着"低调"，在后方泄气，实是可恨。直至武汉失守，全国精华地区全部沦陷，他们悲观到了绝望的程度，乃索性不顾一切，掉头投敌，当起汉奸来了。

但是我们也应该讲一句公道话，便是汪兆铭当了汉奸，却没有做积极破坏抗战的勾当。例如汪氏投敌后，以前与汪氏渊源最深的国军将领，如第四战区司令长官张发奎，和第五战区内第十一集团军总司令黄琪翔，都是抗战阵营中的柱石。然终汪之世，未尝作片纸只字向张、黄等招降。足见大义所在，纵是卖国贼也颇觉不为已甚，而自我抑制。

汪氏投敌后，五战区中袍泽虽亦纷纷议论，然究以敌忾同仇之心甚切，士气未受丝毫影响。

民国二十八年初，第二十六集团军总司令兼第十军军长徐源泉忽率所部三师，自平汉路东大别山区潜至路西。原来在武汉保卫战初期，在安徽太湖、潜山一带作战的，为徐部和川军杨森部的第二十七集团军以及川军王缵绪部的第二十九集团军。武汉吃紧时，杨、王两部奉命撤入江南。徐部则奉命入大别山，协同廖磊部在该山区作游击战。

前在完成北伐一章中曾提及，徐源泉原为张宗昌的旧部，后经何成濬的居间，在天津一带向革命军投降的。嗣后何氏即引徐部为自己人，徐也仗何在中央为渠周旋。此次徐源泉不奉命令擅自自大别山潜来路西，实犯军法，无奈何成濬在中央为其缓颊，遂不了了之。

再者，此次武胜关失守，亦由于第一军军长胡宗南不听调遣所致。我抵樊城后，便呈报中央，要求严惩胡宗南。孰知此电报竟如石沉大海，永无反响。于是，武胜关一带失守的责任问题，亦不了了之。

于此均可见中央政府的治军、治政，全以人为依归。凡中央"嫡系"部队，或与中央可以发生"通天"关系的，因不听将令，不受指挥而失城失地的，都可不了了之，实在不成个章法。如此上行下效起来，对敌抗战的效能也就大大的减低了。

贰

民国二十八年（一九三九年）四月，敌人经缜密计划与充分补给之后，乃思扫荡我五战区的主力，以巩固其武汉外围。四月下旬，敌方乃集结其中国派遣军的精锐：第三、第十三、第十五、第十六等师团和第四骑兵旅，约十余万人，挟轻、重炮二百余门，战车百辆，循襄花（襄阳至花园）及京钟（京山至钟祥）两公路西犯。其初步战略，想扫荡我大洪山、桐柏山两据点内的部队，以占领随县、枣阳。其第二步目标，似在占领我襄阳、樊城与南阳。敌方如能完成此两项战果，则武汉可以安如磐石，而我军对平汉路的威胁，也可解除了。为针对敌方此项战略部署，我亦决定死守桐柏山、大洪山两据点，以与敌长期周旋。

我判断敌军此次西犯，其主力必沿襄花公路西进，作中央突破，直捣襄、樊。所以我方的部署，即以主力的八十四军和六十八军守正面随、枣一线。以张自忠的第三十三集团军担任大洪山的南麓、京钟公路和襄河两岸的防务；而以孙连仲的第二集团军和孙震的第二十二集团军守桐柏山北麓南阳、唐河至桐柏一线。长江沿岸和襄河以西防务，则由江防司令郭忏所部两个军担任。

部署既定，樊城长官部内的情报科收到我方谍报人员何益之自上海拍来密电，详述敌军此次扫荡五战区的战略及兵力分配，一切果不出我所料。

前已言之，何益之君（化名夏文运）原为日方的译员，嗣经我亲自接洽而担任我方在敌后的情报员。抗战爆发后，何君即以为敌工作作掩护。并以其个人多年来培植的友谊，与反对侵华的日本少壮军人领袖和知鹰二等相结纳，由和知君等供给最重要的军事机密。何君并在日籍友人私寓内设一秘密电台，与我五战区的情报科通讯。其情报的迅速正确，抗战初期可说是独一无二。所以关于敌军进攻徐州，突入皖西、豫南，以及围攻武汉的战略及兵力分布，我方无不了若指掌。其后应验也若合符契。每当我五战区将此项情报转呈中央时，中央情报人员尚一无所知。所以军令部曾迭次来电嘉奖五战区情报科，殊不知此种情报实全由何益之自和知将军处获得而供给的。嗣后和知君因反对侵华而调职，乃另介一人与益之合作，继续供给情报。直至太平洋战事发生，日军进入租界，何君因间谍嫌疑，为日方搜捕而逃离上海，我方情报始断。此地我须特别提出一叙的，即是何君冒生命危险，为我方搜集情报，全系出乎爱国的热忱。渠始终其事，未受政府任何名义，也未受政府分毫的接济。如何君这样爱国志士，甘做无名英雄，其对抗战之功，实不可没。

我既获何君的情报，乃一面转报中央，一面在敌军主力所在的襄花公路上布一陷阱，预备来一个诱敌深入的歼灭战。

当随、枣吃紧时，中央军令部曾调第三十一集团军汤恩伯部的五个师前来增援。汤部自徐州撤退后，即调往江南，嗣因江南兵力太多，乃又北调，自沙市渡江来五战区。汤军甫抵沙市，恩伯即乘轮赴渝，向委员长有所请示。所部陆续于四月中到达襄、樊一带，听候调遣。我便命令汤部五个师迅速开往桐柏山的南麓，以桐柏山为倚托，在侧面监视敌人。待我军正面将敌人主力吸入随枣地区后，汤军团即以迅雷不及掩耳之势自桐柏山冲出，一举截断襄花公路，会同正面我军，将敌人包围而歼灭之。

我判断敌人此来，是以骑兵与机械化部队为主，意在速战速决。且因不知我方在侧面桐柏山上匿有重兵，必然以主力沿公路西进，而堕入我袋形部署之内，自招覆灭无疑。

孰知我部署方妥，前线敌我已有接触，汤恩伯适自重庆返抵前方，到樊城来看我。我便将我所得的情报及计划歼灭敌人的部署，说给他听。未待我解释完毕，恩伯便大发脾气，说："不行，不行，你不能胡乱拿我的部队来牺牲！"

我再耐性地向他解释说："你以桐柏山为后方，有什么危险？……"不待我说完，恩伯便牛性大发，竟不听命令，拂袖而去。在任何战争中，当前线危急之时，部将不听主官约束而擅自行动，都是犯法的。可是抗战期中，所谓"嫡系"的"中央军"如胡宗南、汤恩伯等，皆习以为常。当时作战区司令长官的困难，也就可以想见了。

四月三十日，沿襄花公路西犯之敌与我军开始接触，随枣会战之幕遂启。襄花公路沿线俱系平原，敌人因而可以尽量发挥其机械化部队的威力。敌坦克在阵地上横冲直撞。我方部队，久经战斗，无充分补充，本已残破，又缺乏平射炮等武器，对冲来的坦克简直无法抵御。所幸士气尚盛，士兵据壕死守，即以血肉之躯与敌人的坦克相搏斗，官兵的勇者，竟攀登敌人的坦克之上，以手榴弹向车内投掷。作战的勇敢与牺牲的壮烈，笔难尽述。然血肉之躯终究难敌坦克、大炮。以致敌人坦克过处，我军的战壕每被压平，守壕士兵非被碾毙，即被活埋于壕内。坦克过后，敌方步兵随之蜂拥而来，轻重机枪密集扫射，弹如雨下，锐不可当。

但是纵在这种劣势下作战，敌我在随县大洪山一带激战经旬，大小二十余战，我方正面始终未被突破。此时汤恩伯军团如接受我的命令，自桐柏山侧面出击，必可将敌人包围，获致与台儿庄相埒的战果。无奈汤恩伯一意保存实力，不愿配合友军作歼灭战。故当敌军向襄花公路正面突击时，其掩护右侧面的少数部队曾与汤部接触，而汤部竟全军迅速北撤，退往豫西舞阳一带。

正面我军因无友军自侧面接应，无法与敌长期消耗，遂失随县。五月八日以后，敌人又加强对我军两翼的攻击。南路以精锐骑兵自钟祥沿襄河北窜，攻入枣阳；北路则自信阳西进，陷桐柏、唐河，拟与南路会师枣阳，对桐柏、大洪两山区内的我军作大包围。我乃严令汤恩伯会同孙连仲自豫西南下，向唐河一带出击。十四日克复新野、唐河，与包围圈内的友军相呼应。我乃令我军于十五日起作总反攻。激战三日三夜，至十八日，敌卒开始总退却。我军克复枣阳，乘势追击。敌军死守随县。我军因无重武器，无法攻坚，乃与敌胶着于随、枣之间，入于休战状态。

综计此次随枣会战，敌军以十万以上的精锐部队，猛烈的机械化配备，三个月以上的调度布置，对我桐柏山、大洪山两游击基地及襄、樊、南阳发动攻势，志在必得。孰知经三十余日的苦战，卒至遗尸五千余具，马匹器械无算，狼狈而返。我方如不是汤恩伯不遵军令，敌方机械化部队，在襄花公路上，说不定就永无东归之日呢！

叁

第一次随枣会战，几以汤恩伯的自由行动而偾大事，对汤恩伯的作风及其部队的战斗力量，似有略作评述的必要。

汤恩伯为抗战期间所谓"中央军"中的战将。他事实上并不善战。每次临阵，恩伯的指挥所均无固定地点。他只带少数随从和电话机四处流动。因为每逢作战，敌机总很活跃，他深恐目标为敌机发现而招致危险，所以不愿停留于某一地点。以致他司令部内的人员都不知道总司令在何处。汤的畏葸行动影响指挥效率甚巨。武官怕死，便缺乏了打胜仗的基本条件。

再者，汤恩伯专喜欢打飘忽无常的机动战。看到形势绝对有利时，便迅速来个突击，否则便竭力避战。所以随枣会战时，他对我所布置的大规模歼灭战，便望而生畏。

汤恩伯的最大缺点，还是他的治军无法度，军纪废弛。汤军借口防谍，凡所驻扎的村落，除老弱妇孺外，所有成年男子一概迫令离村往别处寄宿。村中细软、粮食、牲口也不许外运。壮年人既去，则妇女、财产便一任驻军支配了。以故汤军过处，民怨沸腾。后来河南人民有句反汤的口号说："宁愿敌军来烧杀，不愿汤军来驻扎。"据我所知，这并不是对汤军过分诬蔑之辞。

随枣战后，汤军五个师仍奉命驻于桐柏山一带，所占村落之多可以想见，以故驻地被搅得鸡犬不宁。当地居民乃央请该地区专员石毓灵来请求我下一道命令，整肃军纪，以禁汤部扰民。在石专员诉苦之后，我便坦白地对他说，关于整肃军纪的命令，我已不知下过多少道。不过对汤恩伯的军队，我再下千百道命令也无益处。"冰冻三尺，非一日之寒"，军队的纪律，断非几道命令可以改好的。何况汤恩伯是委员长的心腹，纵使我向委员长报告，他也不会追究，徒然引起无谓的摩擦。

后来石专员又告诉我一个目击的故事：某次汤恩伯要石专员一起去视察防地，当地有一位老举人，年约八十多岁，长髯拂胸，扶了一根拐杖，求见汤总司令。汤传见后，这老丈便对恩伯说，汤将军，我久仰大名，你在南口英勇杀敌时，全国对你真是敬若神明。但是我们老百姓实在没想到你部队的纪律是如此之坏。我痴生八十余年，熟读古书，逊清时代也还有个功名，从未听说，一支部队军纪废弛到如此地步，而还可以杀敌致果的。言谈之间，分明对恩伯以前抗日的英名表示怀疑。这老者年纪既已八十多岁，又是一位举人，汤恩伯奈何他不得，只好说："请批评，请批评！"这老人便毫无隐讳地，将汤军如何占领村落，驱逐人民的事实和盘托出，语调甚为激动，说完也不管汤恩伯的反应如何，便拂袖而去。

汤恩伯听了一番教训之后，颇觉难为情，连说："我不相信，我不相信！"并立刻约石专员一同去各村巡视。所见实情，较诸该老者所言有过之无不及。恩伯便把驻军的三位连长叫来，问他们，当地老百姓哪里去了。三位连长回说："因为防谍，都按照本军惯例，不许老百姓住在村内。"

恩伯闻言大怒，便吩咐将这三位连长绑起来，立刻推出村外，竟把这三个连长枪毙了。这种一怒杀人的干法，简直是发疯。他受了那老举人的气，便杀几个部下来出气。事实上，他全军皆是如此做法，相沿已久，今杀此三人，对军纪并无改进，这就是汤恩伯的作风。

关于汤恩伯这种不遵军令，部队不守纪律的情形，我知道报到中央去，不但于事无补，反而把事弄糟。我们的最高统帅蒋委员长的一贯作风，便是鼓励他部下将帅不和，以便分化控制。汤恩伯、胡宗南等不服从我的命令，是蒋先生所最高兴的。他们也知道，如果他们认真执行我的命令，就要失去"天眷"了。所以他们动辄直接向委员长报告。战区司令官哪在他们眼里呢？

我如不明此理，据实报上去，蒋先生非但不办汤、胡，反会将我的报告交给他们看，说你看你的长官在告你呢！这样一来，汤、胡等人感知遇之恩，会对委员长更加服从。而我们战区之内，军纪没有整肃好，部将与司令官间的摩擦却随之发生了。

汤、胡等人深知蒋先生的作风，知道别人告他们，委员长也不会听，何况还有黄埔同学互相掩饰呢！因此他们就大胆蒙蔽领袖，国家军政大事也就不堪设想了。

汤恩伯在五战区不服从我，犹有可说，因为我曾经倒过蒋，是蒋先生所提防的人物。他后来被调到第一战区，第一战区司令长官蒋鼎文同是委员长的心腹，他们又是浙江同乡，应该相处无间了。谁知在委员长怂恿之下，蒋、汤二人竟闹到不能见面的程度。蒋司令长官召集会议，汤恩伯竟不去参加。甚至蒋鼎文打电话来，汤也不接。而出人意外地，汤恩伯却始终对我保持着表面上极度恭顺的态度。我也就想利用这一点点友谊，来替他调处调处，免得闹大了，影响战局。

民国三十一年，汤恩伯在叶县防次办了一所"大学"。开学时，承他邀我前去"训话"。公务既毕，我找了一个机会和他闲谈。我开门见山地便问他说，我听说你和蒋长官的关系闹到不能见面的程度，究竟是怎么回事？

恩伯说，蒋长官昏聩糊涂，受左右宵小包围，对我歧视。我说，恩伯兄，论军界资历，蒋长官是你老前辈；论私谊，他与你又都是委员长的同乡。如你们二人尚不能合作，你又能和谁合作呢？你和蒋长官之间的摩擦，你纵无过，也是不对，何况你还不一定无过呢？在这大敌当前的局面，你们帅将不和是多么危险的事呀！本来，你们第一战区如闹糟了，我第五战区还可乘机表现一番。不过就大局说，我希望你们不要闹意见。最后，我一再强调说："恩伯兄，我比你痴长十来岁，我这番话实在是为你好，希望你能接受！"

恩伯听后很为感动，说："那我就到洛阳去看蒋长官去！"

嗣后不久，我因事与蒋鼎文碰面。我遂问及此事。蒋鼎文说："你指挥过汤恩伯，他的脾气你还不知道？他眼睛长在头顶上，哪瞧得起我们司令长官？他常常去告'御状'，委员长不知底细，还常常打电话来申斥我呢！我一切都忍下了，为的顾全大局。这个位子，我早就不想干了。汤恩伯想当长官，让他去当好了。但是我辞职，委员长又不准……"

接着，他就叙述他辞职不准的道理。鼎文说："我也有我的长处呀！杂牌部队不怕我，我还可以指挥他们。可是他们怕汤恩伯，汤恩伯如当了长官，他们恐怕都要跑了。所以这一位子，汤恩伯想干也干不了，我辞也辞不了。"

我当然也把汤恩伯在叶县所说的一番话告诉蒋氏，并说，汤恩伯有意到洛阳来看他，希望他不要拒人于千里之外。"铭三兄"，我说："为着大局，我希望你也能相忍为国！"蒋鼎文也很感激我这一番善意的调解。

从这些小事，很可看出汤恩伯是怎样一个飞扬跋扈，不守法度的人。他在河南时，除办"大学"之外，还圈定民地数千亩，创办什么"伤残将士农场"。将士既已伤残，当然不能务农，他就雇用农民去耕种。此外，他又不恤民时，征用民工，大兴土木，修建其"大学"。建筑材料则就地征集，人民住宅、祠庙，甚至祖茔上的砖石，都被挖掉，弄得民怨四起。恩伯又随时召集当地县长、专员等地方官开会。凡征调民工，或按户摊派钱粮等事，他从不通知省政府，而是直接命令各县长去执行。他生性又是个能说会讲，而讲过又不算的莽汉子。不仅他的部下对他怕得要死，地方官吏、人民都畏之如虎。再加有"最高当局"的纵容，恩伯就益发不知天高地厚了。终至中原鼎沸，一败涂地而后已。

第五十六章 欧战爆发后之宜、枣及豫南、鄂北诸战役

壹

敌人自在随枣地区受创之后，短期内无力再犯，我方亦得一喘息机会，军事委员会乃将五、六两战区作战地境略作调整。

第五战区在当时辖地最广。不特在敌后的大别山地区仍归我直接指挥，即鲁南、苏北名义上亦属五战区战斗序列之内。但是自武汉失守，第六战区司令长官陈诚因素为蒋先生所宠信而身兼数要职。然事实上未能常川坐镇前方，指挥作战。军委会乃将其辖区分割，另成立第九战区，任命薛岳为司令长官。另将宜昌以下的江防，由五战区划出，改归陈诚指挥。五战区重心既已北移，则襄樊已不是中心所在。民国二十八年（一九三九年）秋，我乃将五战区司令长官部迁往光化县的老河口。

老河口为鄂北襄河东岸的商业市镇，亦为中国古代著名的战场。由老河口向北，有公路贯通豫西平原，直达洛阳。另有公路通汉中，北走西安，西去成都皆甚方便。况因该市在襄河东岸，故也兼有水路运输之便。虽云山高水陡，道路崎岖，然抗战八年，军事物资的运输实利赖之。以故就形势说，

长官部设于老河口，实较适中。

迁老河口以后，使我最感诧异的，是人民生活极苦，教育水准极低，唯天主教势力却极为雄厚。教堂建筑巍峨，拥有大量的耕地，据说从未纳粮完税，官吏也莫奈伊何。佃农多为天主教徒。狡黠之徒恃有教会包庇，为非作歹，而官厅则唯恐引起外交纠纷，只得隐忍不问。以故意大利的神父俨然一方的土皇帝。不过当地基督教会的作风则比较开明。

我迁老河口后的第一项设施，便是在市外约五里地的杨林铺成立第五战区干部训练班。由我担任主任。调本战区校官以上各级军官前来受训。旨在提高战斗精神，检讨作战经验，增进战斗技术，并联络感情，收效极宏。另于襄河西岸距老河口约九十里地的草店成立中央陆军军官学校第八分校。校址设于武当山下诸宫殿式建筑的驿站中。相传这些驿站建于明代，那时武当山寺庙香火鼎盛，各方士大夫多来朝山，每年且有朝中大臣奉敕前来进香，这些敕站即于是时奉圣旨所修建。规模宏大，虽经数百年犹未改旧观。加以山林幽静，古柏参天，真是最理想的军校校址。该校除招收知识青年外，并调各军下级干部前来受训，故有学生队与学员队之分。因抗战已过三年，全国军队久经战斗，下级军官伤亡甚巨，亟待补充之故。

第八分校校长名义上为蒋委员长兼任；实际上，设一教育长负其全责。第一期，我呈请中央调桂林绥靖公署中将参谋长张任民为教育长。第二期，调五战区参谋长徐祖贻中将担任。徐的遗缺则由副参谋长王鸿韶接替。徐、王二人都是我国军界难得的人才，各有所长。然二人在长官部工作，意见时时相左，此亦中外所恒有的人事问题，足使身为主管长官的，有难为左右袒之苦，适祖贻有意担任斯职，我乃特为举荐，以作一事两全的安排。

此时在敌我对峙的休战状态中，我乃用全副精神主持干部训练班事宜。本战区所辖部队，大半都是中央所认为的"杂牌军"。各军历史不同，习性各异，装备参差，作战能力也不免有强弱之分。对于这些部队的驾驭指挥，必须一视同仁，恩威并用，因势利导，掩其所短而用其所长。例如川军和旧西北军的将领，积习甚深，断非一朝一夕所能改变。又如在抗战前，川军将领因争夺地盘，各霸一方，视同敌国。今一旦并肩作战，自难期其泯除前嫌，融合无间。对付这些将领，我只有以身作则，并导之以为国家，为人民的大义。人非木石，经过长期潜移默化之后，行为习俗都能逐渐改善。如王缵绪集团军守大洪山数载，民国三十年正值鄂北、豫西一带发生大饥荒，赤地千里，人民真至易子而食的地步。而一向讲求高度生活享受的王总司令，那时竟能与士卒共甘苦，食树皮草根而无怨。后来王部调至后方整训，官兵见襄樊市上尚有白米出售，王部向以不守纪律闻名，那时虽垂涎欲滴，也绝未闻有抢劫米店的事发生。且抗战数年，出生入死，王缵绪所部之功亦不让友军。可见人心向善，领导者苟能以身作则，大公无私，天下实无不可用之兵。

其次，如张自忠的第三十三集团军积习亦深，军中烟赌，习以为常。甚至张总司令本人及其部下师长刘振三等均有烟癖。他们沾染于旧社会的传统恶习，受毒已深，戒除不易，我也雅不愿当面训斥，使其难堪。一次，我亲赴襄河西岸荆门张部防地检阅，集合部队训话。略谓，我们军人在此国难期间，为国家、民族图生存，个人的生命均随时准备牺牲。难道我们还没有勇气与决心来维持军纪吗？但是烟、赌两项，实是军中的大忌。这两项如不能戒绝，我们还说什么杀敌报国呢？训话检阅之后，我便离开张军他去，只望其闻言内疚，逐渐改正。

孰知张自忠是个血性汉子，他听了我谆谆开导，自觉惭愧万分。我离去的翌日，自忠便集合他的部队训话，以革除恶习，誓死报国的大义勖全军将士。最后，自忠大声问："昨天李司令长官对我们的训话，你们听到了没有？"

全军将士大声回答："听到了！"

自忠又问："戒除烟、赌嗜好，你们做得到，做不到？"

将士又大声回答："我们做得到！"

自忠说，我们要做，应先自我总司令和军、师长做起。便命副官将他的烟具拿出来，当众捣毁。并宣布，此后军中官兵有烟癖的，若不自动戒除，即依军法惩治。因而第三十三集团军中原已发展至无可救药的烟、赌两项恶习，数日之内，竟根绝无遗。而戒烟后的张自忠，未几竟身先士卒，战死沙场。凡此均可见中国军人坦率、忠诚的可敬可爱，以及"师克在和"一语意义的重大。

贰

民国二十八年（一九三九年）九月初，希特勒忽出兵侵略波兰，英、法因与波兰缔有军事同盟条约，遂被迫对德宣战，欧战爆发了。为应付这个突如其来的新局面，蒋委员长特地在重庆召集军事会议，加以商讨。我便应召赴渝。其实在会上所讨论的，仍然只是一些国内战事的问题罢了。

此次赴渝，最使我高兴的便是我又见到美国大使馆武官史迪威上校。他听说我到了重庆，特地专柬请我吃饭。一见面，史迪威便翘起大拇指向我说："李将军，给你说对了，欧战真的打起来了！哈哈！"

我说："上校，事不只此啊！万一不幸，英、法联军为德国所败，以我预测，它的侵略箭头大有指向苏联的可能呢！"

史迪威大笑说："将军，你又要作新推测了。德、苏已签了十年互不侵犯协定，你知道吗？况且英、法联军有马奇诺防线为屏障，德军要突破此一坚固无比的要塞地带，谈何容易，所以欧战一定成为持久消耗战之局。谁胜谁负，将军言之未免过早。"

我说："史上校，你知道希特勒在《我的奋斗》一书上，不是以消灭共产主义为己任吗？难道你相信希特勒和你一样诚实，真的在十年之内不侵犯苏联吗？照我看来，希特勒的话不算话！至于马奇诺防线，虽然坚固，也须有战斗意志坚强的部队防守，与激昂的民气作后盾，才可予希特勒以严重的打击。英、法当局以往一味以姑息政策对付侵略者，自无从提高军心与民气。今日仓促应战，试一分析双方运用政略和战略的优劣，英、法初期军事的挫败恐难避免。再者今英、法既有事于欧洲，自无力保护其在东亚的殖民地，所以近来日本特别强调'大东亚共荣圈'的口号，其欲称霸太平洋，已甚明显。说不定将有不利于贵国的行动呢！"至此，史上校似仍半信半疑，但也不再置辩，只说，这种变化太大了，只有上帝才晓得。乃相与大笑。

过了两天，苏联大使也请我喝茶，在座只有首席顾问朱可夫中将和一中国译员。苏大使约我晤面的动机，可能是由于塔斯社远东副社长罗可夫曾在徐州战地听我分析未来国际形势，事隔一年又半，一部分竟已不幸而言中，故朱可夫等也想亲自听听我的言论。

苏大使中等身材，文质彬彬，有东方人面孔。朱可夫则身材魁梧，面孔巨大而眼睛细小，不愧为北极熊的典型。两君性情沉默。很少言笑，一见而知为深思沉毅的人物。与史迪威上校的豪放活泼，谈笑风生，恰成一对照。稍事寒暄，苏大使即开始问我，对欧战今后发展的观察如何。我乃用极客观的态度作分析，略谓，英、法因与波兰订有军事同盟条约，此次被迫对德宣战，完全处于被动的地位，在战略上已居下风。闻英、法军民战斗意志并不旺盛，唯马奇诺防线是赖，须知在战争史上，未有攻不破的要塞。若英、法联军不幸失败，巴黎沦陷，法国屈服，则希特勒动员了数百万劲旅，一旦失去攻击的目标，很可能乘战胜的余威，东向进攻苏联，实现其《我的奋斗》一书上的预言，故苏联应早为之计。说至此，朱可夫忽然离座，在客厅中踯躅思索，似颇有同感。

我继续说，届时日本的动向甚可注意，因日本素有南进派与北进派之分，此后南进乎？抑北进乎？颇可寻味。日本虽负有德、日、意三国轴心反共同盟的义务，似应向西伯利亚进军，夹击苏联。可是它的侵略大陆政策已陷在中国泥沼之中，自不愿再向西伯利亚酷寒荒漠地区进军，以免一误再误，不能自拔。今日英、法在东南亚的殖民地已成真空地带，日本只要一举手之劳，此资源丰富的地区即为其所有。此举抑且不负希特勒以日本分散西方国家力量的期望。从这点看，一俟时机成熟，日本实行南进政策，为形势所必然。世界大战范围愈益扩大，亦为必然的结果。只要受轴心侵略的国家能同心协力，奋斗到底，必获最后的胜利。谈话至此，遂告一结束。他们并未多加评论，乃尽欢而散。

在重庆会毕，我乘机向蒋委员长告假半月，回桂林省亲。因家母年高多病，很想看看我。军事委员会乃特地为我预备一架小飞机，直飞桂林。这是"七七"事变后我第一次返乡。桂林各界欢迎的热烈，与母子相见的欢愉，自不待言。

桂林是抗战中期西南的文化中心。由于地方当局比较开明，大批自由主义者及左翼文化人，都以桂林为乐土，群聚于这一座以"山水甲天下"闻名的省城。我到了桂林，这批文化界人士在广西大学校长马君武领导之下，为我举行一个大规模的欢迎会和时事座谈会。会中，大家对欧战爆发后的国际新形势，作极为热烈的讨论。

一般左派人士对苏联在欧战前夕签订"德苏协定"的批评，都认为斯大林有眼光，有手段。在他们看来，目前的欧战是资本主义的内战，社会主义的苏联，可以坐收其利。

另一派人士则对英、法的胜利表示有信心。他们认为英、法是欧洲最强盛的国家，潜力雄厚，旷日持久，德国必然失败。德国的失败无疑造成对中国极有利的形势，但中国是否有力量支持到那个时候，则不无疑问。因此油然而生惴惴不安的心理。

我听了他们的意见，便针对这两点发言。首先，我预料英、法在欧洲大陆上的战争可能一败涂地。因为我在重庆时，适孙科一行刚自欧洲考察归来，对英、法两国的观察甚为透彻，认为英、法毫无准备，仓促应战，殊可忧虑。当我引证孙科的话时，会中右派人士不以为然。

我又继续分析德、苏形势，说英、法若不幸战败，德国既已动员了几百万军队，必然回师东征，以贯彻其《我的奋斗》上的反苏主张。所以欧战之火必愈烧愈大，绝难一时熄灭。我作此预料时，在场左翼文化人个个摇头，大不以为然。

我说："诸君，欧洲战局的发展是不会随我们的好恶而改变的。不管我们高兴不高兴，欧战是朝这方向发展的，请大家用恬静的心等着瞧吧！"

我的一席话，泼了左右两派文人满头冷水。他们既不愿英、法战败，也不希望苏联挨打。无奈希特勒扫他们的兴，其后果不出我所料。

会后，胡愈之来同我握手说："德公，你以前是说对了，以后怎样就不敢说了。"因为当武汉保卫战时，胡愈之率领了"文化慰劳团"到鄂东前线劳军，在宋埠曾与我作竟夕之谈。那时，我便预料欧战要爆发，而胡君不信，还和我辩论。到现在他才承认我说对了。

"胡先生"，我说："我现在预测的许多变化以后也是要实现的。"大家哈哈一笑。

翌日，马君武请我到广西大学演讲，他特地引证我和胡愈之辩论的这段故事。马先生说："希望李将军现在的预言，将来再度实现！"

在讲演中，我仍然强调我的看法不会错。谁知一年多之后，希特勒所做的，和我所逆料的竟然若合符契。真是天下事亦未始不可以常理推测。

叁

我自桂林回到老河口不久，便接获可靠情报，敌人受德国闪电战胜利的刺激，也预备和我们来一个闪电战。二十八年（一九三九年）九月，敌方成立所谓"对华派遣军总司令部"，以西尾寿造为总司令，板垣征四郎为总参谋长。二十九年四月中旬，集中了六七个师团的兵力，要再到随枣地区来扫荡我五战区。

我方的部署，大致是：（一）以精锐的黄琪翔第十一集团军八十四军守襄花路正面。（二）以川军第二十九集团军王缵绪（许绍宗代总司令）部守襄河以东地区。（三）张自忠的第三十三集团军守襄河西岸。（四）以孙连仲的第二集团军守北线桐柏山以北地区。

战事于五月一日开始。敌军仍分三路西进，大致如前次随枣会战时的姿态。不过，此次敌方对我正面只是佯攻，以吸引我主力。另以重兵配以坦克百余辆和飞机七八十架，自襄河东岸北进，猛攻我许绍宗部。许部不支，退入大洪山核心。敌遂长驱直入，直捣双满，拟与北路会师，对我方主力进行大包围的歼灭战。我即令黄琪翔迅速北撤，以免被围。敌于五月八日冲入枣阳，与我掩护撤退的第一七三师发生激战。我方以众寡不敌，且战且走，节节抵抗。第一七三师自师长钟毅以下，大半于新野县境殉国。而我方主力却赖以撤出敌人包围圈。敌人既扑一个空，我军乃自外线实行反包围，由两翼将敌军向中央压缩，加以歼灭。双方战斗至为激烈。至十一日，敌卒不支，向东南撤退。十六日，我军且一度克复枣阳。

此时我方防守襄河西岸的第三十三集团军尚有一部未参战，我乃电令张总司令自忠"派有力部队，迅速渡河，向敌后出击。"以便将襄河东岸之敌拦腰斩断。自忠乃亲率其总司令部直属的特务营和七十四师的两个团，遵令渡河，于南瓜店附近一举将敌军截为两段。敌军被斩，乃密集重兵，自南北两路向张部夹攻。大兵万余人，如潮涌而来。自忠所部仅两团一营，断不能抵御，随行参谋人员暨俄顾问都劝自忠迅速脱离战场。孰知自忠已下必死决心，欲将敌军拖住，以便友军反攻，坚持直至所部将士伤亡殆尽，自忠亦受重伤倒地，才对身旁卫士说："对国家、对民族、对长官，良心平安，大家要杀敌报仇！"遂壮烈殉国。为抗战八年中，集团军总司令督战殉国唯一的一人。

自忠在奉命渡河时，曾有亲笔信致该集团军副总司令冯治安，略谓"因战区全面战争关系，及本身的责任，均须过河与敌一拼。如不能与各师取得联络，本着最后之目标（死），往北迈进。无论作好作坏，一切求良心得此安慰，以后公私，请弟负责。由现在起，或暂别，或永别，不得而知。"足见自忠在渡河前已抱必死的决心。

回忆抗战开始时，自忠自北平南下，在南京几被人诬为汉奸而遭受审判。我当时只觉得不应冤枉好人，故设法加以解脱，绝未稍存望报之心。孰知张自忠竟是这样一位血性汉子，一旦沉冤获雪，便决心以死报国。在他瞑目前的一刹那，"国家"、"民族"之外，对我这位"司令长官"犹念念不忘。我国古代的仁人志士都以"杀身报国"，以及以"死"字来报答"知己"为最高德性。张自忠将军实兼而有之了。

张自忠死后，我方虽损一员能将，然敌在随、枣一带，终不得逞。各路敌军与我军均陷入胶着状态。

敌人在五战区既无法越雷池一步，乃在六月初再度增援，舍开五战区正面，在襄河下游强渡，向六战区采取攻势，与陈诚将军展开宜昌争夺战。六月一日，敌人一度侵入襄阳、樊城。经我们自外线反击，敌人不敢死守，乃将襄、樊焚毁一空，于六月二日向南窜撤。我军乃于六月三日连克襄、樊与枣阳。唯六战区方面之敌，于六月十四日侵入宜昌，据城死守，我军屡攻不克，宜昌遂为敌所有。

自此我五战区通往重庆后方的水路被阻。以后只有自老河口翻越崇山峻岭，改走巴东一线了。

敌人虽占有宜昌，然襄、樊和大洪山一带，我军对其威胁始终无法解除。二十九年九月我军为策应长沙会战，曾对宜昌之敌发动反攻，以牵制其兵力。故敌人对随、枣一带我军根据地，终视为眼中钉，必去之而后快。是年十一月，汪兆铭在南京组织的伪政府正式获得敌方承认。敌人以军事配合政治，又以几师团兵力再向随枣地区进攻。自十一月二十四日至三十日，经七昼夜的苦战，襄花路上敌遗尸数千具，仍一无所获而返。

敌军在随、枣一带三度受挫，心仍不甘。三十年（一九四一年）一月中旬，合豫、鄂、皖各地敌军共约七个半师团，重炮一联队，战车三百辆，飞机百余架，在豫南集结，企图沿平汉路北犯，打通平汉路。一月二十五日，敌军自信阳、确山、驻马店等地，分六路向西进犯，与我军展开大规模的战斗。是为"豫南鄂北会战"。

敌军所用的战略，仍是以大兵团向我主力迂回包围的老套子。我对敌我战斗力估计甚为明白，断不与敌争一城一地的得失而中其圈套。凡敌包围尚未合围时，我便主动地转移，使敌扑空；然后自外围向敌反包围，敌军也唯有迅速躲避。

就这样，敌我双方数十万众，便在豫南平原大捉其迷藏，使敌疲于奔命。敌军徒有最优良的配备与训练，终莫奈我何，士气沮丧之极。我军得机即行反攻，足使敌军落胆。二月四日我军一度撤离南阳，敌军窜入之后，亦不敢守，六日即自南阳遁去。鄂北敌骑兵一度曾窜至离老河口仅三十里的地区。老河口虽只有一个特务营驻守，我谅他不敢前来。无奈参谋长王鸿韶为人谨慎，力主将长官部迁往襄河西岸暂避。我也认为此时没有与敌军玩"空城计"的必要，遂率长官部渡河。旋即迂回。是时敌军因已陷入我军包围圈，不敢恋战，南北两路一时俱退。豫南、鄂北之战，遂告胜利结束。

第五十七章　珍珠港事变后之五战区

壹

自三十年（一九四一年）二月豫南、鄂北会战结束之后，直至三十二年（一九四三年）秋季我离开五战区，调升汉中行营主任止，前后约两年多的时间，敌人均未敢再犯五战区，使我能彻底整顿本战区的部队，预备反攻。

三十年十二月八日，由于日机偷袭珍珠港而引起了太平洋战事，美国和英、法同时对日宣战，欧、亚两洲战火，终于烧成一片。我军抗战四年，至此骤得强大盟国加入对日作战，抗战必胜信心于焉确立，军心民心的振奋，实前所未有。

三十一年春初，蒋委员长为应付国际新局势与调整各战区的部署，又召集各战区司令长官赴陪都开会。这次会议，仍与欧战爆发后的会议相同，各将领许久未见，大家乘机在重庆互相对国内战局作一番检讨罢了。

会毕，我又向委员长请假十天，返桂林原籍省亲。此次返桂林，各界欢迎热烈如前，唯老母年高体弱，已十分衰迈。我在两江圩故宅住了一星期，不得已又回桂林，预备飞渝返防。孰知重庆派来的专机，或系因天气关系，迟迟未到。我因自思与其在桂林闲住候机，不若再返榔头村承欢数日。不意刚回至村中，桂林便来电话报告，飞机已到。然此时我忽发觉老母病况突然转剧，遂不敢离开，终夕在榻前伴侍。是日夜半十一时，慈母遂瞑目而逝，享年七十有六岁。子欲养而亲不在，悲痛曷极。乃急电中央续假十天，在家守灵开吊，遵旧制成服，亲视含殓。中央自林主席、蒋委员长以下均有唁电，地方各界均派专人前来祭奠，备极哀荣。

家母丧事之后，即赴桂林，乘中央特派的单人飞机径飞重庆。当飞机飞至湖南芷江机场，预备着陆加油，自天空俯瞰，机场上不觅一人，四周一片死静。我下机后，始知敌侦察机三架曾来芷江机场上空侦察，许久始去。我机着陆离敌机飞去时，相去尚不足三分钟。真是"失之交臂"！否则我们一定被打得机毁人亡了。实是侥幸之至。

回到老河口，立刻便又恢复到日常的紧张生活。前章已略说过，五战区自迁到老河口，我为加强部队的战斗力，并使各种不同系统的部队官长有机会互相观摩和认识起见，曾向中央建议在老河口郊外一小镇曰杨林铺，创设"第五战区干部训练班"。我自兼班主任，副主任一席则由集团军总司令或副总司令轮流担任，队长、副队长则由各军军长或副军长充任。调各军中校官以上官佐前来受训。我们训练的科目都是部队中所急切需要的，不像重庆的"中央训练团"只着重繁文褥节。白天由专材教官讲授关于对日作战的战略战术，晚间则举行小组会议，由各级部队官佐互相检讨战地经验，以及切身需要改善的各项问题，并提出改革方案，供长官部参考施行，至于我，白天上课讲解做人之道和将兵、将将方法以及指挥作战经验，每晚我并亲往各小组旁听。与会学员均能尽所欲言，使我于察言观色之中，充分了解各将校的品性，而对各军的情形也有进一步的认识。受训学员因我能虚心而诚恳地和他们接近，所以对我也能竭诚拥护，足使本战区之内上下关系直如水乳交融，毫无隔阂。然我身为司令长官的，却因此日无暇晷，黎明即起，深夜始睡，忙迫不堪。不过眼见各方进步，成绩斐然，亦殊不以为苦。如此紧张生活一直继续到三十二年秋冬之交，我奉命调升汉中行营主任时，才告一段落。

贰

我自从抗战初起时担任第五战区司令长官起，至三十二年解职时止，凡六年之久。前后直接指挥过的部队不下百余万人。这些部队中，除第十一和第二十一两集团军约十万人是我亲手训练的部队，指挥起来比较方便之外，其他部队的系统极为复杂，指挥殊属不易。其中尤以所谓"嫡系""中央军"如胡宗南、汤恩伯、郭忏等部为甚。他们只听从委员长个人的命令，甚至作战时对直接指挥他们的战区司令长官所发的命令亦多方躲避，不愿接受，也不向司令长官报告情况。骄蹇之情，难以尽述。其实所谓"中央军"的作战能力，均极薄弱，军纪尤坏。各级军官均自恃是"天子门生"，有直接"通天"的本领，大家效忠于一人，不愿受阶级服从，层层节制的约束，所以彼此之间摩擦特多。但是大家又共同蒙混委员长，使最高统帅对部队的实际情形毫无所知。这种部队能不能作战，也就不言而喻了。

本战区中，除我直接训练的广西部队和所谓"中央军"之外，半数以上都是一向被中央当局歧视的所谓"杂牌"部队，包括旧西北军、奉军、直鲁军、川军等部，不下数十万人。如张自忠、庞炳勋、孙连仲、刘汝明、孙桐萱等部原属西北军系统，为冯玉祥所一手训练，底子并不差。不过自民国十九年中原大战后，西北军系统瓦解，部队零星流散。虽经中央收编，然因蒋先生一心一意要借对内对外的战争，把这些"杂牌"部队消灭，所以平时扣发军饷，战时不予补充，待该部在战争中消灭殆尽时，中央便借口将其番号取消。但是中央这种作风，各部队长官皆洞若观火，所以他们绝对不打硬仗，处处企图保存实力，免被消灭。如此，自然无法表现其战斗力，同时军纪亦易废弛。于是，中央愈加蓄意加以消灭。演变的结果，中央当局便视"杂牌"部队为痛疽，而"杂牌"部队亦视最高统帅为仇雠，而形成一种互为因果的死结。

我早已看出症结的所在。认为各部队指挥官中，不乏血性汉子，都有与敌寇一拼的决心。如用之得当，都是生龙活虎的劲旅，所以自始至终，我对"杂牌"部队都推心置腹。我同情他们的困难，也了解他们的战斗力量。作战起来，量才器使，断不责其所不能。平时待遇和补充，各部队完全平等。同是保国卫民的将士，在本战区内断无轩轾之分。因此这些久经忧患和歧视的部队，一旦入我指挥系统之下，都感到无限的温暖与安全。人非木石，坏人究属少数，投之以桃李，报之以琼瑶，所以我指挥下的"杂牌"部队，人人皆有效死之心。然后我再视其作战能力的强弱而善用之。故而这数十万残破不堪，训练、装备、纪律均无足言的杂牌部队，在我指挥之下，均能如臂使指，各尽所长，与最优势的敌人在黄河以南，大江之北，纠缠数年，且迭获胜利，自信殊非偶然。忆徐州战后，委员长检讨战绩，曾惊讶地向我说："你还能指挥杂牌部队？！"这一点在蒋先生看来，实在是不可思议之奇迹，他本人是断然做不到的。

"杂牌"部队中，除西北军旧部之外，尚有"川军"邓锡侯、王缵绪、杨森等集团军约十余万人。川军习气较坏，官长均视物质享受为当然，不能与士卒共甘苦。各将领间，因为省内长期互战的结果，彼此均积不相能。我身为司令长官，处处设法弥缝，并以大义相责，要他们先国难而后私仇。所以抗战八年，川军的牺牲相当大，抗日卫国之功，殊不可没。

此外如旧东北军于学忠、缪澂流两军，及旧直鲁军徐源泉部，前章皆曾加以叙述，他们在抗日战争中的功绩，俱将永垂史册。

这些部队中，有几件小事，值得特别一提：第一便是二十七年（一九三八年）韩复榘被处决之后，他的卫队旅旅长吴化文忽率部投敌。吴旅为韩部配备最佳的一旅，后受北平伪组织收编为伪军。抗战胜利后，吴部向中央投降，为山东省主席王耀武所收容，驻于兖州。后吴部为共军所围，苦守数月，迭向王耀武乞援，无奈王氏又实行中央借刀杀人的故技，不予援助，吴化文愤而投共。嗣后，吴化文竟为共军的先遣部队，进入南京。

另一事便是抗战中期，六十九军军长石友三率部驻于豫东黄汛区，因久受中央歧视，并对抗战前途悲观，乃暗中派员与日军联系。事为中央侦知，乃密令副军长高树勋诱友三而杀之，并升高为军长。树勋恐军心动摇致为敌所乘，乃自黄汛区西撤，进驻汤恩伯防地。恩伯竟秘密设一陷阱，拟将高部包围缴械。孰知高树勋十分机警，仓皇逃至五战区。然中央仍蓄意消灭他，故意扣发军饷，树勋极为愤懑。胜利后，中央调高军沿平汉路北上，归孙连仲指挥，与共军作战。高部乃不战投共，我方也就永远无法打通平汉路了。

孙连仲的第二集团军（三十一、六十八两个军），在抗战末期也发生了一点小麻烦。孙部原驻防豫西南阳。民国三十二年夏，中央忽令孙氏率领三十一军移防第六战区，在长江南岸驻防。然而孙部将士都是北方人，其主食品是面食，对江南的气候亦不甚能适应。且鄂西多山，原驻军足够御敌，三十一军殊无增防该区的必要。再者，第六战区司令长官陈诚是"杂牌"部队久仰大名的、主张消灭杂牌军的人。故此令一出，第二集团军上下哗然。他们都知道中央此举不是为战局着想，而是别有用心。

连仲是个老实人，奉命之后，心虽不愿，还是预备率部前去。可是三十一军将士都不愿移动，纷纷来我处请愿。我当然深知中央用心，更未便代为申请收回成命，只好劝孙部将士服从命令。好在胜利在望，不久大家皆可解甲还乡。三十一军不得已，只有遵命开往鄂西。

但是中央对孙部仍未尽放心。抗战胜利后，中央发表孙连仲为河北省主席，兼绥靖公署主任。但却要连仲将所部第三十一军交胡宗南指挥，连仲本人则奉命带高树勋一军沿平汉路北上接收。不料高部突然叛变投共，孙连仲只身脱险，到了北平，一筹莫展，只得坐看华北陷入共军手中。

凡此均可看出当时中央当局的一群人气量是何等的狭隘，防范自家袍泽直如防贼。终至山河变色，误己误人，也可说是劫数吧。

叁

五战区各种部队中，尚有一部颇值得一提者，便是豫西别廷芳部的民团。抗战期中，亦建有奇勋。

据说自民元鼎革以来，豫西的内乡、镇平等七县即以多匪著称。官兵不时来剿，亦属无效。民国十年前后，西北军张之江部有秘书长某，系豫西人。因感于故乡糜烂，盗匪如毛，乃愤然辞职，还镇平县故乡，办理民团防匪。此人为北京师范大学毕业生，原系一文人，但是他当了七县民团总指挥之后，却一本"治乱国，用重典"之义，大开杀戒。凡查出一家有匪，则阖户皆诛。因此杀人如麻，而地方匪患赖以肃清。此人头脑新颖，对地方革新建设颇为注意。如开水利、兴教育、放缠足等，百废俱兴。所以他杀人虽多，而豫西人士对他却称颂备至。不幸他结怨太多，终为仇人刺死。此人死后，代之而起者便是别廷芳。

别廷芳为河南内乡人，原在民团内当班长，目不识丁。因其为人忠实能干，逐步升迁，其上司死后遂为地方商民推戴为总指挥。嗣后势力日盛，别氏随时可征调数万人上阵作战，俨然是该地区的土皇帝。

廷芳虽一字不识，但是为人廉洁正直，凡事以身作则，对地方建设极为努力。办学校、筑水坝、修电厂、护道路，俱有成效。所辖七县之内真是道不拾遗，夜不闭户。不特盗匪绝迹，即不法官兵亦不敢骚扰。据说，某次有河南驻军樊钟秀所部一团在豫西扰民，被民团包围缴械。所缴械则悉数送还樊氏司令部。自此以后，再没有官兵敢在该区胡为。

别廷芳既有此种势力与胸襟，因而他留下来的故事也特别多。据说，在他治区之内向无盗窃情事。过路客商如有被窃的，廷芳必查出原物归还。一次，有一过路布商被偷掉一匹布。此商人贪小利，向别氏报告说有布二匹被窃。别乃下令严查，最后只查出一匹，再严诘此布商，卒发现他多报一匹图骗。别氏乃将布商与窃贼一并枪毙示儆，嗣后再无人敢作谎报。

豫西盛产西瓜，往年因偷瓜者多，瓜农损失甚大，廷芳乃布告四方"偷瓜者死"，一日，他的女婿途中口渴，就在附近瓜田内取一西瓜吃了。事为别廷芳所知，竟即刻吩咐卫兵，推出枪毙。其独生女儿在旁见状大恐，抱住父亲，嚎啕大哭，为乃夫求情，并诉说，如果丈夫被杀，女儿终身靠谁呢？廷芳把女儿推开说："枪毙了他，有我养你一辈子！"卒将女婿枪决。

还有，在豫西烟、赌、香烟皆在严禁之列。当时在河南各县，鸦片几公开买卖。但是廷芳规定，他的区域内鸦片与香烟过境则可，买卖则不可。抗战之初，物价波动甚巨。某次廷芳忽发现他的儿子囤积了一批鸦片，便立刻责令烧毁。他儿子辩说："政府还许可公开买卖呢？你不许在境内买卖，也该让我运出境去！"

廷芳说："政府许可，咱家不许可！"

他儿子不敢再辩，便当众把鸦片全部烧毁了。

不过廷芳对政府合理的政令却遵奉唯谨。凡省、县两级政府征兵纳粮等事，廷芳皆率先奉行，从不稍违。他对境内的公路保护尤无微不至，并通令路旁乡民"下雨后补路，下雪后扫雪"，故豫西公路的保养为全省之冠。

像别廷芳这样私定法律，随意杀人，在一个正常的现代化国家的人看来，或嫌过分。殊不知在举世扰攘、政治不上轨道的中国，人民也是被迫而自卫自治，实情不得已。像别廷芳这样的人已经是难能可贵了。

无奈抗战前河南省主席刘峙对别氏便蓄意诛锄，屡召廷芳往开封，廷芳皆不敢去。徐州会战后，我方主要战略是发动全盘游击战，像别廷芳这种人正是政府所应当鼓励的。蒋先生在汉曾电召别氏一晤。廷芳因知许多中央大员不满意他，不敢贸然前往。因为按战斗序列，他的游击队属五战区指挥，所以他特地到宋埠来看我。我劝他速去武汉晋谒蒋先生，并担保其无事，别氏才欣然就道。

后来豫南会战时，我到南阳，别氏再度来谒。我命令他率精锐民团配合国军作战。廷芳竟动员民兵七千余人与国军并肩作战，颇有战果。我亦曾明令奖励。

此后不久，别廷芳忽得脑充血症而死，年不过五十七八岁。廷芳一生廉洁，幼时家中仅有三亩地，死后遗产仍是三亩地，也可说很难得的了。

我在老河口前后住了五年，虽然戎马倥偬，军事指挥之外，无暇兼及他事，然所见所闻，对我国的贫弱又多一番了解。老河口和随、枣一带为鄂北最贫瘠之区。据说民国以来，省级官吏中尚无厅长级的官吏曾到此地区视察过。

民国三十年宜枣会战后，民间已一片糜烂。不幸大兵之后又继之以凶年。我生于贫瘠的广西，然生平尚未见过此种情况，真是骇人听闻，真所谓饿殍载道，人民连树皮草根都吃尽，甚至易子而食，言之悚然。

三十一年夏季，老河口酷热难当，白昼树叶被晒得卷了起来，夜间也不能入睡。当地居民便建议说，离老河口约六十里地的海山为避暑胜地，战前外国教士在此建有洋房十数幢，专为避暑之用，劝我前往避暑数周。我本人初无此意，因为半生劳碌，尚不知什么叫作"避暑"。此次在众人力劝之下，老河口实在太热，战局也比较稳定，因此忙里偷闲，前往海山小住。我们一行数人自老河口乘车出发，至海山山脚乘滑竿上山。行才半途已觉清风徐来，暑气全消。山上果有洋房十数幢，主人都避战回国，我们遂权充游客，择屋住下。山上林荫片片，泉水潺潺，真是别有一番天地，我这才尝到所谓避暑的乐趣。

　　老河口附近除海山外，还有武当山一名胜。据说明朝皇帝曾封武当为五岳之王。为便利权贵来朝拜，朝廷曾耗了七省钱粮，以十三年的时间，自均县至武当山沿途造了一系列的宫殿。这些宫殿画栋雕梁，外饰以琉璃瓦，美奂美轮。四五百年来历经沧桑，诸多损毁，然大体上都还完整。当时凡自重庆来五战区视察的大员都要前往游览。我本人如有空总陪他们同去，所以五年之内曾数游武当山。见那层峦叠翠之中，宫阙如云，确实很壮观美丽。这也可算是炮火丛中的一点雅兴。

第五十八章　汉中行营期中
对战后局势的预测

壹

民国三十二年（一九四三年）九月，委员长忽然将我自第五战区司令长官调升军事委员会委员长驻汉中行营主任。汉中行营是一所新成立的介于中央与各战区之间的军事机关。表面上的职权是负责指挥第一、五两个战区。后来中央把大别山游击根据地划成第十战区，所以汉中行营也就直辖三个战区了。

汉中行营事实上是一个虚设机构，无实际的职权。各战区作战一向由军事委员会直接指挥，汉中行营设立之后，此指挥系统并无变更，只是各战区对中央的报告亦送一副本给汉中行营罢了。所以这一机构似乎是蒋先生专为我一人而成立的。目的是把我明升暗降，调离有实权的第五战区。

前已言之，蒋先生生性多疑而忌才。他见我在第五战区与部队的感情十分融洽，深受部属的拥戴，至恐形成尾大不掉之局。但是抗战六年，我第五战区可说是战绩辉煌，蒋先生实无适当借口把我调职。所以他唯一的抉择便是成立一个位尊而无实权的新机构，把我明升暗降，与部队脱离实际关系。

蒋先生此举用心所在，我当然洞若观火，然亦深合我意。因为六年来戎马倥偬，案牍鞅掌，个人也很想得机休息；加以功高震主，无端招忌，倒不如暂时减轻一些责任为益。因此，中央明令发表之后，我反觉浑身轻松，即赶忙准备交卸，并派参谋长王鸿韶等前往汉中筹备行营成立事宜。我本人则俟继任人到职后，再行离去。不久，新任第五战区司令长官刘峙率随员数人，自重庆乘一小飞机到老河口来接事。

刘峙原是我多年老友。回忆我于民国十五年夏赴广州策动北伐时，刘氏正任第二师师长，曾以"四校同学"关系，设宴为我洗尘。席间，刘氏起立致欢迎辞，并请我演讲。这是当时广东的风气，无论大小宴会，宾主双方都要起立演讲。但这在我，还是第一次，所以印象很深。

北伐期间，刘峙第二师尚有战功，他本人给我的印象也还不错。但是在抗战期间，刘氏任第一战区副司令长官时，每每不战而溃，颇受时论指摘。其原因有两点：第一，刘氏之才最大不过一位师长，过此即非其所能胜任。第二便是因太官做大了，习于享受，再不愿冒矢石之危了。语云"千金之子，坐不垂堂"。当时在中央做大官的人，生活都趋于腐化，精神难以振作，统兵治政的效率自然就差了。

第一战区卸职后，刘氏受任为重庆卫戍总司令。官尊事少，益发耽于宴乐。他在重庆并纳一新欢，藏之金屋。但是他的夫人却是一性悍善妒的女子，而刘氏又偏偏是个闻狮吼而变色的将军，以致闺房之内，斗争无已时。刘夫人曾为此向蒋夫人哭诉，请求主持正义。此事在陪都尽人皆知，传为趣谈。此次刘君被任为第五战区司令长官，亲临前线，正可远避雌威，忙里偷闲了。

刘氏来接篆时，见司令长官部设在老河口市区之内，便有惴惴不安之感。他首先便问我，老河口的防空情形如何。我说，我的长官部虽在城市之内，究竟位置偏僻，屋子很小，而且四周都是菜圃。敌机纵使找到目标，也不易命中。所以敌机来得多了，我就到菜圃里面走走，以防房屋被震倒。敌机如来得不多，我就不管它，谅它也炸不着我。

这位好好先生的刘峙闻言大惊，说："那怎么靠得住？我听到空袭警报，脚都软了。"他又问我，你看长官部有没有别处可迁。我说，离此地五里路有一小镇杨林铺，是五战区前干训班所在地，可以作长官部，不过交通系统重行建立起来就麻烦了。刘立刻说："你能否派人马上带我去看看。"我便亲自陪他到杨林铺。该地原有一小学，地方尚宽敞，空袭时的目标也不大。刘氏虽觉此地比市区好些，然仍嫌目标太大。且此地亦在襄河东岸，面对敌人，显然是背水为阵，有欠安全。我说，那你就自己斟酌吧。再不然，你可迁往襄河西岸，距老河口六十里地的草店，便再安全没有了。我离开老河口之后，刘峙立刻便把长官部移到杨林铺。不久，果然又移到草店去了。

刘峙身为大将而胆小如鼠，真令人惊异。其人也，生得肥肥胖胖；其为人也，老老实实。真是"庸人多厚福"的典型代表。

在老河口时，我将五战区的情形对刘峙详细解释，交代清楚后，便率原长官部全班人马，首途赴汉中。不久，刘峙的特务营及其长官部官佐夫役也已到齐，我所留下的少数炊事兵、传达兵和卫兵也就离开老河口，来汉中归队了。据这些最后离开的卫兵、杂役人等说，这位新长官胆子实在小得不得了。有的竟笑着说："刘司令长官夜里起来解小便，还要两三个卫兵陪着呢！"

据说自我离开之后，五战区司令长官部的派头便不一样了。我的生活一向是极其简单朴素的，随从人员亦极度平民化，官兵与驻地商人、农民相处极为融洽。外来人每不知我的住处便是司令长官部所在地。刘峙则不同。他本人极讲究场面，侍从人员煊赫，衙门气息极重。长官部四周的农民莫不大遭其殃，花、果、菜蔬时为官兵强取而去，例不给值。农人有来诉苦的，长官部里的人却说，我们一向是这样的。军人为国抗战，难道吃点水果、菜蔬，还要花钱买？哼！

由这些方面观察，我才知道所谓中央嫡系部队军纪的废弛，实在是相沿成习，所来有自，非一朝一夕所致。这种部队，如何能打仗呢？

据说当刘峙接长五战区时，敌方广播便奚落他说："欢迎常败将军来老河口驻扎！"果然，我离开五战区不出数月，敌人便发动攻势，一举攻占老河口与襄、樊。刘峙指挥无方，无力反攻，该战略据点遂为敌人所占领，直至抗战胜利才重归我有。

贰

汉中一带是一片沃野，秦岭在其北，嵩山山脉在其东，汉水横贯其中，地形险要，物产丰盛。我国自秦、汉以降，历朝都以汉中为屯兵之地。所以其地古迹特多。

自老河口沿汉水西上入陕，浴途民俗淳朴，多存古风。凡我途经的市镇，绅民都排班迎于道左。有的甚至摆起香案，由穿长袍马褂的年高绅士，双手高举一茶盅，前来双膝跪下献茶。我也只有停车下来答谢，并双手接过茶盅，一饮而尽，然后再登车前进。这是专制时代绅商欢迎钦差大臣和封疆大吏的礼节，不图尚见之于今日，风气的闭塞，由此可见。

在汉中时，我名义上虽然负责指挥三个战区，但事实上则日常待决的事务极少，与老河口的忙碌生活，恰成一对比。日长无事，简直有髀肉复生之感。可是正因如此，我才有功夫对今后中外大局的演变，作一番冷静的思考。

民国三十三年五月上旬，委员长因为主持第九军分校毕业典礼，亲自飞来汉中，我遂乘此时机和蒋先生详谈今后战局发展的问题，以及我们应有的应付方案。可惜蒋先生竟以余言为河汉，未加采纳。此建议当于第七篇中再详叙。

我到汉中就行营主任后不久，又因开会而至重庆。此时盟军已有在西欧开辟第二战场的趋势，我国报纸讨论亦至为热烈。当时自称为中国第一流战略家的杨杰氏，便在大公报上发表一论文，略谓在现代化的战争中，敌前登陆实不可能。杨氏认为，同盟国很难在西欧开辟第二战场，最大的可能还是将美、英联军由北穿过苏联腹地，与苏军并肩作战云云。朋友们即持此理来问我。

我读了杨氏之文，便大不以为然，初不料号称战略家的杨杰，竟亦肤浅至此。我说，在现代化战争中，敌前登陆固难，而防止敌人登陆亦同样不易。即就纯军事立场来看，论大军团的指挥，运输和补给，同盟国在英、法海峡登陆实是最方便而有效的行动。这样才能使德国两面受敌。即就政治立场来说，苏联亦断不许英、美联军在苏境作战。第一次大战后，西方列强围困苏联的余创犹存，斯大林何能坐视英、美军队驻在其国境之内？此事简直出乎一般人政治常识之外，所谓战略家的杨杰，居然能想得出，亦亏他会动此脑筋。

我虽然料定盟国必自西欧登陆，但是我私下却希望第二战场开辟得愈迟愈好。我在重庆时，曾两度与英国大使和邱吉尔驻华军事代表卫阿特将军详论此事。

我说，希特勒已陷于东西两面作战的苦境，同盟国胜利只是时间问题。现在既已距胜利不远，同盟国当局便应想到战后的复杂问题。你们西方国家与苏联，由于政治制度的不同，在战前已成水火，战时因为对同一敌人作战，才暂时携手。一旦大敌消灭，西方国家必定又与苏联针锋相对。为减少战后的困难，务须稍为忍耐战争的痛苦，第二战场千万不宜过早开辟。然而，你们应当尽量以各种物资援助苏联，让德、苏两国拼死纠缠。等到两雄声嘶力竭，然后选择地点登陆，德国自将俯首成擒，而苏联元气亦已用尽，则第二次大战后的世界便要单纯多了。

至此，两君忽然向我质疑说，照你说的这样做，万一苏联为德国所败，或者斯大林等候开辟第二战场不耐烦了，转而与希特勒单独讲和，则大局不是不堪设想吗？

我说，这两点倒是不必顾虑，你们未免忽视了苏联潜在的强大力量。它具备了地广、民众、物产丰富的优厚条件，要想彻底击溃苏联，谈何容易！以中国抗日战争为例，中国无一事不较日本落后，尚且抵抗六年之久，使日军陷于泥淖之中。日本何尝不屡屡试探谈和，中国皆不屑一顾，何况苏联？

无奈我言之谆谆，这两位英国代表皆大不以为然。尤其是卫阿特将军，和我辩论尤多。他认为头痛应医头，脚痛应医脚，此时不能想得太远。英国目前亟须解除痛苦，不管战后局势如何，希特勒愈早打倒愈好。英国大使也一再强调说，倘第二战场迟迟不开辟，恐怕苏联会愤而与德国妥协，那便糟了。我说，国际政治原像下棋和赌博一般，看谁气魄大，手段高。据我判断，德、苏绝无中途妥协之理，历史上亦从无此事例，西方当局尽可放心。但是他们却坚持己见，不稍退让。当然也不会把我的意见转到伦敦去。

孰知第二次大战后，西方盟国果然和苏联为着东欧诸国问题，为着柏林问题，闹得剑拔弩张。我在北平任行营主任时，卫阿特到中南海居仁堂来拜会我。翌日，我也到六国饭店回拜他。我说："卫阿特将军，冷战现在已打得火热了，你该想起我在重庆对你所说的是真理吧？"但是这位约翰牛却仍旧执拗地说，此一时也，彼一时也，不可相提并论。大家一笑而罢。

叁

民国三十三年（一九四四年）六月，同盟国在诺曼底登陆成功，德军节节败退，欧战已有迅速结束的趋势。同年七月，日军在太平洋屡败之余，使极端反动的东条英机内阁倒台。同盟国海军已逼近菲律宾群岛，日本的命运，也已到了决定性的阶段。

是年九月，美国驻华大使高斯奉调回国，由赫尔利将军继任驻华大使。赫氏使华，除负有外交上的使命外，还负有调解我国国共纠纷的责任。因二次大战已接近尾声，罗斯福总统目击我国国共关系的恶化，深恐影响战后世界和平，所以特派赫尔利前来，企图促成国共合作，组织联合政府。故赫尔利来华时取道莫斯科，并与斯大林详谈中共问题。

我此时适因公在重庆，赫尔利大使特地征询我对共产党的意见。他认为我既非蒋先生的嫡系将领，说话必然比较公道。我乃反问他，站在外交官的立场，他作何看法。

赫尔利说，他为此特地经过莫斯科，问过斯大林元帅关于中国共产党的意见。斯大林说，中国哪里有共产党，不过是些土地改革者罢了。我说，这些话，你认为如何？赫尔利说，他认为斯大林对中国共产党的分析是真实的，不会骗人的。我说，斯大林对你所说的不过是一种外交辞令，不应过分相信。中国共产党是信仰马列主义的，是百分之百的第三国际共产党，你千万别上了斯大林的当。难道斯大林比我们中国人知道的还多，他的话比我们中国人的话还可靠？

赫尔利诚恳地说："斯大林是政治家，我相信他的话！"

这样，我们当然无法再说下去，辩论也就不了了之。

赫尔利大使到职不久，新任中国战区参谋长魏德迈将军也接踵而至。中国战区前任参谋长为史迪威将军，因与委员长不合，奉召返国，由魏氏继任。

前已言之，史迪威原为美国驻华武官，珍珠港事变后，调升中国战区参谋长。不过史氏是一阳份人，可为赫赫的战将，却不宜做运筹帷幄的参谋工作。这种人尤其不能与自私的蒋先生合作。因为蒋先生事事以其个人利益为出发点，大权独揽，事必躬亲。做他的参谋长，必须要事事请示而后行，断不可自作主张。史君是美国人，当了参谋长，便真的要行使参谋长职权了，和蒋先生当然无法相处。

关于蒋、史之间的别扭，据说，史迪威曾公开批评蒋先生专将美国运来的装备补充他的嫡系部队。史氏认为，美式装备的分配，应以军队的能否作战为标准，"包括共产党的第八路军在内"。致引起蒋先生的愤怒，认为史氏干涉中国内政，必去之而后快。

魏德迈抵重庆时，我们亦曾详谈今后世界局势。无奈当时美国将领都有个相同的看法，即急于要求苏联参加对日作战，以免战争旷日持久。至于战后的问题，他们似乎丝毫没有考虑到。但是在我看来，战后的困难将甚于战时百倍。如不未雨绸缪，届时必将捉襟见肘，论力量，论声望，美国实掌握了左右今后世界安危的枢纽，美国当局一着之差，便足以影响整个世界的和平。思维及此，我认为有尽我所见，向友邦当局贡献一点意见的必要。

因此在赫尔利和魏德迈在华之后，雅尔达会议开幕之前，我曾两度修致备忘录给赫、魏两君，希望他们能转致罗斯福总统和马歇尔元帅。

我的第一备忘录是在赫、魏两氏抵华后不久便送出的。修缮之前，我曾向蒋委员长提及此事。蒋先生说："可以，可以，你就送去吧。"在这文件内，我特别提醒美国当局说，德国一旦投降，日本不久必然也跟着投降。但是，当时在渝的美国人都认为日本民族性强悍，笃信武士道精神，非战至最后，决不轻言投降。美国军队若要攻占日本三岛，至少牺牲二三十万生命。其实这估计是大错而特错的。日本民族性恰如日本运动员的长途赛跑。当他看到失败已成定局，他便不再跑下去，不像西方运动员，明知失败了，还要跑到终点。如今欧战已急转直下，同盟国应该计划如何应付日本的突然放下武器！我更强调说，从历史上看，战胜并不难，难的是处理战后问题。

此次远东方面战后问题的焦点在我国东北。同盟国当局事先便应想到将来的东北问题。所以千万不必要求苏联参战。因为苏联眼见日本战败在即，不论吾人要求与否，它必然要来分一杯羹。故而中、美两国应及早计划与苏联向东北这共同目标作进军竞赛，千万不可让苏联独占东北。

此备忘录发出不久，果然欧战急转直下，盟军正逐渐向柏林缩小包围圈，德国投降已是指顾间事。为考虑到我国的东北问题，我便向赫、魏两君送出第二份备忘录。重新提醒华府当局千万不可与苏联在东北划分战区，我们应与苏联向同一目标竞赛。为准备此项竞赛工作，我提议，魏德迈与蒋先生商议在菲律宾设一中美合作训练机构。将我方准备接收东北的军政人员在菲律宾开班训练，与美国陆、海军密切配合。一旦日本支持不住而放下武器时，我方维持治安的部队和政治接收人员即可由美国海、空军迅速运往东北。我们至少须掌握南满地区，则苏军纵能进驻北满，亦无法与中共军队接触，中共如得不到苏联的物质援助，中共问题将不致引起中苏纠纷，而事态也就简单化了。我深愿美国统帅部郑重考虑此一问题。

这两件备忘录均由我口述大意，由秘书拟就中文稿，再由行营顾问石超庸和军委会少将参议余兆麒协同译成英文，分送赫尔利大使和魏德迈参谋长。孰知此两项文件发出之后，便石沉大海，毫无反响。约摸一年之后，德、日相继投降，苏联部队不费一弹占领东北，一切均如我所逆料。而美国当局的措施，则与我所建议的完全相反。差之毫厘，失之千里，铸成大错，不胜扼腕之至。我自思前两项备忘录，所言是何等详尽，而盟国当局竟丝毫不加考虑，不无令人懊丧。事后，我私自臆测，虽赫尔利大使曾当面恭维我，不只是个军事家，而且是政略家，但华府当局或认为我不过是一战区指挥官，妄言世界大势，根本不值一顾。

战后，我国内战危机日深，魏德迈奉调回国，顺道到北平来看我。当他辞别时，我亲自从居仁堂送他出大门，边走边谈。魏氏忽然提到我的两项备忘录，说："李将军，现在东北情势的发展，你当初给我的那两项备忘录，皆不幸言中了！"

他这么一说，我才知道，原来他曾详细看过我的两项备忘录。但是他们为什么明知故犯，硬把东北造成那种不可收拾的局面呢？

第五十九章　八年抗战敌我优劣之检讨

壹

民国三十四年（一九四五年）八月十日下午，各报忽然发出号外，日本已宣布无条件投降。全国顿时鼎沸，八年抗战至此已胜利结束，全国人民的喜悦，史无前例。汉中城乡此时也欢声震天，爆竹震耳欲聋。全城军民举行联合大游行，各机关、团体纷纷派代表前来行营道贺。各人心目中无不充满胜利还乡、前程似锦的美梦。但是我本人此时反觉落落寡欢，颇使踵门道贺的人感觉诧异。

其实此种心情一般人亦不难体会。因为像我这样身负国家重任，前后统兵逾百万人的高级将领，在胜利的爆竹声中，回顾前瞻，难免百感尽力而蝟集。古人说："一将功成万骨枯"，抗战八年，全国死难军民何止数千万，即在五战区内，牺牲亦不下数百万人。我们试一念及因抗战而招致家破人亡的同胞，以及为国族生存而在战场上慷慨捐躯的袍泽，他们所遗留的寡妇孤儿，如今皆嗷嗷待哺。与念及此，能不凄恻。

况且，抗战虽告胜利，前途荆棘正多，而中央当国者又私心自用，宵小横行。眼见内政、外交危机接踵而至，我人身当其冲，又将何以自处。凡斯种种思想皆与胜利一时俱来，构成极复杂的心境。

然今日回思，当时心情的悒郁，实非一时神经过敏，嗣后国事的发展，均在当时逆料之中。固知天下事的形成，皆非偶然。日人处心积虑要侵略中国，经营数十年，卒至一败涂地，蒙千年来未有的奇耻大辱，实罪有应得，自贻伊戚。

至于我国革命数十年，最后竟招致强邻入侵。抗战八年，幸获胜利，然不数年，大陆鼎沸，政权易手。此种事势的形成，初非一朝一夕的错误有以致之，实在也是积弊太久，病入膏肓的必然现象。所以本章拟对八年抗战中敌我的得失，作一公平的检讨。

今先从敌人说起：

日本侵华战争的基本错误便是"企图征服中国"，本身便是一个不可补救的错误。日本自明治维新以后，侵华一直是它的基本国策。此种国策的奠定，可能有两种因素：（一）是受西方帝国主义的影响。日本目击西方列强由于侵略弱小民族而致富强，所以它要踵起效尤。（二）是日本对中国的错觉。日本人一向把中国看成一个无可救药的古老国家，他们认为中国传统是重文轻武，是教育落后，统治者用愚民政策，以愚黔首，以致长期贫弱，不可与西化了的日本抗衡；再者，中国被国内的少数民族征服已不止一次，往者有蒙古，近者有满洲。满、蒙二族尚且统治中国，况日本乎？！殊不知日本这种想法是完全错误的。时至二十世纪中叶，全球所有被压迫民族独立图存的风气已如火如荼。西方帝国主义且已日益式微，继起的日本焉能后来居上？所以日本开明之士说，日本侵略中国，无异吞下一颗定时炸弹。再者，日本认为中国是古老文化，不堪一击，殊不知日本的文化正是从中国传去的，最近才受西风东渐的影响而从事维新。中国也正以同样方式接受西方文化，民族意识逐日提高。不过中国幅员广大，人口众多，改革起来没有日本那样迅速有效罢了。恶可视为无反抗能力，而必定被人征服？

日本既以侵华为国策，田中义一并认为征服中国为征服世界的阶梯。但是日本究系岛国，民族眼光短视，胸襟狭隘，政治、军事领袖皆有志大才疏之弊，徒有成吉思汗的野心，而无成吉思汗的才能和魄力。因而他们侵华的方式，是蚕食而不是鲸吞。既已作了侵略者，又没勇气承认对华战事为"侵略"，却硬说是"事变"，而且这些"事变"的制造，又是毫无计划的盲目行动。例如沈阳"事变"是土肥原、板垣等少数中下级军官搞起来的。关东军司令官本庄繁事前竟不知其事。事后关东军司令部和日本政府只有追随少壮派军人之后，为其越轨行为作辩护。此实非文明国家应有的现象，然日人行之，不以为怪。

侵华战事既已发动，而日本人又没有气魄来大举称兵。等到中国民愤达到最高潮，以致卢沟桥"事变"无法收场，大规模用兵势在不免之时，日本又不愿倾全国之师来犯。只是在华北、华东用少数兵力与中国作战，到兵力不敷时，才逐次增兵，深入作战。这种"逐次增兵法"便犯了兵家大忌。中国地广人密，日军一个师团、一个师团地开入中国，正如把酱油滴入水中，直至把一瓶酱油滴完，为水吸收于无形而后已。日本人便是这样一滴滴地，滴进了六七十个师团在中国大陆，但是还是泥腿深陷，坐以待毙。

所以日本既处心积虑要征服中国，就应乘欧洲多事之秋，一举把中国吞下。日本平时国防军有二十个师团，稍一动员便可递增至四五十个师团。如果卢沟桥战事发动前夕，日本便动员全国，首批派遣三十个师团同时分途进犯。用闪电战方式，主力由平汉、津浦两路南下，另以一路出西北，实行战略上大迂回，占领兰州，一举切断中、苏的交通，并与沿陇海铁路西进的部队相呼应，夹攻陕西，占领西安，得陇望蜀，威胁成都。同时利用海道运输的便利，向长江、珠江两流域西进攻击，与其南下的主力军相呼应，使西南各省军队不能调至长江流域作战，则占领淞沪、南京、武汉、长沙等战略要地，既无异探囊取物。然后右路越秦岭占成都；中路上宜昌，穿三峡，入夔门，占重庆，左路经广西，向都匀，入贵阳。一举而占领中国各重要都市，将我方野战军主力摧毁，将零星游击队赶入山区，支解我们整体抵抗的局面，陷全国于瘫痪状态，并非难事。到那时，我政府只有俯首听命。等到大势已去，纵使我们的极端主战派也只好钳口结舌。则以蒋、汪为首的反战派和三日亡国论者自将振振有词，率全国人民屈服于暴力之下了。然后，一俟德、意向外侵略，欧战发展到顶点时，日本即可挟中国的人力物力，向亚洲防卫力量薄弱的地区，进行狂风掳掠性的战争，则南进北进，均可游刃有余。如此，二次大战结束的面貌，恐将完全两样了。

日本的基本政略既已铸成大错，而其小规模局部战略运用错误亦复如出一辙。卢沟桥事变后彼方乘我政府的不备，不宣而战，瞬息即击破我华北的驻军。如果乘胜跟踪穷追，使我政府无喘息的余暇，占领东西交通动脉的陇海路，进迫武汉、南京，截断长江运输，则京、沪不攻自破。日军有此天与的良机而不取，竟将其主力军投入四面丛山峻岭的山西，以致旷日持久，作茧自缚。虽用尽九牛二虎之力，前锋勉强一度进至黄河北岸，然而南望风陵渡，面对汹汹巨浪，何能飞渡？其后虽把主力军抽出，南下围攻徐州，西进攻占开封，企图席卷豫、皖产粮区域，却又被黄河决堤泛滥所阻。逼不得已，乃转循长江西侵。因两岸地形复杂，进展甚缓。到占领武汉，已成强弩之末，形成僵持的局面。中国历史上元、清两代入关，系由北方南下，以居高临下之势，自可事半而功倍。日本恃有海军的支援，违背传统战略有利条件，改由海道溯江西上作仰攻。兵力又不敷分配，其失败固可预卜。

日本之所以在战争初期不这样做的道理，一则或许由于无深谋远虑的政治家以及气魄雄伟的战略家，他们相信我们不会长期抵抗，南京、武汉失守之后便要投降了。再则是他们本国之内可能亦有掣肘之处，军阀未能随心所欲。关于此点，研究日本问题的专家们当可提出极详尽的答案。但是，日本既然不能放手来侵略，则又何必搞此无结果的侵略呢？以上便是注定日本必败的两项重要因素。

至于日本军队的长处，那也确是说不尽的。日本陆军训练之精和战斗力之强，可说举世罕有其匹。用兵行阵时，上至将官，下至士卒，俱按战术战斗原则作战，一丝不乱，令敌人不易有隙可乘。日本高级将领之中虽乏出色战略家，但是在基本原则上，绝少发生重大错误。日本将官，一般都身材矮小，其貌不扬，但其做事皆能脚踏实地，一丝不苟，令人生敬生畏。这些都是日本军人的长处。不过如果一个国家的大政方针的出发点已错，则小瑜不足以掩大瑕。何况"兵凶战危"，古有明训，不得已始一用之。日本凭了一点武士道精神，动辄以穷兵黩武相尚，终于玩火自焚，岂不是理所当然吗？

贰

我方部队亦有若干优点足以一述。第一，我们是以哀兵作战，为着保家卫国，与入侵强寇火拼。所以抗战初期，士气的悲壮实亘古所未有。语云"一个拼命，万人难当"，何况我们全国奋起，和敌人拼命？再者，在本土之内与深入的外族作战，实具备天时、地利、人和各种条件。同仇敌忾，到处得到人民帮助，随处可以补给，敌人的情形，适得其反。故我军装备虽差，但是在交通不便的乡村，反可利用游击战来困扰敌人，不像敌人的机械化配备，一离开交通线便运用不灵。我军还有一最大优点便是吃苦耐劳，在任何恶劣条件下，都可继续作战。

但是我方除上述少数优点之外，其缺点亦复不少。例如官兵未受严格训练，军纪废弛，战斗力薄弱。因军队伤亡奇重，中央兵役司到处派员抓兵，阃闾骚然。新兵未经训练，即仓促开赴前线应战，无异驱羊以喂虎口。粮饷待遇既微，致士兵恒苦营养不良，骨瘦如柴。医生、药品均极缺乏，受伤患病官兵境遇之惨，有不忍言者。所以中日战前，日人视中国军队如无物，亦不为无因。

至于中央政府政治、军事措施的乖谬，更是数之不尽。若说"万方有罪，罪在朕躬"，则吾人首先便要自中央政府说起。

老实说，抗战前乃至抗战期中，我们的中央政府实在没有具备任何足以与外族作战的条件。

自北伐完成后，中央政府中，事实上是蒋先生一人当国。由于他蓄意排除异己，造成由他一人控制的党政军系统，因此引致内战频仍，兵连祸结。中央当局为政既不以德，则中国真正统一便永远不能完成，为应付这一错综复杂的政治局面，蒋先生在中央各部门，及其权力能到达的省份中，全是因人设事。不是用人唯才，励精图治，而是以政府名器作酬庸，来拉拢亲蒋人士。因而在中央能彻底控制的省份中，其行政效率与各项建设，反不若中央政令不能贯彻的各省。

桂、粤、晋、川、滇等省曾与中央有过对立或隔阂，姑且不论，即以与中央比较接近的鲁、湘二省为例，亦可见一斑。

山东省主席韩复榘，系在冯玉祥的西北军中行伍出身，仅略识之无，政治观念的落后更不必言。所以韩氏为一省之长，可说是条件不够。再看湖南省主席何键，原为唐生智所部第三十五军军长。为人圆滑，而不能任事，只因湘省介于粤、桂、黔之间，可作缓冲，故得久任主席。此人思想既旧，对政治尤属外行。然韩、何二人皆非中央系统中人，对中央仅作有限度的服从，平时与反抗中央的西南各省，信使往返甚密，凡国内有纷争，他二人的态度均甚模棱。因而中央对湘、鲁两省的省政甚少干涉，以致韩、何二人在抗战前一直做了八年的省主席。韩、何虽非理想的行政人才，但是因省政安定，人事无甚更动，党政军之间颇少摩擦，因而湘、鲁两省的治安亦差强人意，共产党无法生根。省内政治、经济设施，八年以降多有可观。因中国积弱太久，当政者不论贤与不肖，只要给以机会，他们总会为国家、人民做点建设事业。所谓"积跬步可以致千里"，只要有意前进，速度虽慢，犹胜于一曝十寒。

反看对中央政令贯彻最力的豫、鄂、皖、赣等省便不然了。湖北自民国十八年到抗战开始，七年之间竟五易主席（计有夏斗寅、何成濬、杨永泰、张群、黄绍竑）。湖北可说是我国各省中先天条件最好的之一，交通辐辏，物产丰饶。这五位省主席中，除夏斗寅外，都可说是当时政坛上第一流的人物，为蒋先生所倚重。但是七年之内，湖北省内可说是贪污成风，建设毫无，军队云集，而红军仍肆意流窜，成为国内最糟省份之一。抗战以前，鄂东、鄂北是武汉两道门户，甚至连一条公路都没有，其他建设也就可想而知了。

至于治安，则更不必说了。鄂东的豫、鄂、皖边区早成为共产党张国焘和徐向前的天下，鄂西则为贺龙、肖克所盘踞。滋长茁大，卒成心腹大患，而中央与鄂省当局均束手无策，莫可奈何。

鄂省地方行政的糟乱与贪污的盛行，战前实鲜有其匹。但是这并不是偶然的现象。主要的原因是由于省政的不安定。我国政治迄未走上法治的正轨，因而形成一朝天子一朝臣的局面。省政首长一更动，则厅、处长、行政专员、县长全盘更动，甚至事务人员也都彻头彻尾换掉。故一省首长如频频调换，则全省上下公务人员，人人皆存五日京兆之心。一有机会，便大捞一笔，愈速愈妙，以免错过。从政人员志在贪污，则省政便不可复问了。

湖北如此，安徽、江西、河南等省亦莫不如此。抗战前七年之内，安徽六易省主席，政治情况之糟亦与湖北相埒。蒋先生为什么要这样做呢？最大的原因是他不把国事当事做，而把政府职位作酬庸，以市私恩。这样，国家政治岂有不糟之理呢？此外，如张群、何成濬等人，都是蒋先生朝夕谘询的智囊，他们虽当了省主席，却经常不在省府办公，"主席"只是挂名而已。省政由人代拆代行，为代理人的，当然多一事不如少一事了。所以蒋先生统治下的"中央集权制"，事实上是"包而不办制"。如果他肯放手让地方当局去从事兴革，国家反而容易搞好了。

再者，蒋先生对地方政府的驾驭，一向是采用"分化统治"的方式。故意使一省内的党、政、军互相对立，不时倾轧，以免一省首长的权力太大，不易控制。所以湖北七年内的五个省主席中，虽然有四个是职业军人，但是他们对驻军却无丝毫监督和调动之权。加以中央的"剿共"政策原来是借共军力量来消灭"杂牌军"。所谓"中央军"的主要任务为监视"杂牌军"，是对付自己人的，不是防御敌人的。因而一旦与共军作战，各军皆避实就虚，保存实力。共产党就乘机茁壮了。

我们试一翻阅地图，便知共产党当年的根据地多在赣、鄂、豫、皖四省，而该四省正是中央权力彻底到达之区。号称共产党老家的湘、粤两省，中共反无法立足，甚至在省当局统治能力最薄弱的山东、四川、贵州、云南等省，中共也无法渗透。孰为为之，孰令致之。我们稍一思考，便不难获得答案。

加以蒋先生为巩固其独裁政权，竟不择手段豢养特务，鱼肉人民。知识分子偶有批评蒋先生的，辄遭迫害。其属下文武官员也每因私怨而被借端枪毙，或因受疑忌而惨遭毒手。其他暴政，罄竹难书。例如暗杀学者杨杏佛，申报主笔史量才，湖北省主席杨永泰，前直鲁督办张宗昌，前五省联军总司令孙传芳，前抗日救国军军长吉鸿昌，外交界元老唐绍仪，"七君子"之一的李公朴、西南联大教授闻一多及前陆军大学副校长杨杰。捕杀第三党领袖邓演达，第十三军军长赖世璜，第十军军长王天培。又如用绑匪手段劫持民社党领袖张君劢，拘禁立法院长胡汉民及广东省主席李济深。逮捕沈钧儒、章乃器、邹韬奋等爱国"七君子"，及重庆大学教授马寅初等。至于被屠杀的农工群众与青年学生，尤不知凡几。更勾结江浙买办阶级，滥发公债以营利，操纵金融以自肥。结纳帮会和各种黑社会头目，公然贩卖烟土，制造毒品，贻害中外。因之，金融市场悉为官僚资本所垄断，皇亲国戚，权倾中外。

上行下效，贪污之风弥漫全国。

中央政府既然如此，则我们对外抗战时政治上的艰难也就可想象了。

叁

我国军事上的糟乱也不在政治之下。抗战开始时，全国军队不下数百万人，但是五花八门，杂乱不堪。就历史系统来说，有所谓中央军、东北军、西北军、山西军、粤军、桂军、川军、滇军及其他各省地方军。就训练方面来说，各军训练方法极不一致。就装备来说，中国军队可说是全世界各种武器的陈列所，德、日、俄、意、英、美、法、捷克等一应俱全，国内的汉阳、金陵、巩县、沈阳、太原等兵工厂出品也各不同，故军队的配备，因军而异。就地域来说，有北方军人，有南方军人，其生活习惯和作战的适应性也各各不同。就征募方式来说，广西是征兵，中央及其他各省是募兵，也有征募并行的。就思想来说，三民主义之外，还有一支信仰马列主义的第八路军。这些军队的性能可说完全不同，战斗力的强弱也极悬殊。

不过在抗战初期，由于民族意识浓厚，和对敌人的极端憎恨，所以数百万人敌忾同仇之心却完全是一致的。大家一致服从中央，全力抗战。中央当局此时如能去其一贯的褊狭心理，大公无私，一视同仁，视各部队的作战能力善予运用，则经过八年的抗战，这数百万人确可熔于一炉，变成一德一心的国家军队，无奈中央当局始终不能开诚相见，无法达成理想。

第一件令人不服的事，便是硬把全国军队分成"中央系"和所谓"杂牌"。在武器、弹药、被服、粮饷各方面，中央军得到无限制的补充，杂牌军则被克扣。前章已说过，如中央的对付庞炳勋，当各军都在扩充之时，庞军独奉命裁去一团。又如川军开到徐州，我竭力请求补充，中央破例补充了每军步枪二百五十支。这真是"杯水车薪"，何济于事？因而在大敌当前之时，并肩作战的友军，有的食丰履厚，武器精良，气焰凌人，有的却面有饥色，器械窳劣。要他们同样出死力而无怨尤，又岂可得呢？

由这种歧视所产生的恶果，则更是历数不尽。就以"中央军"而言，上上下下都是具有"通天"本领的"天子门生"。大家唯领袖之命是从，将帅不和，上下倾轧，作战能力自然无法提高。但是犯起法来，大家都是黄埔同学，又官官相卫，蒙蔽最高当局。兹举一实例：民国三十年，五战区第十补充兵训练处第二团团长何中明（黄埔四期毕业），其团部驻老河口南三十里的仙人渡，曾将病兵三十余人衣服剥光活埋致死。何的同事见此事太残酷，乃据情报告长官部。我便派军法官及有关人员前往查办，并掘坟检视，情形确实，惨不忍睹。因将何中明扣留，交军法处审讯属实，判处死刑。本拟就地枪决，以申国法。不意中央当局闻讯，电令押解重庆军法总监部，旋即释放。因军法总监部内高级人员多系黄埔毕业生，狼狈为奸，尽管何中明罪无可逭，也可逍遥法外。

可是蒋先生却最喜欢人家恭维黄埔毕业生是如何如何地好，杂牌部队是如何如何地不好。而他的左右又都是善于阿谀的人，于是蒋先生朝夕所听到的批评，和看到的特务密告，都正如他所想象的。因而成见愈深，欲消灭杂牌部队之心也愈切。

此种情形发展到抗战末期尤糟不可言。有些"杂牌"部队因久无补充，部队长官不得已向蒋委员长面诉衷曲，委员长表面上故作矜恤，温语有加，亲下手令，嘱兵站补充；然后视部队的系统，亲自电话或令侍从室主任吩咐，照手令上的数目拨给，或者打个折扣。若无电话预先交代，军政部的兵站就以库存已尽来搪塞。于是，有些部队长官探知个中内幕情形，为保存部队实力，免被淘汰失业计，乃勾结侍从室和兵站官员，实行贿赂，则武器弹药又可源源而来。军队为国捐躯，武器损失，弹药消耗自所难免，尚须向上级机关官员行贿才可得到补充，实为千古未有的怪现象。

当我在老河口的最后两年，有一新编师奉调受五战区节制。师长王认曲为黄埔第一期毕业生，深通此道。那时第二十九集团军总司令王缵绪得了委员长亲批手令，仍得不到补充，而王师长后来才得到手令，却领到了。王鸿韶参谋长便问王师长理由何在。王微笑告王鸿韶说："其中有窍门！"王鸿韶追问其"窍门"何在。王说，他奉批得新枪一千支，他决定卖掉二百支，就以这笔款项向经管仓库人员行贿，如此他尚可实得八百支，比王缵绪一支也得不到强多了。

后来，傅作义也告诉我一件故事。某次傅奉委员长亲批弹械一批，可是傅在西安的办事处主任却无法领到。西安仓库主任老实不客气地告诉傅的办事处主任说，要领武器，一定要出钱。该办事处主任便发电向傅请示。傅说，钱当然付，不过可否请该仓库主任给一收据。那仓库主任利令智昏，竟真的给傅的办事处写了一张收据。傅有证据在握，乃立刻告到委员长那里。果然，委员长一怒之下，把这位仓库主任撤职了。可是不久之后，他却又当了另一仓库的主任。这种贿赂公行的局面，便是我们抗战末期军事行政的特色！

至于杂牌军部队本身呢，在这种无法无天的局面之下，也就竭力自救。他们都知道中央当局欲利用对日抗战来消灭他们，平时克扣粮饷，战时不予补充，等他们消耗得差不多了，便将他们遣散或改编归并其他部队，空出的番号，便可以"嫡系"补充了。

所谓杂牌部队，其中是分等级的。例如我们广西部队，虽然自北伐以来，我们实在是国民革命军的正统，但是在蒋先生的心目中，我们也是"杂牌"。不过由于抗战初期五战区的辉煌战果，使中央不得不另眼相看。再者，我国谚语说"朝中有人好做官"，我们在朝中有白崇禧任副总参谋长，嗣兼军训部部长，在外有我本人任战区司令长官。所以广西部队总算是承蒙中央优礼有加了。

至于其他部队，如福建绥靖主任陈仪的部队，虽然也是"杂牌"，但是陈仪毕竟是浙江人，蒋先生的同乡，所以也多少受到些优待。最惨的，要算是那毫无背景的"孤魂野鬼"，例如庞炳勋、高树勋、孙殿英一干人了，其次则为冯玉祥统驭过的西北军、张学良统驭过的东北军、陈济棠统驭过的粤军、唐生智统驭过的湘军，以及川、滇、黔、陕、甘等省的军队。中央是蓄意要消灭他们的。粮饷既缺，中央还派了大批黄埔生去做他们的高级参谋和副军长。这些人事实上都是蒋先生的耳目，对部队的一言一行，有时甚至无中生有，都报告到蒋先生那里去。平时在部队中作威作福，目无余子。

须知我国将领都是除掉带兵打仗之外，一无所长的职业军人，军队便是他们的家。我国既没有良好的退休制度，他们一旦脱离部队便无法生存。中央既用种种方法去消灭他们，他们也就用种种方法自救图存。平时在前线，一怕敌人攻击，二怕被共产党吃掉，最怕的还是被友军的中央军缴械。在这种情况之下，图存之不暇，哪里有心思去抗战呢？狡猾一点的，便用重金到中央去拉关系。例如徐源泉便一意投靠何成濬，再利用何成濬去疏通侍从室。侍从室路线打通了，以后凡有不利于徐源泉的报告都一概被积压下来，留中不报。徐军因此便可得到补充，然后利用此补充款项的一部去做活动经费，因而形成了一个贪污和行贿的大循环。

关于我国政治、军事上的各项缺点，我在南京、武汉、重庆曾不断地向蒋先生坦白进言，请求改正。我说"这些事，别人不敢对你说，只有我敢向你说，希望你采纳。"无奈我言之谆谆，他听之藐藐，哼了几声便算了。这也可说我们的国运是活该走下坡路吧！

肆

　　我国抗战的战略错误亦多。从基本原则上说，我们对一个优势敌国侵略的战争，应该是长期的消耗战，直到把敌人拖垮为止，决不与敌人争一城一地的得失，自丧元气，消耗主力。所以抗战一开始，我们断不可把全国军队的精华集中在京、沪、杭三角地带，任敌方海、陆、空军尽量发挥其优越性能。蒋先生当时作这决定的原因可能是多方面的。第一是由于他不知兵法，而好意气用事。因蒋的本性是绝对亲日的，但目睹失地千里，日本仍不满足，使他面子上无以自处，实在气愤不过，所以不顾一切，和它一拼再说。这是个绝大的错误。因为做统帅的人，甚至独当一面的指挥官，一定要冷静，千万不可使气。一时冲动，往往正堕敌人奸计之中。第二，可能是他的策略。蒋先生本不愿全面抗战，他认为能把上海牢守几个月，西方列强可能出来斡旋，战事亦可乘此收场，如"一·二八"淞沪之战一般。这一想法显然也是错误。敌人来势汹汹，不打到武汉不会轻易言和。要和，也必然是城下之盟，我们除亡国之外别无他途可循。再者，西方列强此时已弱点毕露，欧洲局势岌岌可危，英、法自顾不暇，哪有余力东顾？当"九一八"之时，希特勒还未上台，国联尚且无力制裁日本，何况此时呢？

　　死守南京，又铸下第二大错。沪上兵败之后，我后方尚有数师精锐部队未参预战斗。此时如索性把大兵向大江南北一撤，将南京正面让开。敌人深入之后，再相机自南北两方夹击，京、沪敌人亦难安枕。我元气未丧尽，则敌人此后北上徐州，西窥武汉，顾虑皆多。当时白崇禧和我以及德国顾问都反对守南京。无奈委员长认为南京系国府及国父陵寝所在，不守在面子上过不去，更兼唐生智别有用心，随声附和，乃决定死守南京这战略上的死地。孰知我军新败之余，士气已沮。敌军迫近我首都，争夺首功，士气正盛，相形之下，优劣悬殊。不数日，南京便为敌军所夺。我大军十余万简直被无故糟蹋掉了，岂不可惜。

南京失守后，敌人次一目标必然是津浦线。但是此时津浦线简直无兵可调，优势敌人本可一举打通津浦线。若非敌军太骄妄粗心，和我五战区将士沉着应战，则战事早已不堪设想。所幸我们能运用内线作战的便利，在津浦路上和敌人纠缠了半年，使它无法西窥武汉，抗战局势才转危为安。

二十七年武汉保卫战时，我方战略再度发生错误。当我从徐州退到豫南、鄂东时，敌人正由南京沿江西上。我那时在战略会议上，便主张以一部分兵力在鄂东阻止敌人西进，而以主力自豫南出皖西，循六安、舒城、怀宁一线，配合大别山内的廖磊集团军，主动出击，以攻为守，夹击侵入鄂东的敌人。我的建议未被蒋先生接受，他主张陈重兵于鄂东，于豫南一带作纵深配备，构筑工事，以逸待劳。这"挨打战略"实是一项错误。因为鄂东地形复杂，敌我大兵团均不易展开作战，陈重兵于此，实无用武之地。而自六安以西直达信阳，一坦平原，无险可守，此路有失，则鄂东之兵将不战自退。其后敌人果由六安西进，各个击破我重叠配备防线，侵占信阳。至此，鄂东和武汉守军不能不仓促撤退，一切如我所料。以上是我所亲自参预，虽然一再进言而不为蒋先生所采纳的三项战略错误。至于其他的错误，这里也就不必多赘了。

到抗战末期，中央以配合美国在印度的基地为名，抽调四五十个师集中滇、缅边境，声言打通滇缅路，夺取仰光海口，以便接运美国作战物资。这也是一项极大的错误。当时我曾建议，舍近求远，天时地利人和于我都极不利，故与其劳师出国远征，不如集重兵于南宁、贵县一带（广西当时已无敌军）向广州湾进攻，开辟一个出海口，与太平洋上的盟军相呼应。我的理由很简单，敌人的兵力自三岛本土向外延伸，直到缅甸，正如一条长蛇，蜿蜒在亚洲大陆边缘。我们打蛇应该采取腰斩的方式，不应专门打头或打尾。吾人如在缅甸与敌人火拼，敌势不支则慢慢向东收缩，愈缩则兵力愈集中，抵抗力愈强，而我方困难也愈多。当时如果我们以入缅的兵力向广州湾出击，必可打通广州湾出海口，如此则可与循菲律宾一线北上的美国海、空军相呼应。日本在支那半岛以及南洋一带和其本土的交通顿受威胁，则缅甸日军将不战自溃。我提出此一战略主张的另一用意，便是看到日本有突然投降的可能。日本投降时，我国如有个出海口，则四五十万大军便可利用日本投降的船舶迅速开往东北与华北，则战后问题便简单多了。

但是我的战略主张也未被重视。我们足足有四五十万最精锐的部队被困于滇西、缅北的崇山峻岭地带。日本突然投降后，这些部队才慢慢开回昆明，等到开到北方，已是三四个月之后，华北、东北已局势全非。我们不特未能抢先一步，等到共产党已打下基础，我们再去逐步打通交通线，则为时已晚了。殊不知日本宣布无条件投降后不久，中央即密令杜聿明围攻昆明五华山、龙云被迫应战，我才恍然大悟，原来蒋先生之所谓打通滇缅路，其用意实在此不在彼。

整个战略之外，抗战时我方指挥系统的毛病亦多。最重大的一个缺点，便是蒋先生越级亲自指挥。前已一再提及，蒋先生既不长于将兵，亦不长于将将。但是他却喜欢坐在统帅部里，直接以电话指挥前方作战。抗战时，他常常直接指挥最前线的师长，抗战后对共军作战，他竟然连团长也指挥起来。他指挥的方法是直接挂电话，或直接打电报，故战区司令长官甚至集团军总司令和军长都不知其事。有时一军一师忽然离开防地，而前线最高指挥官还不知其事。但是蒋先生的判断既不正确，主张又不坚定。往往军队调到一半，他忽然又改变了主意，益发使前线紊乱。蒋先生之所以要这样做，实在是因为他未做过中、下级军官，无战场上的实际经验，只是坐在高级指挥部里，全凭一时心血来潮，揣测行事，指挥系统就乱了。

凡是中央系的将领都知道蒋先生这项毛病。他们知道奉行蒋先生的命令，往往要吃败仗，但是如不听他的命令，出了乱子，便更不得了。所以大家索性自己不出主意，让委员长直接指挥，吃了败仗由最高统帅自己负责，大家落得没有责任。将领如果是这样的庸才，当然不能打胜仗，而蒋先生却偏偏喜欢这样的人。

抗战初期，战场上表现最坏的要算是第一战区副司令长官兼第二集团军总司令刘峙。刘氏在河北溃败时，曾受到撤职查办的处分。但是不久，蒋先生又重用刘峙。据说，某次蒋夫人曾向委员长进言说："外边闲话很多，刘峙恐怕不能再指挥作战罢？"

蒋先生说："刘峙指挥作战是不行，但是哪个人有刘峙那样绝对服从！"？结果还是用了。蒋先生所喜欢的便是像刘峙那样"绝对服从"，自己毫无主张的庸才，因此，国军战绩也就不易表现了。

长沙三次会战时，薛岳本打得很好，不图在作战正紧张时，蒋先生一个电话把军队调乱，薛岳一时无法补救，被打得踉踉大败，失了长沙。薛伯陵一气，不听统帅部撤往湘西的命令，竟把部队撤到江西去了。后来薛岳几乎为此受处罚呢！有人问薛岳，为何要到江西去。薛说："跑远一点，他（指委员长）电话便打不通了！"这是抗战期间，高级将领尽人皆知的趣事。

不过话又说回来，终我六年之任，委员长从未直接指挥过我五战区的部队。我原知道蒋先生有这项脾气，所以当二十六年十月蒋先生任我为五战区司令长官时，我便笑着向他说："委员长，我很感激你这样看重我，使我负这样重要的职务。不过古代战略家说：'将在外，君命有所不受'，我希望你不要打电话直接指挥五战区的部队啊！"

蒋先生也笑笑说："五战区我不打电话，对你我放心得过，放心得过。"他果然能守此诺言，始终未打过电话。我在徐州时，蒋先生曾为别的事，和我通过两次电话。他那口宁波腔，当面谈话还可勉强懂得，在长途电话里，我就有一大半不懂了。我听得很吃力，蒋先生也觉得很苦，以后他连这类电话也少打了。老实说，我在五战区能打几次小胜仗，未受委员长直接指挥亦不无关系。

第八编

从全盘胜利到彻底溃败

第六十章　胜利接收铸成大错

我国抗战八年，人民死伤数千万，全国精华地区沦陷殆尽，然终将敌人驱出国土，失地全收，实开中华五千年历史上未有的奇局。孰意胜利不及四年，我国民政府竟被共产党逐出大陆，数百万军队一败涂地，实在也是亘古以来鲜有的怪事。

然今日推原究本，固知中共之所以能席卷大陆，并非一朝一夕之所致。其中因素，一言难尽。不过就最重要的近因来说，抗战胜利后，政府对收复地区，有关军事、政治、经济接收中所铸成的大错，实是促成中共胜利的主因。今且就军事来说：

犹忆三十三年春天，蒋先生因事到汉中视察，我便乘机向其建议说，抗战胜利只是时间问题。我们现在便要考虑到战后的接收问题。我认为胜利后，苏俄和中国共产党将变成我们最头痛的难题。对付俄国，我的建议正如我给魏德迈和赫尔利的备忘录上所说的，应准备与苏联向东北作进军竞赛，并隔离中共和苏联的陆地交通和直接接触。

至于与对付中共有密切关系的对日军"受降"问题，我更向蒋先生提出具体的主张。我认为敌人一旦宣布投降，我统帅部应立即命令各地日、伪军就地待命，维持当地治安和交通，以待我接收部队的到达。第二，关于我军向收复区的开拔，我主张用"后浪推前浪"方式，以求快捷。在胜利已露端倪时，政府应尽量将驻于江南的大军，向江北推进。因为长江以南经八年抗战，大军云集，地方安堵如恒，中共渗透力量也微。但在黄河流域则完全相反，因北方沦陷的时间较久，日军后方的兵力单薄，只能维持主要交通线，至于广大平原和山岳地区，大都为中共所占领并建立根据地。我政府对此问题亟应早为筹划，作适当的军事部署。等到胜利的爆竹一响，我大军便一浪继一浪向北方推进。如原驻河南、安徽和苏北的国军，即向山东、河北前进，原驻山西、宁夏、绥远的，则向察哈尔前进。各该军所遗防地，则由后方部队递补。如此不出一月，华北所有重镇及津浦、平汉交通线皆为我大军所有，然后再令日军集结，就地解除武装。

至于各地区的受降和接收，应责成专人负责，有条有理地进行。我尤其指出东北为最重要地区，负责接收的人，尤应慎重遴选。

蒋先生问我说："你看接收东北谁最适当呢？"

我稍一思索，便说："我看黄绍竑还可以。"

我之所以推荐黄季宽实出于数种考虑。第一，我认为战后东北问题最为棘手，主持其事者，必须有眼光，有魄力，勇于负责，必要时敢于便宜行事。而蒋先生夹袋中人物之可以外调的，如陈诚、顾祝同、蒋鼎文、刘峙、张治中、张群等人，在蒋先生极权之下，磨炼已久，事事听候蒋先生手令，丝毫不敢独断独行，已完全失去主动的、勇于负责的精神，断难应付战后东北错综复杂的局面。第二，我考虑到蒋先生的疑忌。我如提名白崇禧，则多疑的蒋先生必以为我徇私。加以战后的白崇禧，恐也不能离开中央。而黄绍竑则不然。他在民国十九年已和我疏远，而投入蒋氏幕中，颇为蒋先生所倚重。同时，季宽也确有此应变之才，可以处理东北的复杂问题。至于东北耆老莫德惠、抗日英雄马占山，以及尚在监禁中的张学良等，中央若能逾格录用，在号召力方面而言，自可事半而功倍。可是我深知蒋先生对东北人特别忌恨，故未敢提供参考，以免触其忿怒。谁知蒋先生听了我的话，不置可否，"哼"

了一声，便结束了我们关于这一方面的谈话。

我当时的建议，实完全是为战后大局着想，绝无个人私意存乎其间。孰知蒋氏多疑，他在抗战胜利之后，对于我的建议，一句未予采纳，甚或反其道而行。

战事刚结束，我统帅部立即命令日本驻华司令官冈村宁次，将日军向数点集中，听候缴械。例如长江以北敌人便奉命于短期内集中于郑州、洛阳、开封、徐州、蚌埠、石家庄、济南、北平等重镇。而日军集中后所遗留的若干战略据点和各交通线的防务，我军却未能即时一一接防。因而原在敌后活动的共产党游击队，遂毫无顾忌，乘机大肆发展，组织人民，加以掌握。以故原来通行无阻的津浦、平汉等线，胜利后顿时交通断绝，无法恢复，直至大陆易手而后已。

当中央作此决定时，我便一再向何应钦警告，要他千万不可操之过急，草率从事。但是何说，奉蒋委员长面谕，如今抗战胜利，如不将敌人迅速集中缴械，将有损国家威信。谁知后患即由此造成。

至于向收复地区进军，中央也没采纳我"后浪推前浪"的办法。主要的原因是，全副美式配备的嫡系中央军共四五十个师，此时尚集中于滇西、缅北一带。如以后浪推前浪方式向华北前进，则原在安徽、河南一带的非嫡系部队将先入华北，甚或东北，这在私心自用的蒋先生看来，显然是对他不利的。所以他只要原驻鄂北、豫西的刘峙部队和原驻皖西大别山的李品仙部队，分头开进陇海线上的郑州和徐州受降接收，接收后即不得再向北方推进。至于华北、东北的接收，却要等留在滇、缅一带的部队调去办理。但是四五十个师大军要自西南山区开往华北，谈何容易。大军尚仆仆在途，东北、华北的版图大半已再度变色了。

政府在军事接收上的另一重大错误，便是毫无程序，纯以私心为出发点的军队整编。前已一再叙及，蒋先生自北伐以来，便一心一意要造成清一色黄埔系部队。他利用内战、外战一切机会来消灭非嫡系部队。这种作风在对日抗战时，更变本加厉。

据说，胜利将届的前夕，蒋先生向参谋总长兼军政部长何应钦索阅全国军队番号清册。见非黄埔系的番号尚有百数十师之多，蒋先生顿感不悦，说："打了八年，还有这许多番号？"他的意思当然是怪何应钦太姑息了，为什么不借对日抗战，把这些杂牌部队消灭呢？蒋先生这一怒，却给了善于揣摩人主意旨的陈诚一个机会。陈氏便向蒋先生攻击何应钦，并自炫其能，认为如果陈某在其位，谋其政，杂牌部队早就消灭完了。因而抗战刚胜利，蒋先生便将何应钦调离军政部，专任陆军总司令，而以陈诚继长军政部。

陈诚就任军政部长后的第一项重要命令，便是将收复区的伪军及有功抗战的游击队一律解散。解散的方式，也像日军缴械一般，由中央指定各部队集中地点，然后向前来接收的中央军接洽，听候处置。而伪军和游击队的原有防地，却无军队接防，于是，共军又乘虚而入了。这些部队开到指定地点，而他们所奉命要接洽的中央军有些还远在滇、缅一带。这些部队长官久候无着落，又奉严令，不准就地筹借给养。因而，老实的将领便将部队解散归农，凄怆情形，难以言状，狡黠的便另打主意，投向中共效力了。在这种不近人情、鲁莽灭裂的办法下，失业军官动以千计，以致后来在南京闹出失业军官"哭陵"的活剧。而向共军投奔的，更不计其数。我当时目击陈诚这样无理蛮干，便引为绝大的隐忧。我得机总劝告陈诚说："辞修兄，你这种干法是替共产党凑本钱啊！"

陈诚却自负地说："他们要到共产党那里去，我求之不得，正可一锅煮掉！"

记得战后，我在南京、北平，不知向他讲过多少次，他总是如此回答。我说："我们战前'剿共''剿'了那么多年，还没'剿'掉，现在怎能一锅煮掉呢？"

陈诚说："那时是因为我们空军无力量！"

陈诚此时实在太自信了，绝不把共产党看成一个威胁。因而他的主要目标，不是在应付日益壮大的共产党，而是处心积虑地消灭内部异己。这种企图又使他想出一个新花样，就是所谓"混编"的计划。

前已说过，我国军队历来都有其特殊的系统，将专其兵。这种传统的坏处是容易造成门户之见，好处是将官知人善用，指挥起来可以如臂使指。当然，这传统未始不可打破，但是要国家承平，中央当局大公无私，汰弱留强，才可逐渐消灭门户之见。可是陈诚的"混编"，目的在排除异己，培植私人势力。所谓"混编"，便是将各集团军中的军、师、团等单位对调，其用意即在将"杂牌军"化整为零，以便吞并消灭的一种阴险手段。这样一"混"，原先本甚单纯的军事系统，反而弄得庞杂了，指挥不易，士气消沉，战斗力也因此丧失。似此鲁莽灭裂的干法，当时纵是"嫡系"部队，也被搅得上下骚然。

陈氏更利用不同方法，褫人兵柄，制造混乱。例如胜利后，中央要找一北方人去接收河北省，因而委孙连仲为河北省政府主席，嘱其由鄂西的恩施往北平受降，但是却不许他带已指挥十余年的子弟兵——第三十一军——前往接收。却将该军调给胡宗南指挥，再由胡部调胡博翰军随孙北上，连仲指挥起来，自然就不容易了。

陈诚借整编、混编为名，又处处培植他的私人。例如胜利后，陈诚把各战区的通讯兵团次第整编撤销。白崇禧于战后赴洛阳、郑州视察，发现通讯兵团的电台被撤销，无法与各地联络。值此复员紧张之标，如何能没有通讯机关呢？白氏不禁大发雷霆。事实上，陈氏并不是取消通讯系统，而是暂时撤销，借以遣散一部分人员。到重建时，便可安插新人，而这一批新人，难免就是陈诚的十八军老干部了。

诸如此类的故事，在胜利后真是罄竹难书。这些尚是就纯军事观点立论，至于政治和经济上接收的糟乱，尤不胜枚举。例如对伪币币值规定太低，即其一例。刚胜利时，沦陷区中伪币的实值与自由区中的法币，相差原不太大，而政府规定伪币与法币的兑换率为二百比一。以致一纸命令之下，收复区许多人民顿成赤贫了，而携来大批法币的接收人员则立成暴富。政府在收复地区的失尽人心，莫此为甚。

国家在大兵之后，疮痍满目，哀鸿遍野，而当国者却如此以国事逞私欲，国民党政权如不瓦解，真是无天理了！

第六十一章　上不沾天，
下不着地的北平行辕

壹

抗战胜利的消息一出，中央便任命我为军事委员会委员长北平行营主任。该机构于三十五年九月一日改称国民政府主席北平行辕，其组织与人事除增加一调查处，处长由中央直接委派之外，余均照旧。

按中央所颁组织章程，北平行营直辖两个战区（第十一、第十二），包括五省（河北、山东、察哈尔、绥远、热河）三市（北平、天津、青岛）。辖区内一切军、政、党的设施俱得听行营主任的命令行事，我的权力不可谓不大。按理应可大有作为，替国家人民服务，可是我接到命令之后却忧心忡忡。

在抗战胜利前二年我便提醒中央注意，认为"战争在华南，问题在华北"。如今抗战胜利，华北的情形最复杂，是战后问题焦点所在，我担任华北军政最高长官，职责是何等重大。如果中央能按照规章，授我实权，以我数十年统兵和从政的经验，以及鞠躬尽瘁的决心，自信可以澄清华北，辅翼中央而复兴中国。

但是以我和蒋先生相处数十年的经验所得，我深知蒋先生绝不会信任我而授我以实权。他要把我捧得高高在上，负华北全局安危之责，而无丝毫调兵遣将、控驭下属之权。主官无权，政出多门，则治丝愈棼，华北前途必不堪设想。但我又未便向蒋先生诉苦，因为说穿了反而启其疑窦，于事无补。所以在奉命之日，心情上实感无限沉重。既辞谢不得，只有尽我所能。

北平行营是一个兼管军事、政治的机构，建制上设有秘书长一职，我汉中行营幕僚中尚无适当人选足充此任。最后我便报请西北大学教授萧一山君担任此职。我与萧君在汉中才初次相识。斯时萧君任国民参政会参政员、西北大学（在汉中城固县）法学院院长，凡有重要集会，他都被邀参加。一次在汉中军分校毕业典礼上经人介绍相识，遂一见如故。嗣后他曾来行营和我长谈竟夕，颇为投契。因此当我需要遴选一位秘书长时，便想到了萧君。且因他久负才名，与全国教育界人士极为熟悉，北平为我国文化荟萃的中心，如得萧君为佐，实最理想。起初，萧君对此颇为踌躇，因他与蒋先生也很熟，蒋先生且曾数度请他入中枢任职，皆因政治主张格格不入而婉谢。这位一向遁迹高蹈，薄中央之官而不为的学者，一旦与所谓"桂系"接近，岂不惹蒋先生的不快？经我一再解释，他才有屈就之意。再者，一山尚有住宅书籍在平，八年战火之余，急待整理。抗战结束之初，交通困难万状，他要立刻飞平，殊非易易，如就任北平行营秘书长，则可返北平于旦夕之间。经数度考虑，他终于接受了我的邀请。以后我们便成为终身的朋友。

筹备稍有眉目，九月初遂遣梁参谋处长率职员十余人自汉中飞平，九月二十日萧秘书长一山，王参谋长鸿韶也飞往布置北平行营成立事宜。时接收平、津的负责人为第十一战区司令长官兼河北省主席孙连仲。前已说过，孙的基本部队早为中央割裂，他现奉命指挥高树勋、马法五、胡博翰三军循平汉路北上，连仲本人则在新乡督师。不过他由参谋长吕文贞率领的前进指挥所则早已入驻北平。中央各部会以及戴笠的特务系统也已在北平成立机构，分头接收。

十月二十六日我本人率领副参谋长甘沛泽、主任秘书黄雪邨等专机飞平。北平市民听说我将于是日到达，竟全城哄动，从机场到城内夹道欢迎的数十万人，欢声震天，令人感动。因华北同胞为敌伪压迫八年之久，今一朝重获自由，对政府派来坐镇华北的最高军政长官的热烈欢迎，实是出于至诚。

行营办公地址设在中南海故宫居仁堂，屋宇华丽宽敞，非汉中所能比于万一。不过北平行营名义上虽为华北军政最高官署，委员长也曾电令中央在华北接收的各级机关要听行营主任的命令行事，事实上，这命令只是敷衍我面子的虚文。各机关仍是直接听命于他们中央主管官署的命令，与行营风马牛不相及，行营也根本管不着他们。尤其是负责在华北肃奸的特务人员，他们自称"见官大三级"，哪里会听我的命令。甚至空军人员在北平也成特权阶级，乱事接收，趾高气扬，不可一世。

当时在北平的所谓"接收"，确如民间报纸所讥讽的，实在是"劫收"。这批接收人员吃尽了抗战八年之苦，一旦飞入纸醉金迷的平、津地区，直如饿虎扑羊，贪赃枉法的程度简直骇人听闻。他们金钱到手，便穷奢极欲，大事挥霍，把一个民风原极淳朴的故都，旦夕之间便变成罪恶的渊薮。中央对于接收职权的划分也无明确规定，各机关择肥而噬。有时一个部门有几个机关同时派员接收，以致分赃不匀，大家拔刀相见。无法解决时，便来行营申诉，我这身为最高长官的行营主任竟成了排难解纷的和事老。

最令当时平、津居民不能忍受的，便是这批接收官员为便于敲诈人民，故意制造恐怖气氛，随意加人以汉奸罪名而加以逮捕。一时汉奸帽子乱飞，自小商人以至大学教授随时有被戴上汉奸帽子坐牢的可能。因而凡是抗战期间没有退入后方的人，都人人自危。于是颇有一些年高德劭的学者和居民来向我泣诉，希望能稍加制止。

我不得已，乃召集党政军临时联席谈话会，尤其对特务机关负责人马汉三晓以大义，申斥一顿。我说，你们对"汉奸"一词的定义，应该依法有明确的规定，不可用来作为勒索人民的借口，须知在敌人侵入国土之时，我政府无力保国卫民而被迫撤退，我们对留下来任敌人宰割的人民已觉惭愧不堪。今敌人幸被逐出国土，我们应如何与民更始，重庆升平。你们不此之图，反欲混水摸鱼，借口敲诈，成何体统。我一再告诫马汉三说，嗣后凡非附敌有据的，概不得滥予逮捕。尔部下如有不听命令，明知故犯的，一经人民告发，查明属实，当唯尔是问。

经我痛斥之后，马汉三之徒劣迹稍敛，平、津市民始粗可安居。

这些案件中最令人不平的要算是协和医学院内几位知名的教授了。卢沟桥事变后，协和医院因受美国保护，其教授均未随国军西撤。迨太平洋战事爆发，协和医院为伪政权接收，这几位教授无法离平，只得仍留院内。因此被特务加上"伪教授"甚或"汉奸"的罪名，逐出医院，不许聘用。这几位先生衣食无着，乃托人向我申诉，我一时也想不出解决方法。后来我忽然想到他们既是第一流的医学师资，而广西医学院正闹师荒，何不请他们到广西屈就些时呢？他们闻言，都异口同声说，如蒙李主任替我们找到工作，使妻儿免于饥寒已感激不尽，至于地点，我们就顾不得许多了。我随即发一专电给广西省主席黄旭初，旋接渠复电欢迎。我乃赠他们一些路费前去广西，才解决了这难题。至其他大、中学的教授、教员处境的凄惨，就可想而知了。

贰

胜利之初，北平的另一难题便是粮食与燃料问题。因为战事刚结束，交通还未恢复，北平四郊又不平靖，避难进城的人日多，以致城内发生粮荒。时近严冬，煮食、取暖用的燃料也供不应求。北平本有居民二百万，复员而来的四个国立大学员生在万人以上，解除武装的日军也有数万人，众口嗷嗷，无以为炊。各大学负责人不时到行营来请求设法，华北日军指挥官根本博也不时来谒，请求发给俘虏粮食。我行营虽无实权，却是各方属望殷切的最高机关。眼看大学生和教授们无煤无米，我不能不负责任，俘虏缺粮与我国家颜面攸关，也不能置之不问。所以在北平的起初几个月，我行营主任便是替各方搜罗柴、米、油、盐的总管。在各方交迫之下，总算查到敌伪仓库尚有余粮，遂训令河北省政府和北平市政府，将这些仓库内的米、煤先期拨出，交各机关分摊。这样才解决了初期的粮荒和煤荒。各校员生以及日本俘虏无不额手称庆。

此外还有少数北方耆宿也时因个人生活发生困难，来行营请求救济的。如八十高龄的老画家齐白石先生即其一例。他老人家时以无法买到米、煤而来看我。我无善策可想，只得在行营人员配额中酌量拨出一些米、煤奉送给他。白石先生居然认为我能"礼贤下士"而万分钦佩，特地绘了一寿桃横幅，亲自送来，以为我夫妇寿。这幅杰作现在还悬在我客室之内。

我对当时北平其他学者、教授也不分轩轾，同样礼遇。并成立一座谈会，每两星期聚会一次，各大学名教授都在被邀之列。会上，我分请他们对政府设施尽量批评与建议，不必隐讳。有些个性褊急的教授如费孝通等，竟乘机对政府痛加指摘，措辞的尖刻严峻，有时竟甚于共产党。他们不明政府内幕，误以为我掌有实权，因此对行营的批评也毫不放松。我在其位，本应谋其政，个人苦衷也未便向他们解释。同时我深知他们对政府的愤懑并不是没有理由的，所以我只有虚心地听他们的批评，而毫无不悦意的表示。古语说得好，"是非自有公论"，这些名教授中自不乏观察锐敏之人，毋待我解释，他们也看出北方问题的症结所在，对我处境的困难颇能曲谅。因此我在平三年，与北方教授们揖让往还，相处甚得，这也是我平生殊可引以自慰的事。

叁

当我在北平将各种琐碎烦难的问题逐项解决之时，整个国家战后的军政处理却愈变愈复杂，终至无法解决。

战后政府的第一大难题便是接收东北。按照中苏条约，苏军应于日本投降后三个月内全部撤离中国，孰知斯大林却诡计多端，不许我政府利用大连等海港运兵入东北接收，加以国军还在滇缅路上，短时期内万难到达北方，苏联遂借口延宕我方接收日期。

斯大林此项阴谋的第一用意，在使苏联有充分时间拆运东北的工厂和物资，第二用意似乎是让中共有充分时间组织民众，并收编伪满军，训练成强大的野战军。不幸我方负实际责任的接收大员熊式辉又是个只会敷衍做官，不敢负责做事的官僚，东北局面的演变就愈严重了。

中共在东北根基日固，延安方面在国内和平谈判上的态度也就日益强硬起来。

先是，在抗战胜利时，由于美国的斡旋，毛泽东由美国驻华大使赫尔利陪伴飞到重庆，政府和中共乃开始和平谈判。十二月底，美国前参谋总长马歇尔奉杜鲁门总统之命来华任特使，专事调停国共之间的冲突。三十五年（一九四六年）一月政府召开政治协商会议，国共双方发表会议纪要，停止军事冲突，当时颇显出化干戈为玉帛的祥和之气。无奈东北问题还是无法解决。共军因在东北得到补充，在长春、四平街一带竟然和国军作大规模的阵地战。

东北的战火很快便使原已日益减少的国共在关内的冲突重新扩大起来。

三十五年春间，华北枪声遍地，内战又继续下去，我身为华北最高军政长官，盱衡全局，深觉前途未可乐观。当时在几处主要战役上，我方虽占有优势，但是旷日持久，情形势将逆转。

军事不可为的最大原因是将不专兵，士无斗志。当时在华北负实际指挥责任的是孙连仲。但连仲可以运用灵活、指挥如意的部队已不存在。三十四年冬他在新乡指挥北上的是高树勋、马法五、胡博翰三军。

高树勋的部队原从石友三的副军长处劫夺而来，中央不但未论功行赏，且处处伺机消灭他。树勋早已积愤在心。

马法五原是庞炳勋的旧部，炳勋年高退休时，马始代统其众。这一支"杂牌"部队又是中央处心积虑要消灭的。

胡博翰部是日本投降之前不久，在沦陷区收编零星武装成军的，毫无作战力量。

今番高、马、胡三部奉调北上打通平汉线，和中共火拼，在高树勋等看来，又是中央借刀杀人的毒计。因此，在十月底军次河北的邯郸时，一经共军围攻，高树勋立刻投降，马法五因士无斗志而被俘，胡博翰则仅以身免。

自此以后，孙连仲在华北所指挥的，名义上，全系由空运或由海道而来的"中央军"。然而这些部队长官俱是"天子门生"，所谓层层节制，逐级服从，早已荡然无存。这种部队不但孙连仲指挥不了，就是蒋先生的心腹股肱也无法指挥。真是积重难返，无法改造。

再者，这些部队长官早已骄纵成性，醉心利禄，贪生怕死。他们对所谓"杂牌军"以及老百姓虽趾高气扬，不可一世，但对共产党则畏之如虎。白天深沟高垒，不敢出击，夜间尤不敢行动。因此除他们的宿营地周围十里之外可说都是共产党的活动范围。即以北平来说，除市区外，四郊常有共产党游击队出没。有时中央大员来平，想一游郊外的西山，我陪同出游也非带大批扈从卫士不可。

因此三十五年春孙连仲坐镇保定，企图率领大军打通平汉线，不过是望梅止渴而已。我深知华北战局的不可为，是军队不堪作战。我想我如能有一两军真正可以作战的军队，如第七军、第三十一军等，任我调度，华北局面或可改观。为此，我曾商之于白崇禧，请他相机向蒋先生建议。白说，我的想法或许是对的，但是为事势所不许。

华北当时唯一可用之兵，便是第十二战区司令长官傅作义将军所部的两个军。傅作义不但是一员战将，同时也是一位杰出的行政人才。至于他个人治事的勤勉，从政的廉洁，尤为可取。他在卢沟桥事变前即享有抗日令誉。抗战期间，拱卫绥远西部和北部大青山地区，敌人卒无法越雷池一步。而第十二战区内政治的修明，人民的安居乐业均有足多者。所以傅君的防地虽和中共的"陕甘宁边区"比邻，中共终无法渗透。抗战胜利后，中共为急于打通对俄交通，曾集中兵力猛攻十二战区，放出抗战后内战的第一枪，然终为傅部击败。是以中共虽视傅作义为眼中钉，但对他却十分畏而敬之。

傅部虽堪一战，然抗战期中受中央歧视，得不到补充，全军装备窳劣，人数有限。最后大势已去，中央才用他来澄清华北，就难免有蚍蜉撼大树之感了。

三十五年春夏间，政府和中共谈谈打打，中共态度强硬，政府也不甘示弱，各地冲突日多。到是年秋季，内战的扩大已不可避免，中央乃决定先收复张家口，截断共军关内外的交通，再及其他。我深知傅作义的部队可用，遂训令傅作义向东移动，向张垣进攻。另以李文总司令指挥中央石觉、牟廷芳、侯镜如等部自北平北上，夹击贺龙的主力。经半月的战斗，傅作义部终于十月十一日占领张垣，是为内战初期政府军唯一的胜利。但因李文所部逡巡不前，未能按照预定作战计划迅向左翼延伸，截断共军西窜的退路，致战果未达理想，美中不足。

张家口是个战略地区，我军克张家口，便将在东北与华北的共军腰斩为二。当时中央统帅部估计错误，认为张垣既克，关内共军得不到关外的补充，必可次第肃清，关内隐患一除，便可徐图关外，中共将不足为大患了。

以故国民政府于张垣收复的同日宣布召开国民大会，制订宪法。为召开制宪国大，蒋先生颇想再立一下军威，以醒国人耳目，因命陈诚携带亲笔手谕飞平，召集军事会议，企图打通平汉线。

陈诚在抗战后便继何应钦为军政部长。三十五年六月一日军委会撤销，国防部成立时，陈诚和白崇禧分任参谋总长和国防部长。就名分上说，国防部长的职位高于参谋总长，但是论实权，则军政和军令权概操于参谋总长之手。所以陈诚实是当时策划指挥"剿共"军事的实际负责人。

三十五年十月九日陈诚以参谋总长身份在平召集一重要军事会议。出席者有：陆军总司令顾祝同，保定绥靖主任孙连仲，张家口绥靖主任傅作义，集团军总司令李文和军、师长多人，以及行营高级将领的全部。

会议中，首由参谋总长宣读蒋主席手令，略谓国大召集在即，为安定民心，鼓励士气，平汉路应于三个星期内打通云云。陈诚读毕手令，即训话式地叙述今后用兵的方略，然后询问与会将领的意见。奇怪的是尽管大家面面相觑，孙连仲和李文等都说应该执行主席命令，于三星期内打通平汉路。傅作义则以平汉路不在他的战区之内，未表示意见。

最后，陈诚始问我的意思如何。我说，论军人本分，原应服从命令，不过为事实着想，我们更不应欺骗最高统帅。若以现有兵力来打通平汉路，简直是不可能。因为平汉路如果打得通，则早已打通了，然而打了这么久还未打通。现在并未增加一兵一卒，忽然限于三个星期内打通平汉路，实是梦想。我们如果不知彼不知己，贸然用兵，不特平汉路打不通，恐怕还要损兵折将，为天下笑。

陈诚说："德公，你认为绝对打不通吗？"

我说："照我看，以现有兵力，无此可能。"

陈诚说："若果如此，我如何能向主席复命呢？"

我说："辞修兄（陈诚），那只有据实报告了。"

陈诚说："德公，您是老前辈，能否用你的名义打一电报给主席，据实报告呢？"

我说："你既不愿直接报告，当然可以用我的名字！"说完，我便要王参谋长鸿韶立刻起一电报稿，向蒋先生报告。略谓，奉手谕后，曾召集各将领讨论，深觉以目前兵力，断难完成任务。与其知其不可而为之，莫若养精蓄锐以待有利时机再行动云云。

这电报发出后，陈诚如释重负。他也深知于三个星期内打通平汉路为不可能，但又不敢拂逆蒋先生的意旨，如今有我出面负责，他也落得轻松一番。翌日，他便乘机返京复命去了。不久即奉到蒋先生复电，大意说，接德邻兄来电，考虑允当，前令着即暂缓执行。在平将领闻知此电，都如释重负。李文且亲自来对我说，如没有德公负责打电报，这事就糟了，我们有谁敢说半个"不"字。真要听命发动攻击，岂不准吃败仗无疑。

平汉路虽未打通，但是制宪国大却于十一月十五日在京准时开幕，制订宪法。我本人也当选为广西省国大代表，然因北方情势不稳，未赴京出席会议。

国大开会期间，国军战事虽尚平稳，但是内战延长，通货膨胀，人民生活的痛苦日甚一日。感觉敏锐的青年学生遂集会游行，呼吁停止内战。学潮先自南京开始，逐渐蔓延各地，势如野火。北平为近代中国学生运动的圣地，五四运动后，所有学潮恒以北平为马首是瞻，此次学潮自亦不能例外。

国、共两党此时在北平各大学中都有职业学生从中活动。国民党的学生甚至身怀手枪，在宿舍和教室中耀武扬威，颇引起其他学生的反感。并且引致一般青年同情的，总是在野党的言论。以故学潮的扩大，事实上即系公开的反政府的集会。各地军警、特务竟认为学生甘心为共党利用，不惜用武力弹压，重庆、昆明、武汉、南京等地血案频生。军警压力愈大，群众反抗愈烈，学潮的蔓延也愈广。

在北平，我不仅竭力禁止军警和学生冲突，且令军警保护游行学生，等他们把怒气、热情发泄尽了，自会散队休息。在此政策之下，学潮圣地的北平居然平安无事。国民党的职业学生固然不敢过于越分，共产党的职业学生也失去了煽起暴动的口实。不过我的作风似非南京所能容忍。北平中央特务在中央授意之下，却另有打算。

某日凌晨，北平市长何思源忽然面色仓皇，赶来看我。我忙问何事？

何说："各大、中学学生今天又要大规模游行示威。"

我说："让他们游行好了。"

何说："特务机关这次可忍不住了，他们已经准备有所行动！"

我说："如何行动法？"

何说："他们预备在各重要街口埋伏便衣特务，手枪、手提机关枪都有，今天他们要制造个大屠杀场面来显示他们的威风！"

我说："他们真准备制造血案？"

何说："他们已经在各街口埋伏了二百多条枪……李主任，你千万要制止他们，否则这一场屠杀是万难避免的了。"

何思源的口气不像是危言耸听，我乃立刻打电话给马汉三，叫他务必即来行营见我。马汉三来了，我便问他道："听说你们今天要制造血案，是不是？"

马汉三道："报告李主任，学潮愈闹愈不像话了。我看不牺牲几个人恐怕镇压不了。"

我说："你的意思是要打死几个学生？我告诉你，这事千万做不得。你以为打死几个学生和教授就可把风潮压下去吗？"

马说："他们是受共产党煽动的。"

我说："你打死了学生，不是更替共产党制造反政府的借口吗？无论怎样，你务必速将派出去的便衣队撤回！你必须马上就办！"

马汉三闻言颇有难色。我声色俱厉地告诉他说："你务必照办！上面的事由我李主任完全负责！"马汉三仍然默默无言。

我说："你如不听我命令，我今天便扣押你，把特务便衣队全部缴械。以后特务如和学生有任何冲突，唯你马汉三是问！"

于是马说："我听李主任命令就是。"说毕便唯唯而退。

当日午后二时，果然又是一次学生大游行。北平城门关了，城外学生爬城而入，情绪激昂，但终没出事。不久，游行也就散了。

事过之后，何思源又来看我，拍手称庆道："要不是德公当面严令马汉三，那就糟了。打死了几十条人命谁能负责？！"最奇怪的是马汉三也来向我报告说，幸好李主任吩咐，否则打死了学生，他也担当不了的。言下之意，他似奉有南京方面的密令，如没有我坚决阻止，他何敢擅自撤销呢？

这场血案虽幸避免了，但是北平的军统局特务后来仍然午夜爬墙进入师范大学宿舍捉人，秘密严刑审讯，间有杀死，投尸于城外沟渠中的事。各大学负责人遇有学生失踪，总是来向我请求营救。其实特务横行，既不是奉我的命令，他们也从不向我报告，不过出了乱子，则责任必然是我的。不仅特务系统如此，其他中央驻平的军事机关、宪兵团也莫不如此。他们皆独断独行，根本不向我报告，我也管不着他们。

最令人不解的是我下属的更调，北平市政府与河北省政府和行辕近在咫尺，而每次更换首长时，连通知也不给我一个。例如何思源被调职时，我适在南京开会，翌日飞回北平，有人示我以当日报纸说，何思源市长闻已被撤职。我说，根本是谣言，因为我昨日刚自南京回来，行前还见到蒋先生，他并未提及此事！

孰知不到三天，消息便经证实，何思源调职了。北平市可说是北平行辕的直属机关，北平市长撤换（后来天津市亦复如此），我身为行辕主任，连事先知道的权利都没有，我的实权如何，也可想而知了。我这行辕主任对部下人员撤换的消息还不及一个 CC 系报纸的新闻记者灵通，蒋先生硬要我顶这个空名义，又何必呢？所以我说，我任北平行营（辕）主任三年，实在是吊在空中，上不沾天，下不着地呢！

第六十二章　竞选副总统的动机与筹备经过

壹

民国三十五年（一九四六年）十一月十五日国民大会开幕制定宪法。三十六年（一九四七年）元旦遂由国民政府公布施行。政府并声称从速召集行宪国大，选举正副总统，好让国民党还政于民。

直至三十七年（一九四八年）三月二十九日行宪国大开幕之日这一段期间，国内战局表面上似乎政府军尚占优势，但是我则深知此局面的不可久。

就政治上说，最高当局的私心自用，和各级行政部门的贪污腐化，正与日俱增，毫无改善的可能。从军事上看，东北国军如陷入泥沼，不能自拔，正在各个据点为共军逐一消灭。一九四七年八月中熊式辉去职，由陈诚兼东北行辕主任，但是东北败征已见，全部沦陷只是时间问题，任何人不能起死回生，陈诚更不是能够挽狂澜于既倒之才。关内战局也日趋恶化。国军于三月间虽曾一度进占延安，但这是毛泽东有计划的撤退，国军知道中计旋即退出，故对整个战局并无决定性的影响。华北平原泰半已入中共之手，并无斗志的国军所占的仅系少数大城市。华北终将为东北之续已可预见。

经济的彻底崩溃更是致命伤。法币贬值，日泻千里，城市里的工商界、乡村的农民以及靠薪金度日的公教人员均无以为生。这一根本问题不解决，则政治、军事当然就更无从谈起。三十六年七月下旬魏德迈将军衔杜鲁门总统之命以特使身份来华，八月初旬飞抵北平，曾与我长谈。魏氏问我关于挽回目前危局的意见和如何运用美援问题。我便坦率地告诉他说，目前问题的中心是经济问题。我希望美国政府能贷款助我政府稳定币制，安定人心，至于军火倒是次要的。魏氏颇以我言为然。

在这种环境中，我既无补时艰，便时时想洁身而退，但是蒋先生又偏不让我辞职。不特此也。当东北局面于三十六年夏秋之交已不可收拾，熊式辉在东北人士攻击之下，势在必撤的时候，蒋先生竟异想天开，要我兼任东北行辕主任。陈诚为此曾数度衔蒋先生之命来北平"促驾"。由于我竭力推辞，蒋先生才打消此意，改由陈诚出马。

我虽幸免于介入东北，但坐困北平也终非了局。因东北一旦失守，华北便首当其冲，共军必自四面向北平合围。我属下的将领泰半系"天子门生"，真是"既不能令，又不受命"。万一我为共军合围于孤城之内，我将何以自处？低头腆颜向共军投降吗？此事断非我李某人能做得出来的。临时逃走吗？我是守土有责的封疆大吏，弃职潜逃，将干国法。事急吞枪自裁吗？我实觉心有不甘。因为我虽为华北军政最高长官，但我事实上未能行使我应有的职权。如果华北情形的弄糟是由于我才有不济，则一死以报国，自觉无憾。今则适得其反，时局的不可收拾可能是由于我权力受无理限制，人不能尽其才之所致。如此而要我杀身殉职，当然于心不甘。

在这进退维谷的境地，经过了千思万虑，我自觉只有两途可循。第一，作积极的打算，不顾艰难，以天下为己任，挺身而出，加入中央政府，对彻底腐化了的国民党政权作起死回生的民主改革，以挽狂澜于既倒。因为抗战之后，由于我本人洁身自处，作风比较开明，所以尚薄负时誉，党内外开明人士都把我看成国民党内民主改革的象征。我如加入中央政府，领导民主改革，自信可以一呼百应，全国改观。第二，作消极的打算。不能兼善天下便独善其身。摆脱这种于国于己两无建树的政治生涯，离开故都，解甲归农。正当我为这两种矛盾心理所困扰不得解决之时，发生了副总统竞选的事。使我想到如果参加竞选，便一举而了结上述两项矛盾。幸而获选，我便可作积极的打算，不幸失败，则正可乘机表示消极，告老返乡，息影林泉。因此我就决定参加竞选了。

贰

三十六年冬季，国共和谈已完全决裂。为统一华北军事指挥系统，中央于十二月初明令裁撤保定，张垣两绥署，成立华北"剿匪"总司令部，以傅作义为总司令。十二月六日作义在张垣就新职，不久即迁来北平办公。

傅作义是一位卓越的军事领袖，华北军事既由他统一指挥，行辕更可不必多管。此时各地国大代表已纷纷选出，中央也已明令规定于三十七年（一九四八年）三月二十九日召开第一届行宪国大，选举正、副总统。蒋先生并口头申明，本党同志可以自由竞选。经此鼓励，我原有的理想便进入实行的阶段了。

我既决定竞选，遂将私意告诉老友白崇禧、黄旭初和甘介侯三人。白君时任国防部长，长住南京；黄任广西省主席，常在桂林。介侯时在清华大学执教，在平无住宅，所以长住我寓，时时叙晤。

黄、白二人知道我这项企图后，竟一致反对。白崇禧且特地请黄绍竑、程思远、韦永成三人先后飞平来劝我打消此意。这批老朋友们竭力反对我竞选的心理是不难想象的。在他们预料中，我如参加竞选，蒋先生必定不会支持，我就必然要落选。我如果不顾蒋先生的意旨而硬要竞选，势将引起我与蒋之间的严重摩擦。我与蒋先生摩擦起来，则向来被目为"桂系"首脑的一白二黄势必被卷入旋涡，而遭池鱼之殃。故与其听我知其不可而为之，以致牵累大家，不若早早断念于未萌之时，免惹多疑善忌的蒋先生不快。

再者，这批老朋友且预为我作了一项退路的安排。当三十六年秋广西选举监察委员时，他们替我竞选，我就当选为广西籍监察委员。他们认为，在必要时，我可以竞选那位尊而无所事事的监察院长，以免与蒋先生发生抵触。他们这项安排也可谓煞费苦心。

因此黄绍竑到了北平便劝我说，既吃不着羊肉，何必惹一身膻呢？所以他劝我竞选监察院长，因为于院长春秋已高，可能要退休了，我去竞选，一定是轻而易举的事。

我回答他说："季宽，我的看法与你和健生的看法不大一致。你知道国民党政权在现在人民眼光中已反动透顶，但是一般人民又怕共产党。因此大家都希望我们党内有像我这样比较开明而敢作敢为的人出来辅佐蒋先生，换换空气。此次竞选，蒋先生和 CC 系不反对我便罢，他们愈反对，我自信我获选的可能性便愈大。

至于监察院长，我是不做的。因为我如做了监察院长，我可不能像于右老那样只拍苍蝇不打老虎呀！我要行使起职权来，恐怕首先遭受弹劾的便是蒋先生。蒋先生如不服弹劾，那事情就闹大了，可能你们更要遭受无辜的牵累了。"

我虽然不好把我竞选的消极动机告诉他，但是黄绍竑辩来辩去还是无法说服我，更没有动摇我的决心。他见我主意已定，无法挽回，也就怏怏回南京去了。

黄君去后，我立刻发出两通长电分别给白崇禧和吴忠信，表示我已决心竞选副总统，请他们便中转报蒋先生，希望蒋先生同情我的竞选。不久，得白、吴两君复电，俱说，曾将我兄之意转报介公，介公之意国民大会为实行民主的初步，我党同志均可公开竞选，介公对任何人皆毫无成见云云。我得此保证后，遂在北平组织竞选办事处，正式参加竞选了。

一月初，中外新闻界已在作将来副总统候选人的各项推测。一月八日在一外籍记者招待会中，一位美国的美联社记者向我问及此事。我回答说，我确有此意图，不过尚未征得蒋先生的同意。此消息一出，各报均列为重要新闻而哄传海内外。出人意料之外的是各方的反响均极为友好。中外报纸竟有作专论提出的，一致认为我参加竞选可以促使民主政治在中国早日实现。

一月十一日北京大学校长胡适寄来一短笺说，他听到我愿作副总统候选人，甚为高兴。因为将来竞选，正如运动员赛跑一样，虽"只一人第一，要个个争先，胜固可喜，败亦欣然"。所以他写此短信，对我的决定"表示敬佩，并表示赞成"。我也立刻回他一信，希望他也本着"大家加入赛跑"之义，来参加大总统竞选。虽然大总统非蒋先生莫属，但我还是劝他竞选，以提倡民主风气。

嗣后，全国各报又登出程潜、于右任、莫德惠参加竞选副总统的消息。民社党也推出徐傅霖。因此副总统候选人已有五位。计国民党三人，民社党一人，莫德惠是东北耆宿，系以"社会贤达"的身份参加。

在国民党籍的候选人中，我想到程、于二人是不足以与我为敌的。于氏年迈，而程氏对党国的功勋似尚不足与我比拟。加以蒋先生虽反对我，也未必就支持程颂云。

他们二人之外，我还在推想党中其他可能以"黑马"①姿态出现的有资望的同志。此时我便考虑到孙科。孙是总理的哲嗣。他如出马，可能得到蒋

---

① "黑马"是赛马场的常用语。意指一匹新参加比赛、状态良好、有夺标潜力的马。在这里的意思是指一个不为人所注意的候选人。

先生和 CC 系的支持，同时广东方面人士与孙科有极深渊源，他很可能分取我在这一方面的选票。

我既考虑到孙科是一位可能的劲敌，因此在我离平之前，便请白崇禧去访问孙科，问他有没有意思参加竞选。孙科的回答是，副总统在宪法上无权，他无意参加竞选，并祝我胜利。

在北平为竞选筹备得稍有眉目，并将行辕事务略事整理，时间已是三月下旬。国民大会开幕在即，国民党中央亦召开五中全会。三月二十二日我便率领竞选团全班人马专机南飞。同行的，余妻之外，计有行辕秘书长萧一山、机要室主任李扬、行辕参议刘仲华、新闻处处长黄雪邨等十余人。

飞机于下午三时在上海龙华机场降落。到机场欢迎的，有上海市长吴国桢，各机关、团体代表，及中外新闻记者，不下数千人。大家蜂拥而前，人声嘈杂，镁光灯照眼欲盲。一场热闹的副总统竞选便正式揭幕了。

第六十三章　民主的高潮与逆流

—— 当选副总统始末

壹

民国三十七年（一九四八年）三月二十二日下午三时我们乘飞机到达上海龙华机场，下榻励志社。亲朋故旧来访的络绎不绝。翌日招待中外新闻记者，报告我决定竞选副总统的经过，以及将来辅翊中枢，促进民主政治的诚挚愿望。

这次招待会规模很大，与会者不下数百人。这原是我竞选团同人在北平时便已拟订的。他们认为上海是中国新闻业的中心，对国内外宣传的开山炮都应在上海发动。果然这计划十分成功，我的竞选一开始便声势浩大，不同凡响。会后，中外新闻界均有赞扬之词，足使国人耳目一新，对民主政治在中国实现的远景增加了信心。

在沪住宿一宵，次晚十一时便乘京沪快车驶南京。翌晨到达下关车站。各界欢迎极为热烈。国大代表们听说我到了南京，结队来我大方巷住宅访问，日夜不绝，真有户限为穿之势。当时东北籍代表对我的欢迎尤为热烈。因为东北局势至此已有不可收拾之势，他们眼见故乡"陷"共，无不悲愤万状。

他们由于政府在东北处置失当而引起的不满心理，很快就化为对我这个欲挽颓局而力与愿违的人的同情心。他们都希望我能当选副总统，拿出气魄与办法来辅佐中枢，挽狂澜于既倒。

其他方面的代表对我也寄予无限期望，对我的当选也均有最乐观的预测，使我深深感到，此次副总统的选举如真能恪守宪法，遵循民主方法，我将必然当选无疑。但我也深知蒋先生将因此而感不快。

三月二十五日，我请见蒋先生，当蒙于官邸接见。寒暄既毕，我便向他报告我已决心竞选，事先并曾请吴、白两位报告过，承蒙俯允，现在希望更有所指示。蒋先生说，选举正、副总统是民主政治的开端，党内外人士都可以自由竞选，他本人将一视同仁，没有成见。得到蒋先生这项保证，乃兴辞而出。

不久我在另外一个场合碰见了孙科。我说："这次竞选副总统，哲生兄为何不参加，大家热闹热闹？"

孙科摇摇头说："我决无意思，决无意思……"接着，他便向我解释他不参加的原因。他认为根据宪法，副总统是个"吃闲饭"的位置。他既是现任立法院长，行宪后竞选立法院长是轻而易举的事。立法院长既比副总统有实权，又何必去竞选副总统呢？

三月二十九日国民大会如期开幕了。蒋先生当选总统当然是不必讨论的了。但是几位副总统候选人便展开了激烈的竞选宣传，真正呈现出民国史上前所未有的民主政治的气氛。虽然鹿死谁手尚未可必，但是一般预测都认为我当选的可能性最大。在此紧要的关头，蒋先生开始忧虑了。

其实按照宪法，副总统真如孙科所说，是"吃闲饭的"。我如当选于蒋先生究竟有何不便？蒋先生可能也说不出。但他就是这样褊狭的人，断不能看一位他不喜欢的人担任副总统。他尤其讨厌对党国立有功勋，或作风开明在全国负有清望的人。记得以前当台儿庄捷报传出之时，举国若狂，爆竹震天。蒋先生在武昌官邸听到街上人民欢闹，便问何事。左右告诉他说，人民在庆祝台儿庄大捷。蒋先生闻报，面露不愉之色，说："有什么可庆祝的？叫他们走远点，不要在这里胡闹。"蒋先生并不是不喜欢听捷报，他所不喜欢的只是这个胜仗是我打的罢了。战后我在北平，因为作风比较开明，颇为全国清议所重，又触蒋先生的大忌。他所喜欢的常是"国人皆曰可杀"的人。其人声名愈狼藉，愈得蒋先生的欢心，因为他愈不敢脱离蒋先生的左右，而蒋先生也愈可向其市私恩。例如抗战期间在河南征调民工，征发粮秣，视民命如草芥，搞得声名狼藉的汤恩伯，便是蒋先生的心腹爱将。后来汤在河南吃败仗，在重庆的豫籍参政员恨不得杀之而后快。闹得不得开交之时，蒋先生不惜亲自出马，到参政会解释说，汤是听他的命令行事，一切责任由他来负。参政员固然无可奈何，汤恩伯则感激涕零，愈要向他个人效忠了。所以此次副总统的选举，蒋先生在意气上非把我压下去不可。

在一批策士密议之下，他们便想以由党提名的方式，把我的名字自候选人中剔出。因而召开第六届中央执监委临时联席会议。表面上是为将来行宪交换意见，事实上是想使我接受"由党提名"这一主张。一日，正在开会休息的时候，洪兰友忽然走到我跟前细声地说，请我到某休息室去，有事相商。我乃起立前往，内心猜测必有枝节发生。到了休息室门口，推门一望，见于右任、居正、吴稚晖、程潜、吴忠信、张群、陈果夫、孙科、丁惟汾各人已在里面。他们见我进来便一齐起立，请我坐下。这谈话会的重心似乎就在我身上，此时已见端倪了。大家坐下后都默不作声，气氛非常沉重。有顷，张群站起来，说是奉总裁之嘱，特请诸位先生来此谈话的。他推吴稚晖说明其中原委，吴先生亦未谦辞，略谓，本党一向是以党治国，目前虽准备实行宪政，不过国民党本身需要意志统一，才能团结。这是本党内部的事，与实行宪政还政于民是两回事，不可混为一谈，故蒋先生认为本党同志参加正副总统的竞选应尊重本党意旨，由党提名。这办法确极公允，应该照办的。他又根据这原则，手舞足蹈，口沫横飞地说了一套似是而非的大道理。记得民国十九年蒋、冯、阎中原大战时，吴稚晖原和冯玉祥颇有交情的，至此为维护蒋先生的独裁政权，不惜破口大骂冯氏为军阀。冯复吴一电曰："革命六十年的老少年吴稚晖先生，不言党了，又不言革命了，亦不言真理是非了。苍髯老贼，皓首匹夫，变节为一人之走狗，立志不问民众之痛苦，如此行为，死后何面目见先总理于地下乎？"颇能道出此老的作风。时谈话会中同人早已不耐烦听他胡说八道，张群乃起立将他的话头打断，而以非常亲切的口吻解释蒋先生的苦衷说，总裁深恐由于副总统竞选引起党内的摩擦，为防患于未然，总裁有意使总统和副总统候选人由党提名。如果大家同意，我即去另一间休息室报告总裁。于是，吴忠信即征询孙科的意见。孙说，他绝对服从总裁的意旨。吴氏乃问我的意见如何。我听了他们一大堆的话，心中极不为然，乃申明不赞成这项办法。选举正副总统既是实施宪政的开端，则任何国民都可按法定程序参加竞选，如果仍由党来包办，则我们的党将何以向人民交代？我更强调说，以前在北平时，我便向总裁建议从缓行宪，先将国内政局稳定再说，总裁当时并没有考虑我的建议，只说，解决今日问题一定要行宪。现在既已行宪，本人主张一切应遵循宪法常规办理，任何其他办法，本人将反对到底。程潜也自动发言，表示与我的意见一致。

他们见我辞意坚决，立论又无懈可击，遂不再多言。最后居正站起来打圆场，说，我看德邻先生既不赞成这项办法，那就请岳军兄去回复蒋先生罢。才结束这一尴尬场面而相率离去。

后来在大会中，尚有人轻描淡写，有意无意地提及党提名方式，但无人附议。我本想起立发言，后见大家未讨论此问题，也就算了。会后，白崇禧对我说，你这次幸好未上台说话，此事既已不了了之，又何必再提呢？

然而蒋先生并未因此罢休。不久他又单独召见我，还是希望我放弃竞选，以免党内分裂。我说："委员长（我有时仍称呼他委员长），我以前曾请礼卿、健生两兄来向你请示过，你说是自由竞选。那时你如果不赞成我参加，我是可以不发动竞选的。可是现在就很难从命了。"

蒋先生说："为什么呢？你说给我听。"

我说："正像个唱戏的，在我上台之前要我不唱是很容易的。如今已经粉墨登场，打锣鼓的、拉弦子的都已叮叮咚咚打了起来，马上就要开口而唱，台下观众正准备喝彩。你叫我如何能在锣鼓热闹声中忽而掉头逃到后台去呢？我在华北、南京都已组织了竞选事务所，何能无故撤销呢？我看你还是让我竞选罢！"

蒋先生说："你还是自动放弃的好，你必须放弃。"

我沉默片刻说道："委员长，这事很难办呀。"

蒋说："我是不支持你的。我不支持你，你还选得到？"

这话使我恼火了，便说："这倒很难说！"

"你一定选不到。"蒋先生似乎也动气了。

"你看吧！"我又不客气地反驳他说："我可能选得到！"

蒋先生满面不悦，半天未说话。我便解释给他听，我一定选得到的理由。我说，我李某人在此，"天时"、"地利"都对我不太有利。但是我有一项长处，便是我是个诚实人，我又很易与人相处，所以我得一"人和"。我数十年来走遍中国，各界人士对我都很好，所以纵使委员长不支持我，我还是有希望当选的。

蒋先生原和我并坐在沙发上促膝而谈。他听完我这话，满面怒容，一下便站起来走开，口中连说："你一定选不到，一定选不到！"

我也跟着站起来，说："委员长，我一定选得到！"

我站在那儿只见他来回走个不停，气得嘴里直吐气。我们的谈话便在这不和谐的气氛中结束。

蒋先生是有名的威仪棣棣的大独裁者，一般部下和他说话，为其气势所慄，真可说是不敢仰视，哪里还敢和他吵嘴。但是我则不然，他有时说我几句，我如认为他没有道理，就顶还他几句。所以蒋先生误以为我对他不服从，因而对我时存戒心。

蒋先生迫我退出竞选之事当然不久就传出去了。许多支持我的国大代表颇为此愤愤不平。有一次，蒋先生往国民大会堂出席会议，只见会场内十分嘈杂，他有点不惯，招呼左右要代表们"肃静点，肃静点！"代表们不但未静下来，楼上代表席中竟有人大声反唇相讥，颇使蒋先生难堪。他气愤极了，认为这大概又是拥李的人干的。回官邸后不久，他就召集一个极机密的心腹股肱会议。出席的全是黄埔系和CC系的重要干部。在会中，蒋先生竟声称，我李某参加竞选副总统直如一把匕首插在他心中，各位如真能效忠领袖，就应该将领袖心中这把刀子拔去云云。

这故事是一位参预机密的"天子门生"刘诚之后来告诉我的。诚之是黄埔四期毕业生，由蒋先生资送日本入警官学校。抗战期间，被派为警官学校西安第四分校教育长。胜利之后，驻于北平。他在北平的附带任务便是侦察我和孙连仲的行动和言论，向蒋先生打小报告。所以他在行辕出入很勤，和我也很熟。日子久了，他发现我原是一个光明磊落的人，没有什么可报告的。相反地，他且为我的忠厚无欺所感动，不但同情我的处境，而且认为蒋先生那套作风不对，常在他的朋友面前为我抱不平说："领袖对李先生那样忠厚长者都不能用，也实在不对。"所以他时时把他们黄埔系中许多机密说给我听。竞选期中，类如以上所说的许多秘密，刘君都毫无隐瞒地告诉了我。我当然只有一笑置之。

贰

蒋先生既知勉强我自动退出的不可能，他就只有用支助他人竞选来击败我的一途了。因此他便发动CC和黄埔系来支持孙科和我竞选。

孙科本无意竞选，现在何以忽然变成蒋先生的"黑马"呢？据孙科左右和蒋先生的亲信所传出的内幕消息，其中有一段煞费苦心的故事。

当蒋先生认定我决不自动撤退之时，他便想请孙科出马来击败我。在他想来，孙科是唯一可以击败我的人选，第一，孙科是总理的哲嗣，在党内国内的潜势力很大。再者，孙科是广东人，可以分取我在西南方面的选票。

蒋先生作此决定后，便派蒋夫人去劝请孙科参加竞选。孙科推托说，他宁愿做有实权的立法院长，不愿做空头的副总统。再者，竞选需要竞选费，他也筹不出这一笔费用。

蒋夫人一次无结果，乃衔蒋先生之命再访孙科。说，当选副总统之后仍可兼任立法院长，孙科如没有钱竞选，则全部费用由蒋先生拨付。但是孙科仍旧吞吞吐吐，不愿立刻允诺，并推托说，有人说按宪法副总统不能兼立法院长呀！

蒋先生不得已，乃亲自出马劝驾。孙科便不再坚持了。他的左右且怂恿说，纵使按宪法副总统不能兼长立法院，但是如果蒋先生要你兼，谁还敢说不能兼。蒋先生此次亲访，当然就作下了此项保证，于是孙科便正式登场了。

孙科正式宣布参加竞选以后，果然声势浩大。CC系所控制的各级党部以及蒋先生所直接领导的黄埔系，利用党部、黄埔同学会以及其他党政军各机关为基础，向国大代表们威胁利诱一时俱来。派人直接或间接向各国大代表分头接洽，凡投孙科票的，要钱有钱，要官有官，其不愿合作的，对将来前途必有不利影响。

CC 系报纸和新闻机构此时更对我个人造谣中伤，其中最无稽的，便是说某省当局为支持我竞选，曾接济我法币有数卡车之多云云。其他无稽毁谤更不胜枚举。所幸公道自在人心，我所遭受的影响并不如他们所希望的大。

四月十九日蒋先生正式当选总统。二十日国民大会公告副总统候选人六名。二十三日遂开始选举副总统的投票。这一次副总统选举是国民党当政以来第一次民主选举，何人当选，无人敢作决定性的预测。因此全国各界，乃至外国新闻人员对此都密切注视。南京、上海一带尤其议论纷纷。

第一次投票结果，我以七五四票领先；孙科以五五九票居第二位；第三为程潜，得五二二票；第四于右任，得四百余票；莫德惠第五，徐傅霖殿后，各得二百余票。

初选因无人达到法定票数，故二十四日再投票。我的票数增至一一六三票，孙科、程潜亦递增至九四五及六一六票。竞选至此已达最高潮，各地人民对之均感莫大的兴趣。电台不断广播投票消息，报纸则发行号外，俨然是胜利以后最热闹的一件大事。其中也有不少滑稽场面，例如《救国日报》被捣毁便是一例：

南京《救国日报》社社长兼主笔向有"大炮"之称的龚德柏，与我素昧平生，然自竞选开始就支持我。他攻击孙科的措辞有时也未免过火，因此激怒了支持孙科的粤籍代表。在一次激烈的讨论之后，他们乃决定捣毁《救国日报》。由张发奎、薛岳、香翰屏、李扬敬、余汉谋等几位上将亲自率领大批代表，拥向《救国日报》社，乒乒乓乓地把《救国日报》社捣毁。幸好该社编辑部在楼上，龚德柏拔出自卫手枪，在楼上守住楼梯口，声称如有人胆敢上楼，他必与一拼。张向华等不敢上楼，便和"龚大炮"隔梯对骂一阵，愤愤离去。这也是竞选期中一幕滑稽剧。但是不管怎样，孙科的助选团终究挽回不了孙科在竞选中的颓势。

孙科的幕后人至此已觉得不用非法手段抢救，孙科必落选无疑。因此凡可动员活动的机关，如党部、同学会、政府机关、宪兵、警察、中统、军统等一齐出动，威胁、利诱、劝告更变本加厉。甚至半夜三更还到各代表住处去敲门访问，申明总裁之意，从者有官有钱，违者则自毁前途。国大代表不堪其扰，怨声四起。

二十四日晚我的助选团也开会讨论此事。大家认为蒋先生和他的股肱们这种作风迹近下流，是可忍而孰不可忍。我自己却认为反正当选已无问题，就让他们去胡闹好了。黄绍竑说，事情恐不那么简单，我们如不加阻止，说不定要闹出血案来。我们讨论到深更半夜，黄绍竑最后乃提出一项他叫作"以退为进"的战略。由我本人声明所受幕后压力太大，选举殊难有民主结果，因此自愿退出竞选。

照黄的看法，我如退出，孙科和程潜为表示清白，亦必相继退出。我三人一齐退出，选举便流产了。蒋先生既不能坐视选举流产，只好减轻压力恢复竞选常规，则我就必然当选。

二十五日我便以选举不民主，幕后压力太大为辞，声明退出竞选。消息一出，果然全国舆论大哗，支持我的国大代表，尤其是东北代表们，无不气愤填膺，认为最高当局幕后操纵，破坏民主，孙科如当选亦无面目见人。孙科为表白计，亦于翌日退出竞选，程潜亦同时退出，国民大会乃宣告休会，延期再选。

蒋先生不得已，只好将白崇禧找去，要他劝我恢复竞选。蒋说："你去劝劝德邻，我一定支持他。"

最高当局既已软化，底下的人也就不敢过分胡闹。四月二十八日国大恢复投票。我的票数仍然领先，孙科遥落我后，程潜票数太少，依法退出。原投程潜票的乃转投我的票。二十九日四度投票，我终以一四三八票压倒孙科的一二九五票，当选副总统。

当第四次投票达最高潮时，蒋先生在官邸内屏息静听电台广播选举情形，并随时以电话听取报告。当广播员报告我的票数已超过半数依法当选时，蒋先生盛怒之下，竟一脚把收音机踢翻，气喘如牛，拿起手杖和披风，立刻命令侍从备车。上车之后，侍卫忙问："委员长，开到哪里去。"蒋仍一言不发，司机因蒋先生烦闷时总喜欢到陵园去，乃向中山陵开去。刚刚驶进陵园道上，蒋先生忽高叫："掉转头，掉转头！"司机乃开回官邸。蒋先生才下车，立刻又上车，再度吩咐开车出去。随从侍卫见蒋先生如发疯一般，恐怕他自杀，乃加派车辆随行。蒋先生的座车刚进入陵园，他又吩咐掉转头。转回之后，又令司机开向汤山去。真惶惶如丧家之犬，不知何去何从，却苦了侍从人员，此消息后由总统府扈从卫士透露出来，我亦为之怏怏不乐，早知蒋先生如此痛苦，我真就不干算了。

当选翌日，我偕内子德洁至蒋先生黄埔路官邸拜候，并谢他向白崇禧所说支持我的盛意。内子和我在客室中枯坐了三十分钟，蒋先生夫妇才姗姗而出。相见之下，彼此都感十分尴尬。我表示谢意之后，遂辞出。

按政府公布，总统与副总统就职日期是五月二十日。我照例遣随员请侍从室转向蒋先生请示关于就职典礼时的服装问题。蒋先生说应穿西装大礼服。我听了颇为怀疑，因为西式大礼服在我国民政府庆典中并不常用，蒋先生尤其是喜欢提倡民族精神的人，何以这次决定用西服呢？但他既已决定了，我也只有照办。乃夤夜找上海有名的西服店赶制一套高冠硬领的燕尾服。孰知就职前夕，侍从室又传出蒋先生的手谕说，用军常服。我当然只有遵照。

五月二十日是南京市一个隆重的节日，各机关、学校一律放假；各通衢大道上悬灯结彩，爆竹喧天。总统府内尤其金碧辉煌。参加典礼的文武官员数百人皆着礼服，鲜明整齐。各国使节及其眷属也均着最华贵庄严的大礼服，钗光鬓影与燕尾高冠相互辉映。这是国民政府成立后第一任正副总统的就职典礼，也确是全民欢庆，气象万千。在这种气氛中，我深感到穿军便服与环境有欠调和。

孰知当礼炮二十一响，赞礼官恭请正副总统就位时，我忽然发现蒋先生并未穿军常服，而是长袍马褂，旁若无人地站在台上。我穿一身军便服伫立其后，相形之下，颇欠庄严。我当时心头一怔，感觉到蒋先生是有意使我难堪。但再一思索，我立刻挺胸昂视，豁然若释。因为蒋先生以一国元首之尊，在这种小地方，他的度量都不能放宽，其为人如何也可想见了。观礼人员中，谁不清楚蒋先生的作风？大家既然明了，这尴尬的场面与其说使我难堪，毋宁说使他自己难堪罢了。将来史家秉笔直书，势将使蒋先生本人在历史上多其难堪的一笔而已。

叁

我就任副总统后，即向蒋先生签辞北平行辕主任一职。这个有空衔无实权的中间机关原是为安插我而设的，我既辞职，蒋先生便索性把这机构裁撤了。从此我便长住南京。从北平行辕主任改任副总统，对我说来不过是由一个吃闲饭的位置换到另一个吃闲饭的位置罢了。不过从地理上说，却是从华北迁到了华东。

政府在行宪以后，中枢人事并无多大变动。孙科与陈立夫于五月中旬分别当选为正、副立法院长；六月初于右任、刘哲分别当选正、副监察院长；王宠惠、石志泉分长司法院；张伯苓、贾景德分长考试院。前行政院长张群辞职，蒋先生改提翁文灏、顾孟余（后改张厉生）分任行政院正、副院长，也于五月二十四日经立法院同意就职。

我在副总统任内几个月，真是平生难得的清闲日子。有关军国大事的重要会议，蒋先生照例不要我参加。招待国际友人的重要宴会，蒋先生也向不邀请我陪客。只有几次总统招待国内元老的餐会，我偶尔被邀作陪罢了。我平生原不喜酬酢，蒋先生既不来邀我，我也落得清闲。

在京闲住日长无事，就在京、沪、杭一带游山玩水。农历中秋曾赴海宁观潮，备受蒋先生故乡各界的盛大欢迎。为结束北平行辕事务，我也曾飞平小住。此时华北军政大事已由傅作义全权筹划。作义虽是不羁之才，可惜为时已晚，他和我一样，也只有坐困愁城，默待局势的恶化。傅君是个硬汉子，既不愿投降，又不愿逃亡，也不甘心自杀。处此艰难环境，终日深思苦虑，忧心忡忡，无以自解。他的左右告诉我说，总司令常常彻夜不睡，在阶前廊下徘徊不定。他们知道傅君的个性，深怕他觉得事不可为而自杀，要我得机劝劝他。我得闲便向他提及此事。傅君和我开诚相见，无话不谈，他此时心境的痛苦和思想的矛盾，与我在北平时如出一辙！他屡屡问我："到那时，怎么办？"他显然预料到北平必有被合围的一日。傅将军是以守涿州而一举成名的，他可以拿出守涿州的精神来死守北平。无奈时移势异。第一，内战非其所愿；第二，守涿州是待援，守北平是待毙。傅君连连问我在此情况下何以自处，希望能以我一言为依归。但是我自己此时幸能摆脱此恶劣环境，傅君不幸为我之继，我一不能劝他逃亡，二不能劝他投降，三不能劝他自杀，则我又计将安出？最后我只好说："宜生兄，万一局势发展到那地步，那只有听凭你自择了。你要想到'留得青山在，不怕没柴烧'！"不久，我便乘机南旋，傅作义送我至机场，彼此执手踟蹰，唏嘘而别。想不到几个月后北平被围，他为使故都精华免于炮火，便向共产党投降了。

我返京不久，长兄德明忽然在桂林病殁。大哥以半商半农为业，胼手胝足，一生劳苦。我历年驰骋国事，对他亦未有太大的帮忙。骤闻殂谢，忆念手足之情，颇思返桂林吊丧。因赴蒋总统官邸，拟当面向他请一两个星期假，俾便返里。谁知蒋先生多疑，他深恐我乘机与两广人士又有联络，对他不利，竟不准我请假。我一再坚持，他仍是不准。最后才笑着说："嫂夫人很能干，让嫂夫人去料理好了。"我不得已，只好打消此念，而由内子飞返桂林吊丧。自思我身为副总统，在中国真可说是"一人之下，万人之上"了；但是先兄去世，我连吊丧的自由都没有呀！

第六十四章　急转直下的内战

壹

当我于副总统任内，在南京闲住期间，内战却急转直下，终于不可收拾。

内战逆转的开端，正如众所周知，始于东北。国军在东北的失策，前已约略说过。至于东北军事受挫经过的详情，将来史家既可秉其春秋之笔加以论述，我本人既未参预战略的筹划，更未尝作直接或间接的指挥，故仅能就我个人观察所得，对国军在东北战败的原委略事分析：

抗战胜利前夕，蒋先生曾命张群、吴鼎昌、陈立夫、熊式辉、沈鸿烈诸人成立一小组委员会，研究制订一战后接收东北的方案。闻陈立夫以五人小组中无一东北籍人士，而其余四人又全为政学系要角，认为必有阴谋，不愿参加。然此小组委员会卒拟订一草案，将东三省分为九省，旋交立法院通过，由行政院公布。这一措施表面上是以山川的形势和国民经济的发展为理由，而其真正目的，乃在将此边陲富庶之区割裂，以便控制而已。

东北原为战后共产党最难渗透的区域。因其土地肥沃，人口稀少，谋生容易；加以地接苏联，近百年来所受帝俄与赤俄之祸，仅次于日本的侵略，所以居民在情感上及利害上仇俄反共之心特别坚强。东北受日本人铁腕统治达十五年之久，土共难以立足，战后共产党自不易渗透。而国民党则不然，国民党在中国当政二十年，其贪污无能甚于北洋政府，并不为全国人民所拥戴，但国民政府究属正统，沦陷区人民，尤其是东北人民，处于敌伪治下，身受水火，久望王师。政府此时如处置得宜，实是收拾人心，安定边围的最好机会。而东北情势终至不可收拾，实下述数种最大因素有以致之：

第一，根据雅尔达会议的决议和中苏条约的规定，苏联在东北的占领军应于日本投降后三个月内全部撤退。胜利前后，我政府如对东北接收有通盘计划，则其时我为四强之一，国威正盛，英、美友邦又竭力从旁支援，苏联断不敢冒天下之大不韪，阻碍我军进入东北。无奈我政府当局对东北接收事前毫无计划，临事又私心自用，不接受我"后浪推前浪"的建议，舍近求远，自滇、缅边境抽调嫡系部队前往，致迟迟不能到达，反而两度要求苏军延期撤退，贻苏联以拒不撤退的口实，而予中共以从事发展的时机。

胜利后，中共深知东北人民不愿为其利用，因赶紧在关内训练大批干部，分别自山东的烟台渡海，及察哈尔、热河两省由陆路进入东北，由中共高级干部林彪、高岗等督导，在佳木斯建立训练中心，并于各地建立地方政权，吸收伪军。

苏联此时尚不敢公开违背中苏条约，明目张胆接济共军，只故意疏虞所收缴的日本军械库的防守，一任中共军前往"偷窃"。此时我政府如态度严正，一面向苏联政府抗议，一面加紧进兵接收，则中共在东北的势力断不致酿成燎原之祸。无奈我方接收大员又是一些胆小如鼠，敷衍塞责的官僚，所以东北的局面一开始便不可收拾了。

熊式辉于三十四年（一九四五年）十月二日以东北行营主任身份率随员百余人专机飞往长春。抵长之后，如入敌国，被苏军招待居住于一指定的大厦内，派苏军站岗保护。式辉以本国接收大员，因恐开罪苏联，竟服服帖帖地龟缩于住宅之内，甚至连本地人民派来的欢迎代表也不敢接见，真是可耻之极。

俄人原即欺善怕恶，今见我方大员如此，遂更肆无忌惮，处处留难我方接收人员和入驻东北的国军。旅顺、大连已租予苏联，我政府固无法使用，甚至营口也不让我军登陆。中共乃有充分时间在东北逐日壮大。

更有一荒唐绝顶的事，便是陈诚在胜利后所发一连串的遣散伪军的命令。东北伪军四十万均由日本配备训练，极有基础。他们久处日军铁蹄之下，含愤莫雪，一旦抗日胜利，无不摩拳擦掌，希为中央政府效命，一雪作伪军之耻。当时政府如善加绥抚，晓以大义，这四十万伪军只需一声号令，即可保东北于无虞。无奈陈诚仰承上峰意旨，竟下令遣散。熊式辉若是一个有眼光而勇于负责的干员，未尝不可把这道命令暂时搁置。殊不知熊式辉就是一位只知做官的人物，他竟把陈诚这道糊涂命令通令全体伪军。此举直如晴空霹雳，数十万伪军顿时解体，林彪乃乘机延揽，伪军的精华遂悉为中共所吸收。迨中央发现其错误企图加以纠正时，已来不及了。

民国三十五年（一九四六年）春初，美式配备的嫡系中央军才自滇、缅边境由海道开来，在秦皇岛登陆，循铁路向沈阳和长春前进。但是在林彪指挥下的共军经半年的准备已相当强大，乃开始在铁路沿线与国军作战。自此而后，国军始终无法离开铁路线寻找共军主力作战。相反地，国军竟逐渐蛰伏于若干重要据点，广大的东北原野遂为共军所有。至三十六年夏季，共军显然已在东北占有优势，野心勃勃的中共指挥官林彪竟想对国军主力作歼灭战。

是年六月底，国共双方动员起在东北的主力，在四平街发生决战。白崇禧适于其时飞往沈阳视察，乃顺便协助指挥作战。前敌指挥官陈明仁且立下遗嘱，赶至四平街前线。这本是双方为争取东北的第一个主力会战，关系东北前途极大。

共军指挥官林彪这次显然是过分自信，竟倾巢而来，企图一鼓将国军主力歼灭。但是国军究系美式配备，火力炽烈，阵地战经验丰富，经数日夜血战之后，林彪主力终被彻底击败，向北撤退。这是共军在东北空前的败仗。

白崇禧本是四平街会战的主要划策人，林彪败退之后，白氏即主张乘势穷追，纵不能生擒林彪，也须将共军主力摧毁。当时负责东北军事指挥的杜聿明虽同意白氏的主张，但未敢专断，陈明仁则认为战事瞬息万变，时机稍纵即逝，应立刻挥军穷追，结果乃联衔电蒋请示。不意所得复电竟是"暂缓追击"，共军因此能从容北撤。前敌将领得此复电，无不顿足浩叹，白崇禧亦颓然而返。

其时纵是嫡系将领如陈明仁、杜聿明甚至熊式辉，均不了解何以蒋先生不许乘胜追击，任林彪所部安然脱逃。我得此消息便心中有数而暗笑。我知道蒋先生不是不想歼灭共军，而是讨厌这主意出自白崇禧，纵可打一全胜的仗，他也宁可不要。

蒋先生就有这样忌贤妒能，宁饶敌人，不饶朋友的怪性格。此事说出去，一般人是不会相信的，但是追随蒋先生有年的人一定会拍案叫绝，认为这是一针见血之谈。

是年九月，参谋总长陈诚兼长东北行辕，这位立遗嘱血战四平街的陈明仁即被陈诚撤职查办，罪名是利用大豆作护墙工事，乘机贪污。其实在"嫡系"将领中，贪污的何止千百人，陈明仁何以独被撤职查办呢？这可能与他和白崇禧亲近有关。

东北战争中还有一荒唐而有助于共军的事件，便是中央当局对滇军的分割。胜利之后，随中央嫡系部队自越南海防海运东北的尚有卢汉部一个集团军，由集团军总司令孙渡率领，共计两个军——第二军军长张冲，第六十军军长安恩溥[1]。

---

[1] 据当时任国民党东北保安司令长官的杜聿明所写的资料，国民党第一集团军总司令所率领去东北的部队是：第六十军，军长曾泽生；第九十三军，军长卢浚泉。（见全国政协编《文史资料选辑》第四十二辑：《蒋介石破坏和平进攻东北始末》）

滇军抵东北后，杜聿明便将这两军拆散。张冲一军调往吉林，安恩溥一军则驻在长沈路沿线。两军既被拆开，则集团军总司令孙渡只落一个空衔。这位空头总司令常仆仆于长、沈、京、沪之间。他亦偶自北平经过，除第一次来行辕对我作礼貌上的拜会，谈了二十分钟外，便不敢再来看我，其小心翼翼可知。但由此亦可知滇军将领对中央的情绪为如何了。其后，张冲突于吉林危急时叛变投共，旦夕之间，吉林全省便变色了。

东北战事至三十七年暮春已发展到无可救药的地步。国军于三月九日自动放弃永吉，整个东北只剩下长春、沈阳、锦州三个孤立据点和若干重要交通线。当时美军顾问团，最早连美国特使马歇尔都曾向蒋先生建议放弃东北，将数十万精锐之师全部调入关内，以解决长城以南的共军，再缓图规复东北。无奈蒋先生置若罔闻。长春此时与外间交通已断，守军全赖空运补给，自无法长期维持。

至三十七年九月，林彪发动大军二十余万围攻锦州，锦州危在旦夕，蒋先生乃飞往沈阳亲自指挥。此时负东北全局指挥责任的为东北区"剿匪"总司令代行辕主任卫立煌。

卫氏盱衡全局，认为国军在沈阳一带孤立为不妥，乃向蒋先生建议，将沈阳一带国军主力南移救援锦州，并打通北宁线，必要时则放弃沈阳，以北平为后方，与共军在辽南一带决战。蒋先生闻言，未置可否。卫立煌遂将国军主力十二个师沿北宁路南调，尚未到达锦州，而锦州守将范汉杰已兵败被俘。迨国军到达，共军已放弃锦州，扑了一个空。共军自锦州撤出，埋伏于北宁路西北侧山地，准备居高临下与国军战斗。蒋先生因判断错误，认为共军撤出锦州，志在转移目标，乘虚袭取沈阳。时共军不但扬言会师沈阳，且确有一小部分兵力向沈阳以西一个战略据点作佯攻，做出来势极猛的姿态。蒋以沈阳若不守则东北即非我有，乃电令卫立煌自锦州全师东返，救援沈阳。卫立煌则认为共军主力仍在锦州以东北宁路北侧一带山地，对沈阳只是佯攻以吸引国军的注意力，故不同意蒋的主张。蒋先生见卫立煌与己意相左，竟直接电令各军各师，限于接到命令后立刻星夜回援沈阳。各军、师长得令，遂自锦州一带纷纷东撤。此时已有若干铁路、桥梁为共军所破坏，大军拥挤于铁路线上，争先恐后，混乱不堪。共军主力遂自西侧山地突出，一举将国军截成数段，首尾不能呼应，为共军分段截击，大军七万余人瞬息之间即为共军消灭。

十月十五日锦州失守，十九日长春守将郑洞国、廖耀湘等见突围无望，遂向共军投降。蒋先生见东北无救，乃离沈南飞。卫立煌因沈阳已无兵可守，也于十月三十日乘最后一班飞机离沈。国军在东北最后据点的沈阳遂为共军所占。

综计东北之战前后三年，国军精锐调往东北的不下三十余万人，到沈阳弃守时，除少数高级将领由飞机撤出外，其余官兵悉数被俘，可谓惨极。

事实上，东北在大势已去之后原不应死守，而蒋先生一意孤行，下令死守到底，实犯兵家大忌。最后锦州之战，如蒋先生从卫立煌以北平为后方之议，不胡乱越级指挥，则国军在关外精锐不致丧失净尽，华北亦不致随之覆没，则国民党政权在大陆或可再苟延若干时日。蒋先生不痛定思痛，深自反省，反将全部战败责任委诸卫立煌一人。立煌不但被拘禁，几遭枪决。直至蒋先生下野后，我才下令将卫立煌释放。卫氏感激涕零，特来向我拜谢。一夕长谈，我才明白东北最后战败的情况，原来如此！

贰

东北陷共之后，林彪所部不下百万人马，迅即越过长城进入关内，对平、津作大包围。傅作义部寡不敌众，被迫退入平、津两市，被重重包围。天津终于三十八年（一九四九年）一月十五日被攻破，守将林伟俦等被俘。傅作义见大势已去，为保存故都文物，不得已与共军言和，北平遂于一月二十二日为共军和平占领。

当东北战局紧张之际，山东战局亦急转直下。守兖州的前伪军吴化文部因被围，山东省主席王耀武拒不援救，乃降共。三十七年（一九四八年）九月中旬共军陈毅部已迫近山东省会的济南。二十五日城破，王耀武被俘，山东除青岛外，遂全部沦陷。

苏北、鲁南一带的战事原由汤恩伯指挥。三十六年（一九四七年）秋，汤恩伯奉令率中央嫡系若干残部撤往江南整补，以刘峙、杜聿明分任徐州"剿匪"总、副司令。原属汤氏指挥的黄伯韬所部粤军和川军则尚留于苏北、鲁南一带，与共军周旋。后又征调中央嫡系美械部队，暨徐庭瑶、蒋纬国的装甲兵团集中徐州，准备与共军决一雌雄。旋因刘峙不孚众望，调京任战略顾问，余缺由杜聿明、邱清泉升任。到了山东全部瓦解，共军陈毅、刘伯承两部主力南下，不时向徐州外围挑衅。内战重心乃自华北移向黄淮平原。

所以国共之战发展到三十七年（一九四八年）九十月间，共军已奄有东北、华北的全部。政府方面仅有陇海路东段若干据点，终必陷落无疑。不过政府辖区，此时尚有淮河以南、豫南、豫西，长江流域的全部和西北各省。因此国共战争的前途将全视双方在黄淮平原一带的胜负了。

为指挥这一方面的战事，蒋先生曾于三十七年春初召开战略会议，决定以白崇禧兼任华中"剿匪"司令长官，驻节武汉，与徐州形成掎角之势。我闻此讯息后，即向蒋先生建议将黄淮平原划成一个战区，由白氏统一指挥。因为在战略上说，黄淮平原西至潼关、宜昌，东达滨海岸，本是一个地理单位，更有陇海、平汉、津浦三铁路纵横构成一交通网，调遣部队和指挥作战均极方便。无奈蒋先生不接受这一建议。他硬要把这个战略单位分裂为"华中"、"华东"两个"剿匪"总指挥部。此种分割已铸大错，而以刘峙担任更重要的华东"剿匪"总司令长官，尤非其选。

此时驻防徐州的为中央嫡系部队的精华，约三十余万人，全系美式配备的机械化部队，由兵团司令邱清泉指挥。黄伯韬兵团则驻于徐州东约五十余华里陇海东段的曹八集和碾庄一带，以为掎角。杜聿明和邱清泉在徐州的战略是采取严阵以待的方式。杜、邱二人皆是"天子门生"，志大言夸，骄纵不堪。东北、华北一连串的失败并未动摇他们无知的骄傲和可怕的自信。他们仍然认为共军不堪一击。眼见共军六十余万自四方向徐州合围，杜、邱二人却守株待兔，希望共军在徐州四郊平原猛烈围攻，好让中央的机械化部队充分发挥效能。

谁知共军指挥官陈毅和刘伯承也十分狡黠，他们避免和中央机械化部队作阵地战，只是遥遥实行围困。同时用以大吃小的"人海战术"，于十一月初旬将火力较差的黄伯韬兵团（四个军，七万余人）重重围困，猛烈进攻。

黄伯韬突围不成，乃向邱清泉乞援。清泉竟拒不赴援。参谋总长顾祝同见事急，遂亲自飞往徐州，责令邱清泉出兵。邱清泉把眼睛一瞪，说："我出兵援黄，徐州方面出事，谁能负责！？"

顾祝同拍胸说："我是参谋总长，徐州失守，我参谋总长负责！"

邱说："你说得好，你才负不了责呢！"

顾说："难道你一定要违抗我参谋总长的命令？"

邱说："什么总长不总长，我就是不出兵！"

顾墨三气得面孔发青，但他终无法使邱清泉援黄。此事在别的军事系统看来，简直是笑话，在他们黄埔系却是司空见惯的事。大家都有"通天本领"，谁能管得着谁呢？

顾祝同回报蒋先生。蒋先生居然"御驾亲征"，专机飞徐，在飞机上以电话命令邱清泉出兵援黄。邱仍然以徐州危险为辞，抗不从命，蒋亦无功而返。

至十一月二十二日，黄伯韬弹尽援绝，全军覆没，伯韬不愿被俘，乃拔枪自戕而死。

当此消息在南京传出时，我们几乎不能相信，因为邱清泉拒绝参谋总长之命犹可，何以蒋先生的命令亦不能生效。因此有很多人就怀疑邱清泉的抗命是蒋先生授意的；至少蒋先生的命令的语气是可以便宜行事的，清泉才敢如此。因为黄伯韬兵团原是"杂牌"，早在蒋先生蓄意消灭之列，为使邱清泉保存实力而牺牲黄伯韬，也并不是费解的事。

黄伯韬所辖的四个军，一军原为余汉谋的广东部队，一军原为杨森所部川军，其余两军亦属"杂牌"。抗战胜利后不久，蒋先生命宋子文主粤，特于衢州设一绥靖公署，调广东绥靖主任余汉谋为衢州绥署主任。这又是一项因人设事的空机关。余汉谋就职之后，他的两个军遂奉命北调至苏北、鲁南剿共，受汤恩伯指挥。

粤军北上后，中央又施展分割的故技，将一个军拨归黄伯韬指挥，调往鲁南；另一军则调往陕、甘，受胡宗南指挥。此令一出，余汉谋便认为不妥。因为这两军都是岭南子弟，相依为命已久，作战时互相配合尤为有效。如今分调两地，殊无此必要。加以两广人民对陕、甘的气候、语言、生活习惯均不能适应，尤不能发挥作战效能，徒作无谓牺牲。

余汉谋首先向白崇禧和我诉衷曲，请向中央说项，收回成命。白崇禧和我都觉我二人如开口，不但无效，反而得更坏结果。余氏不得已，乃亲向参谋总长陈诚请求。陈诚竟把桌子一拍，说："你要把两军人留在一起，预备造反啦！？"此时抗战新胜，陈诚之势炙手可热，余汉谋何敢多辩，只得黯然而退。孰知三年之后，黄伯韬全军就这样平白无辜地给牺牲了。抗战期中及抗战以后，中央企图消灭异己，结果害人害己的事例，像这样的真是罄竹难书啊！

黄伯韬兵团覆灭之后，共军陈毅、陈赓、刘伯承等部加上新降受编的

225

国军，不下百万，遂将徐州重重包围。他们的战略是围而不战以坐困国军。徐州至蚌埠的铁路交通已全部被破坏，国军的补给全凭空运。军队和居民都煤、粮两缺。时已隆冬，黄、淮一带雨雪交加，大军数十万饥寒交迫，惨不忍睹。蒋先生乃电令华中"剿总"速遣大军往救。白崇禧乃于十一月底派黄维兵团（约十万人）自豫东循皖北一线向徐州增援。黄维师次皖北宿县以南的双堆集时，便为共军围困，战斗不及一周，卒于十二月中旬全军覆没，黄维被俘。

当黄维兵团被围时，徐州已完全孤立，蒋先生乃决定放弃徐州，下令各军突围南撤。但此次蒋先生亲自指挥撤兵又重演锦州的故剧。大军数十万并不按战术原则作有条理的撤退。因此一声"撤退"，便人马杂沓，夺路而逃。风雪满天，道路泥泞，各地大军挤成一团，进退两难。全军于十二月二日放弃徐州之后，勉强行抵徐州以南永城一带，又被共军重重围困。共军并发动民夫数十万，于一夜之间掘壕沟数道，使国军机械部队毫无移动的余地。国军便在风雪之中露宿兼旬，终于饥寒交迫中全军覆没，邱清泉死于乱军之中，杜聿明则被共军生擒。国军精锐，至此几全部消灭，"剿共"战事，遂不可收拾了。

第六十五章 从副总统到代总统

壹

民国三十七年（一九四八年）十二月中旬，徐蚌会战已接近尾声，中共全盘胜利势成定局，京、沪震动，人心惶惶，阴沉气氛弥漫全国。至此，蒋先生固然感到大势已去，国内外许多民意机关，甚或统兵作战的高级将领，也都认为内战前途无望，希望政府在犹有可为之时，与中共恢复和平谈判。首作此项呼吁的为河南、湖北和湖南的省参议会。他们都有通电呈蒋总统，希望能作此项考虑。蒋先生为此也曾两度找我到官邸商谈。他说明想即时引退，希望我能顶起这局面来同共产党讲和。我闻言大惊，说："这局面你都干不了，我如何顶得起！"蒋先生一再作出恳切的姿态劝我接受，我却竭力推辞。嗣后蒋先生又选派吴忠信、张群、张治中等来我处，数度相劝，我均表示无论如何不愿承当。我推辞的原因，第一便是我确实也干不了；第二，我与蒋先生相处二十余年，深知其诡计多端，说话不算话，在此危急之时，他可能要我做替死鬼。

但是蒋先生既有此动机，消息很快就传遍海内外，对军心民心影响极大。十二月下旬徐蚌会战结束，华中"剿匪"总司令白崇禧曾有密电给蒋先生和我，希望能与中共恢复谈判，这便是外界所传的"亥敬电"。其实他的电报只是向蒋先生作极温和的建议，采纳与否，自须蒋先生自己决定。京、沪、港有政治背景的新闻界不明底蕴，故意以猜测之词，写出许多耸人听闻的新闻，而白崇禧尤为谣言的重心。因在徐蚌会战后，国军在东南地区的精锐丧失殆尽，而白崇禧坐镇武汉，还掌握了三四十万能战之兵，为华中擎天一柱。

白氏且因为所谓"扣留军火"的事件，增加了外界对他的怀疑。这故事的实在情形，其实远不若外间所传之甚。先是，三十七年秋冬之交，白崇禧正在整编陈明仁的第一兵团。陈明仁湖南人，黄埔军校出身，原为蒋先生最信任的部将。年前四平街一役，在东北打了一个空前的大胜仗。此次奉命在两湖成立新编部队，颇为白崇禧所倚重。无奈陈氏所部都是杂凑来的，武器奇缺，屡请中央拨给，均无下文。是时重庆兵工厂适有一批械弹东下，停泊汉口江岸码头。白崇禧得讯，乃挂一长途电话给参谋总长顾祝同，希望能以这批军火补给陈明仁。在电话里，顾祝同已经同意了，不过顾还有相当保留的地方，说等到向总统报告之后，才正式拨付。白崇禧便打电话请示蒋先生，蒋说可向顾总长商酌办理。白氏因急于取用，未待正式命令便径自将这批军火分给陈明仁。

当时还有一件事也是外界误传。说徐州危急时，白崇禧拒绝派兵援救。其实在宿县以南全军覆没的黄维兵团（共有十个师），便是白崇禧从华中调去的。

总之，白崇禧不幸因为他以往曾和蒋先生合不来，值此事急，外界不明真相，把一切责任都加到白氏头上去。CC 系分子更仰承谕旨，推波助澜，推卸失败责任，嫁祸于人，于是什么"拒命"、"逼宫"一类的谰言都硬栽到白崇禧身上去，真是居心可诛。

当外界谣言极盛之时，傅斯年曾来看我，说，外传白崇禧企图威胁蒋总统与共军言和，究竟是怎么回事。我就把白氏给我的电报原文给他看。白氏把他给蒋先生的电报另拍一份副本给我，两电内容相同。傅氏看过电报后说，白先生的话也很近情入理，真是谣言不可轻信！

当京、沪一带和谣方盛之时，中共新华社突于十二月二十五日发表一批"战犯"名单。第一批共四十三人，蒋先生居首，我名列第二，白崇禧第三。此外中央文武大员如孔祥熙、宋子文、孙科、陈立夫、陈诚等也皆"名列前茅"。

局势发展至此，蒋先生深觉战既无望，和亦不能，这才使他下了引退的决心，好让我上台与中共谈判和平。

为试探共产党甚或美国方面对他下野的反响，三十八年（一九四九年）元旦，蒋先生发出一纸皇皇文告。该文告首先叙述政府一向是具有求和的苦心，说"三年以来，政治商谈之目的，固在于和平；即动员戡乱之目的，亦在于和平。但是今日时局为和为战，人民为祸为福，其关键不在于政府，亦非我同胞同政府的片面的希望所达成。须知这个问题的决定完全在共产党。国家能否转危为安，人民能否转祸为福，乃在于共产党一转念之间。"

接着，蒋先生便说："只要中共有和平诚意，能作确切表示，政府必开诚相见，愿与商讨停止战争恢复和平的具体方法。"至于政府对和平的基础，蒋先生提出了五条空洞的原则，曰："只要和议无害于国家的独立完整，而有助于人民的休养生息；只要神圣的宪法不由我而违反，民主宪政不由此而破坏；中华民国国体能够确保；中华民国的法统不致中断；军队有确实的保障，人民能够维持其自由的生活方式与最低生活水准。"如果中共能答应上述五点，蒋先生说他自己"更无复他求"。

他最后暗示他有意退休，说："中正毕生革命，早置生死于度外，只望和平能早日实现，则个人进退出处，绝不萦怀，而一唯国民公意是从。"

一月四日蒋先生"御驾"亲来傅厚岗我的住宅拜访，这是一次破例的行动。蒋先生有事找我，总是"召见"，此次移樽就教，可能是故意把"引退"的事做得更表面化，对中共和友邦作一试探。

此次我们见面，蒋先生对引退的事说得非常具体，他首先问我说："你看现在这局面怎么办？"

我说："我以前就向总统建议过，武汉和徐州应划为一个单位，统一指挥。今日挫败的原因虽多，而最大的毛病是出在指挥不统一之上。"

蒋说："过去的事不必再提了。徐蚌失败后，'匪军'立刻就要到江北，你看怎么办？"

我说："我们现在样样都站在下风，但是也只有和共产党周旋到底，做一步算一步！"

蒋摇摇头说："这样下去不是事！我看我退休，由你顶起这局面，和共产党讲和！"

我说："你尚且不能讲和，那我更不行了！"

蒋说："你担起这局面，马上就不同了。"

蒋先生说这话时，显然想到民国十六年他下野那回事。那次他一下野，武汉方面气就松了。但是现在的局面可不相同。共产党的对象并不是蒋先生一人，他是要整个拿过去的，不管谁出来都是一样。我心里这样想，嘴里当然未便明言，只是拒不接受蒋先生的委托。

蒋说："我看你还是出来，你这姿态一出，共军的进攻可能和缓一下。"

我仍然说："总统，这局面你如支持不了，我就更支持不了。无论如何，我是不能承当此事的。"

"我支持你"，蒋先生说："你出来之后，共产党至少不会逼得我们这么紧！"

我还是坚决不答应，蒋先生便回去了。

次日，蒋先生派张群和吴忠信二人来找我，还是逼我出来继任总统，好让他"退休"。我便很露骨地表示，当今局势非十六年可比，蒋先生下野未必能解决问题。张、吴二人未得结果而去。不久，蒋先生又找我去谈话。我还是坚持。

蒋先生说："我以前劝你不要竞选副总统，你一定要竞选。现在我不干了，按宪法程序，便是你继任。你既是副总统，你不干也得干！"

蒋先生既搬出宪法来压我，我便很难自圆其说。按宪法程序，他如果真不干了，我的确"不干也得干"。我说："按宪法，我是无法推辞，但是现在的局面，你尚且干不了，我如何能顶得起？！"

"共产党绝不同我讲和"，蒋先生说："你出来，最低限度可以变一变。"

我说："我出来，共产党一定要我无条件投降！"

蒋说："你谈谈看，我做你后盾！我做你后盾！"

以后又聚会了几次，蒋先生一直说要我继任总统，并强调他五年之内不干预政治。

一月五日美大使司徒雷登的私人顾问傅泾波来看我，说："美驻华军事代表团团长巴大维将军闻悉蒋总统有放弃大陆经营台湾的计划，巴大维为此事曾与司徒大使商议。司徒大使愿知道李将军的意思。"傅氏的话使我大为吃惊，因美大使馆的情报远比我灵通。傅氏言之凿凿，使我十分诧异。

一月八日蒋先生又派张群约黄绍竑自京飞往武汉和长沙，与白崇禧、程潜商讨关于他引退的事。蒋先生显然是恐惧手握重兵的白崇禧和程潜会同中共接洽"局部和平"。张、黄之行的最大目的是为稳定两湖。

白崇禧得悉蒋先生决定引退，由我出来与中共谋和，遂包一专机，请黄绍竑飞港邀请李济深入京，作国共之间的调人。李任潮反蒋历史深长，而与我辈私交殊笃，亦为中共所敬畏。他如能来京助我，则第三方面人士将不会受中共利用。不过这全是白崇禧个人的看法，并未与我商议。外传黄绍竑飞汉去港是衔我之命，全非事实。再者，当时新闻界讹传，说我也急于要蒋先生下野，尤为荒谬的揣测之辞，因为当时我根本不想做蒋先生的继承人，还在竭力设法摆脱之中呢。

当这项消息已传遍国内外之时，中共终于在一月十四日对蒋先生的文告提出八条答复。这八条是：

（一）惩办战争罪犯

（二）废除伪宪法

（三）废除伪法统

（四）依据民主原则改编一切反动军队

（五）没收官僚资本

（六）改革土地制度

（七）废除卖国条约

（八）召开没有反动分子参加的政治协商会议，成立民主联合政府接收南京国民党反动政府及其所属各级政府的一切权力。

中共这种答复原是意料中事，任何人也不会感到惊奇。不过蒋先生还在观望，他在表示引退之前，曾派蒋夫人做私人代表赴美乞援，显然还在希望美国的态度会悬崖勒马，重订援华政策，做挽留他的措施。所以他在"引退"消息传出之后，仍一再观望，迟迟不做决定。但是他表面却故意显示出，有人"逼宫"，而他故意不去的姿态，其实他是别有所待。孰知西方国家，尤其是美国，对此事的反应极为冷淡。蒋夫人在美的活动也处处碰壁，使他绝望。再者，此时各地民意机关和立法委员、国大代表等都急于谋和，甚至有人公开表示希望他早日引退，庶几和谈能早日实现。

更有一重要因素，促使蒋先生下最后决心的便是共军的长驱直入。至三十八年一月中旬，共军已席卷江北。北岸我方只剩下乌衣、浦口和安庆三个据点，中共大军百余万饮马长江，南京已微闻炮声。局势发展至此，正如张治中所说："即死硬如 CC 分子，亦深信蒋先生下野乃必然之趋势。"蒋先生觉得不能再等了。他要让我出面来和缓这一紧张的局面。

贰

一月二十一日上午十时许，蒋先生召集在京党政军高级人员百余人，在其官邸举行紧急会议。与会人员黯然无声，空气极为沉重。

蒋先生首先发言，将目前的局面作详细的分析。最后结论说，军事、政治、财政、外交皆濒于绝境，人民所受痛苦亦已达顶点。我有意息兵言和，无奈中共一意孤行到底。在目前情况下，我个人非引退不可，让德邻兄依法执行总统职权，与中共进行和谈。我于五年之内绝不干预政治，但愿从旁协助。希望各同志以后同心合力支持德邻兄，挽救党国危机。

蒋先生声音低沉，似有无限悲伤，与他平时训话时的激昂慷慨，截然不同。他说话时，众人中已有人黯然流泪；等他说毕，谷正纲、陈庆云、何浩若、洪兰友、张道藩等竟失声痛哭，全场空气万分哀痛。CC 少壮分子、社会部长谷正纲忽忍泪起立大声疾呼说："总裁不应退休，应继续领导，和共产党作战到底！"

蒋先生以低沉的语调说，事实已不可能，我已做此决定了。随即自衣袋里掏出一纸拟好的文件，告诉我说，我今天就离开南京，你立刻就职视事。这里是一项我替你拟好的文告，你就来签个字罢。在那样哀伤的气氛之中，四周一片呜咽之声，不容许我来研究，甚或细读这一拟好的文稿。那气氛更使我不得不慷慨赴义似的，不假思索地在这文件上签了名字。蒋先生便收回去了。最后，大家又商讨一些今后和谈的原则问题，蒋先生便起立宣布散会了。

我问："总统今天什么时候动身，我们到机场送行。"

蒋先生说："我下午还有事要处理,起飞时间未定,你们不必送行!"

说着,他就走向门外。这时于右任忽然老态龙钟地追上去,口里喊着:"总统!总统!"蒋先生稍停问何事。于右任说:"为和谈方便起见,可否请总统在离京之前,下个手令把张学良、杨虎城放出来?!"蒋先生只把手向后一撒说:"你找德邻办去!"说毕,便加快脚步走了。拖着一大把胡须的七十老人于右任,在众人注视之下,慢慢地走回,大家这才黯然地离开会场。

我们都知道蒋先生下午要在明故宫机场起飞离京,大家午餐之后,便陆陆续续地赶到机场。谁知蒋先生离开会场后,便径赴机场,乘美龄号专机飞到杭州去了。大家都空跑一趟而回。

蒋先生去后,我立刻感到国家兴亡的千钧重担已压在我的肩头。我继任总统的最大任务是与共产党讲和。但是我们的主力已被摧毁,在这失败已成定局的情况下,共产党愿意和我们停战讲和吗?试问在北伐期间,吴佩孚、孙传芳、张作霖屡败之余,要求我们停战讲和,组织联合政府,或划疆而治,我们肯不肯呢?再说,我们如与共产党易地而处,我们愿不愿意停战讲和呢?

和的可能性既已极其渺小,而根据民族传统,降又不可;则只有凭长江天险,拒敌渡江。然后希望友邦美国改变政策,助我安定金融,稳定民心军心。必先具有可战的力量,才有与共产党言和之望,但是长江天险是否可守,军队是否可靠,皆成问题。何况败兵之将不足以言勇,而中共锐气方盛,一江之隔,又安能阻其南犯。再退一步说,纵使长江可守,美国政府又是否会改变政策,大量援助呢?没有美援,则纵把长江守住亦属徒然。后顾前瞻,在在都感到这一残局无法收拾。然既已肩此重任,也只有拿死马当活马医,做一步算一步了。

当天下午张群打电话给我,说,总裁有一个文告,要我过目后发表,希望能与我一晤。为客气起见,我特地乘车往张群住宅晤谈。张即将蒋先生所留交的"文告"给我看，其全文如下：

"中正自元旦发表文告倡导和平以来，全国同声响应，一致拥护。乃时逾兼旬，战事仍然未止，和平之目的不能达到。人民之涂炭，曷其有极。为冀感格共党，解救人民倒悬于万一，爰特依据中华民国宪法第四十九条'总统因故不能视事时，由副总统代行其职权'之规定，于本月二十一日起，由李副总统代行总统职权。务望全国军民暨各级政府，共矢精诚，同心一德，翊赞李代总统，一致协力，促成永久和平。中正毕生从事国民革命，服膺三民主义，自十五年自广州北伐，以至完成统一，无时不以保卫民族，实现民主，匡济民生为职志，同时即认定必须确保和平，而后一切政治、经济之改进，始有巩固之基础。故先后二十余年，只有对日之战坚持到底，此外对内虽有时不得已而用兵，均不惜个人牺牲一切，忍让为国，往事斑斑，世所共见。假定共党果能由此觉悟，罢战言和，拯救人民于水火，保持国家之元气，使领土主权克臻完整，历史文化与社会秩序不受摧残，人民生活与自由权利确有保障，在此原则之下，以致和平之功，此固中正馨香祝祷以求者也。"

我坐下细看全文，觉其中颇有不妥之处。第一，我发现这文告中并无"引退"、"辞职"等字样。如是则一月二十一日以后的蒋先生究系何种身份；所以我坚持在"于本月二十一日起"一句之前，加"决身先引退"五字。第二，蒋先生在离职前一再要我"继任"，绝未提到"代行"二字。根据宪法第四十九条上半段，"总统缺位时，由副总统继任"，所谓"缺位"，当系指死亡和自动引退而言。而蒋先生所引则为该条下半段，"总统因故不能视事时，由副总统代行其职权"，所谓"因故不能视事"，当系指被暴力劫持而言。今蒋总统不是"因故不能视事"，他是"辞职不再视事"，则副总统便不是"代行"，而是如蒋先生亲口所说的"继任"。所以我主张将"于本月二十一日起由李副总统代行总统职权"一句，改为"于本月二十一日起由李副总统继任执行总统职权。"

在这危急存亡之秋，我绝不是还斤斤于名位，只是我深知蒋先生的个性，他在文告中预留伏笔，好把我作为他的挡箭牌，而他在幕后事事操纵，必要时又东山再起。我顶起这局面，如名不正，言不顺，则无法执行总统职权，不论为和为战，皆无法贯彻主张。与其顶一块空招牌，倒不如蒋先生自己干的好。为此，我们又把吴忠信、张治中和王宠惠找来。王是我国法界老前辈，时任司法院长。他对宪法程序的解释，应该是具有权威性的。王宠惠看过文告后也说："蒋总统此一下野文告应该有'身先引退'等字样，否则与宪法程序不合。"后来CC分子为使"代总统"的"代"字合法化，曾故意在外捏造王宠惠的谈话，说，代总统是因为总统辞职，尚未经国民大会批准；副总统的继任，也未得国民大会追认，所以只好"代"云云。其实，宪法上根本未规定总统辞职要国民大会批准，副总统继任要国民大会追认。王宠惠也根本未说过这话。所以根据王院长对宪法程序的解释，我认为总统退职文告，如不经修正，不可发表。

张群见我意志坚决，乃和我商量打电话给蒋先生请示。是时蒋先生住在杭州笕桥航空学校内。电话接通之后，张群便把我的意思报告蒋先生。蒋先生竟在电话内满口承诺，说遵照李副总统的意思修改文告，直至李副总统满意为止。当晚我们就这样决定了，将文告依我的意思加以修正，然后交中央社发表。孰知次日早晨，各报所登蒋先生的文告和我自己的文告竟然还是修改前的旧稿。这时我从报上才看到蒋先生替我代拟文告的内容。全文如后：

"总统蒋公轸念国家之艰危，顾恤人民之痛苦，促成和平之早日实现，决然引退。宗仁依据中华民国宪法第四十九条之规定，代行总统职权，自揣庸愚，膺兹重任，歉胜惶恐。唯是宗仁追随总统革命二十余年，深知其处事持躬悉以国家人民为重，而对于个人之进退出处，严谨光明，心志既决不可移易。宗仁仰承督责，不容辞谢，唯有黾勉将事，效忠国家，冀使中枢之政务不坠，而总统救国救民之志业有成。所望我全体军民抒诚合作，文武官吏各安职守，精诚团结，一德同心，本和平建国之方针，为民主自由而努力，国家民族实利赖之。"

细读此两项文告，以及蒋先生已允修改而中央社仍照原稿发表之各项安排，我觉得蒋先生之为人，至此危急存亡之关头仍不忘权诈，一意要把我作木偶任他玩弄。最令人气愤的是一月二十一日晚间，吴忠信竟以国民政府秘书长的名义，照上两项文告的原义，通令全国各级军、政和民意机关知照。此项通令盖有总统的大印，而我这位总统竟一无所知。

我看到该通令后，便立即把吴忠信叫来，气愤地说："礼卿兄（吴忠信），这份通令发出去，我为什么事先毫无所闻？"

吴忠信说："这是蒋先生的意思，要我发出后再通知你。"

我说："蒋先生已经下野了，他还要指挥你发通令不让我知道？"

吴说："你是知道蒋先生的，蒋先生要我这样办，我又怎能不办？"

我说："礼卿兄，你这样做未免太不够朋友了！"

事情发展至此，我才了解，一切都已由蒋先生安排好了。前晚的电话挂掉之后，他可能又另外打电话给张群和吴忠信，自食前言，重新安排，做到木已成舟再说。他知道我为人忠厚，不愿为此事闹伤大体。他对我显然是"欺以其方"，谅我必会为大局而让步的。

但是我当时认为他欺人太甚，遂声称，名不正，便不就职。吴忠信不得已，竟威胁我说："德公，我们是老朋友，我愿以老朋友的资格劝劝你。你是知道蒋先生的为人的，你应知道你自己现在的处境。南京现在特务横行，你身边的卫士都是蒋先生的人，你还在争些什么呢？争得不好，你知道在这种局面下，任何事皆可发生，你自己的安全，可能都没有保障。"吴的话也是实情，不过我并未被他吓倒。我仍然坚持不就职的老态度。下午，我又把吴忠信、张治中、邱昌渭找来。我把这事的原委向张、邱二人重述一遍。他二人也认为蒋先生这样做太过分了。张治中本以为蒋先生下野，和局有望，至此也强调说，可惜"美中不足"，能否请礼卿兄设法稍为更正一下。邱昌渭亦竭力附和。不意吴忠信竟大发雷霆，把张、邱二人臭骂一顿，说国事至此，你们还幸灾乐祸，说什么"美中不足"。张文白也不甘示弱，闹得不可开交，我反而做起和事老来，才把他们调处开了。

这件事很快的就传了出去。许多国大代表和立法委员都为我不平，他们纷纷到我住宅来请愿，要我"速正大位"，不要做"代理"总统。入夜，白崇禧也打长途电话来询问经过。我把详情告诉了他之后，白崇禧就说出刘邦告诉韩信的老话来："要做就做真皇帝，切不要做假皇帝！"[1]

当时民营各报尤为我不平，群情激昂，议论纷纷。张群、吴忠信等不得已，又打电话给蒋先生；蒋先生又满口承诺，"修改"，"更正"。但正在大家愈闹愈激烈之时，我本人反而泄气了。我想国家都没有了，还闹什么"代"不"代"呢？闹得太凶了，人民是不能谅解我们的。我如能聊补时艰，拯人民出水火于万一，私愿已足。吴忠信又乘机来苦劝。于是，我反而劝为我抱不平的国代、立委等顾全大局。大家见我如此，也只有叹息而退。

蒋先生退休之日是星期五，这一个周末，我虽尚未就职，而军国大事已纷纷压到我身上。我从一位闲散的副总统于一夕之间变成"日理万机"的国家元首。

一月二十四日星期一，国府举行总理纪念周。由居正担任监誓，我便在纪念周上举行一个简单的仪式，就任代总统。

---

[1] 《史记·淮阴侯传》中刘邦的原话是："大丈夫定诸侯，即为真王耳，何以假为！"

第六十六章　无可挽回的混乱

壹

我当总统之初，有三种任务紧迫眉睫。其一，为着结束内战，我不得不诚心同共产党人举行谈判，以求和解；其二，我不得不阻止共产党人渡过长江，以求得体面的和平。同时，我还必须巩固内部的团结，实行民主改革，以便重得民众之支持；其三，我必得寻求美援，以制止通货膨胀，物价狂涨，因通货膨胀实在比共产党之威胁尤大。

自蒋氏离南京不久，我就致电孙中山夫人、李济深，民盟领袖如张澜、章伯钧、张东荪，还有其他一些人等，他们都代表一些小派，其中多数人过去都曾反共。但是战后，他们都变成反对国民党而赞成共产党，究其原因，固然是共产党"统一战线"政策之妙用，另一方面也实是蒋先生一派所迫成的。但是这些人对我还友好，似乎不怀恶感。我若得他们的支持，定能造成第三种力量，以制造反共之舆论。这样共产党就不得不放弃毫无意义的把内战打到底的目的。

然而事实证明，所有这些都只是我的如意算盘。因为共产党的胜利已成定局，民主人士就不愿意回到国民党冷冷清清的屋里来了。而正当此时，共产党"统战"人士尤其活跃，就如李济深，因受亲共同事之包围，业已离香港往北平出席人民政治协商会议去了。

　　为着试探共产党对我的和平呼吁的反应，我组织了一批在上海公众组织和教育界中的知名人士，他们组成一个"人民代表团"并坐飞机往北平，华中"剿匪"总部参议刘仲容和立法委员被邀同往[1]。此事经我同意，后来报界传这两人是我私人代表，并非事实。

　　一九四九年一月二十七日，我正式致电毛泽东，倡议和解。该电文如下：

　　润之先生勋鉴：

　　　　自政协破裂，继八年对外抗战之后，内战达三年有余，国家元气大伤，人民痛苦万状，弭战谋和，已成为今日全国一致之呼声。故自弟主政之日起，即决心以最高之诚意，尽最大之努力，务期促成和平之实现。弟于二十二日所发出之声明，及所致任潮、衡山、伯钧、东荪诸先生之电，计均已早邀亮詧。国家今日残破如此之甚，人民痛苦如此之深，田园城市之摧毁，无辜人民之死伤，不可胜计，而妻离子散，啼饥号寒者，复随处皆是，此悉由于战争所招致。以往国共两党，在孙中山先生领导下，曾共同致力中国革命，不幸现因政见纷歧，阋墙斗起，致使国家人民，遭此惨祸，抚今追昔，能不痛心。吾人果认为革命之目的，在于增进人民与国家之利益；革命之动机，基于大多数人民之意旨。则无论国共两党所持之主张与政见，如何不同，在今日之情势下，决无继续诉诸武力，互相砍杀，以加重人民与国家痛苦之理由。除遵循全国民意，弭战谋和，从事政治解决之外，别无其他途径可循。否则吾人之罪，诚将百身莫赎。

---

　　① 一九四九年刘仲容没有任国民党政府华中"剿总"参议，也没有参加"人民代表团"赴北平。

先生以往曾一再宣示，愿意寻求和平解决。现政府方面，已从言论与行动上，表明和平之诚意，所有以往全国各方人士所要求者，如释放政治犯、开放言论、保障人民自由等，均在逐步实施，事实俱在，何得谓虚伪。务望先生号召贵党同志，共同迅速促成和谈，即日派遣代表，商定地点，开始谈判。战争能早一日停止，即保存万千之国民生命，减少万千之孤儿寡妇。果能共体时艰，开诚相见，一切当可获得解决。贵方所提八项条件，政府方面已承认可以此作为基础，进行和谈，各项问题，自均可在谈判中商讨决定。在双方商讨尚未开始之前，即要求对方必须先行执行某项条件，则不能谓之为和谈。以往恩怨是非，倘加过分重视，则仇仇相报，宁有已时，哀吾同胞，恐无噍类，先生与弟将同为民族千古之罪人矣。抑尤有进者，贵方广播屡谓政府此次倡导和平，为政府与某国勾结之阴谋，此种观点，显系基于某种成见而来。弟自抗战迄今，对外政策，夙主亲仁善邻，无所轩轾，凡有助于我国之和平建设，均应与之密切合作。今后亦唯有循此原则，以确保东亚和平，与我国家之独立自主。先生明达，当引为然。总之，今日之事，非一党一人之荣辱，而为国家命脉，人民生死之所系。弟个人亦决无丝毫成见与得失之心，如能迅消兵革，召致祥和，俾得早卸仔肩，遂我初服，固所时刻馨香祷祝者。掬诚布悃，希卓裁见复为幸！

弟 李宗仁 子感京秘印

其间，我派甘介侯博士作为我的私人代表前往上海与颜惠庆、章士钊、雷震、江庸等社会名流磋商，希望他们作为中间人士前往北平，帮助在政府和共产党人之间搭桥。其后，一月三十一日，我又和邵力子同往上海亲访他们。

我还邀请陈光甫加入这个前往北平的代表团，但遭拒绝，陈氏是有名的银行家，我多年老友，一九二八年蒋先生有意让他担任行政院的部长，但陈氏谢绝了。当我劝他接受时，陈氏笑道：将来，老兄当了一国之元首时，无论你叫我干什么，我一定接受，而今在上海，我重提往时的请求和他的诺言时，陈氏却说，大势已去，只好取消前言了。

我回南京后不久，那个人民代表团在北平和共产党首领磋商后回到了首都，刘仲华向我报告说，共产党权威人士表示只要我断绝同美国人的联系并协同消灭蒋介石派残余势力，他们就愿意和我合作。显然，这是共产党要使蒋先生和我不和的诡计。至于我和美国人的联系，我尚未接到过任何美国援助，美国政府就是提供了经济帮助给予中国政府，那也是和原先西方帝国主义国家提供的贷款全然不同的。我们决不会以主权和美国金钱来做交易。基于这个理由，我起草了五点回答给共产党。叫刘把它带往上海，以便第二个人民代表团把它交给共产党首领。下面就是我提出的五个要点：

一、政府同意通过政治方法解决一切国家问题。

二、各方指派一正式代表团，立即恢复和谈。

三、和谈时期停止一切军事行动。

四、今后国家重建工作按下列原则进行，即组成民主政府，平均分配财富，军队国有化。全体人民自由生活。

五、今后与外国的事务，按照民族平等，互相有利的原则进行。

第二个人民代表团于二月十四日飞往北平。在此期间，长江下游的战斗实际上已经停止，因为共产党人正在消化他们在以前的胜利中所吞下的东西。我们也有几十艘炮舰在长江上巡逻，看来足够阻止敌方渡江。这样宁沪地区的紧张也就趋于缓和。乐观的气氛看来重新在这两个市的街上出现。所有的人都期待着北平的好消息。但是就在这个时期，行政院在孙科率领下，突然从南京迁往广州。非常明显，此举旨在抵制我的和平努力。

贰

在我取得总统职位之初，我曾试图改变蒋先生之专制做法，建立真正的宪法政府，使其行政权力归于行政院院长（内阁总理），而不给予总统，然而不幸，行政院长孙科博士正是我以前在副总统竞选运动中的敌手，他在一九四八年十二月中接任了翁文灏博士的行政院长。

多年来，我和孙科博士的私人关系颇好，但在副总统竞选活动中，我的支持者，特别是黄绍竑做得过分，竟至揭露孙博士作为一个政治家的阴私，黄氏用假名发表了几篇文章，重提旧日的桃色事件——《敝眷兰妮》。兰妮是一个颇有姿色的交际花，曾有个时期是孙博士的情妇。后来，她还叫两个女儿称孙氏为父亲。抗战时期，兰妮一直留住上海，并且得到了一笔相当可观的不明来历的财产。日本投降后，所有伪官员的财产都由政府没收，其中也包括兰妮小姐的。于是，当她以前的情人回到南京当了立法院院长时，她便拼命向他求救。试图取回被没收的财产。孙氏便给上海负责官员去了一封信。在信中，他把兰妮称作"敝眷"。那时兰妮小姐也颇有名声，照片也常出现在中外文报纸的头版新闻上。所以，孙氏此信便成了轰动一时的笑谈了。而"敝眷"二字更是好久都用大体字排印出来。

一九四八年四月，孙科作为蒋先生的"黑马"，参加副总统竞选活动。黄绍竑很有文学天才，便在这时改了一下前次的题目。发表了另一篇儿女风情记事的文章。这使得孙博士尴尬万分，并认为我手段恶劣。选举失败，他或许可以忘掉了，而黄氏重提兰妮之事，则恐怕是不能忘怀的。现在正是他进行报复的好机会了。

我还得对付 CC 系的其他反对者，CC 系那班人都心胸狭隘。他们从不知道我之接任总统乃是克服政府危机的必要步骤。他们简单地认为，中央政府中权力变动为"桂系"争权的"最终胜利"，无论什么场合，他们都抵制我。所以，在蒋氏幕后指挥之下，孙科派和 CC 系就联合一致，共同来陷害我。其第一步就是把政府从南京迁往广州。

值此关键时刻，国民政府不能从南京迁走。类似任何轻率举动都定然会予共产党人以足够的借口来拒绝进行和平谈判。其次，政府方面的任何举动都会影响民众的心理和士气。我虽反对，然则，蒋先生自南京引退后不久，孙科就把行政院及其所属各部迁往广州。立法院的 CC 系分子步其后尘。南京城空了一半。幸好，立法院大部分委员却情愿和我留在南京。

因之立法院分裂。两派公开彼此弹劾。乱七八糟，我深感为难。以至不知所措。我在南京处理了大批政府事务之后，正等着共产党的答复。二月二十二日，我飞往华南，表面上是作华南视察，孙科和陈立夫两人都到飞机场见我。当晚我和孙科作了长谈。我镇静但坚定地要求他把行政院迁回南京。起初，他说："在敌炮火轰鸣之下，我们怎能处理政务呢？"我说："哲生兄啊，在八年抗战中，有哪一天不是在敌炮火轰鸣下过去的？"因为我竭诚力劝，孙氏最后乃同意回返南京。我经桂林、汉口于二月二十五日飞回南京。孙氏跟着于二月二十八日回抵南京。政府的所有人员都回到南京来了。这样总统和行政院之间的争执乃告结束。只有国民党的中央党部在 CC 系控制下，仍留在广州。

在和我不和时间，孙院长显然错了。他的不计后果的举动在立法院引起了普遍不满（他原是立法院院长）。立法委员们动议对他投不信任票，他狼狈之极，向我提出辞职书，但我私下又交还给他，叫他不要泄气，而应和我协调一致，共同克服政府之危机，三月七日，孙氏复来见我，要求我解脱其职责，既然大多数立法委员都觉得在当时孙氏不是能肩负责任者，最后我只好接受他的辞呈。

选择他的继承人是个新难题，经过相当的考虑以后，我决定把他的职位让何应钦继任，何刚辞掉中国驻联合国军事代表团团长的职务从纽约回来。白崇禧和吴忠信到上海把我的亲笔信交给何，但是何断然拒绝了。三月九日我亲自拜访他，他仍然拒绝接受，但是我还是设法引他谈起了二十几年前的一些历史事实，就在蒋先生于一九二七年八月第一次辞职以后，我和何在南京合作，我诚恳地说："敬之老弟，历史正在重演，蒋先生又辞职了，南京再度垂危，当你以前的同事孤独的时候你能无动于衷吗？"何将军看上去受了感动，表示愿意帮忙，但是他说没有蒋先生的赞许他不敢做任何事情。我立即叫吴忠信打电话到溪口，向退休的总统报告何将任新职的事情。蒋回答说："让德邻弟自己安排一切，我是退休的人，能说什么呢？"何听到蒋这客气的回答不寒而栗，请求我允许他远离政界。

我接着派吴忠信到溪口请求蒋给何说几句话。蒋先生给何打电话，相当冷淡地说："既然德邻想让你担任那个职务，接受下来吧。"何应钦到溪口从"退休老人"那里取得更详细的指示以后，最后接受了我的任命。

我和何应钦要克服无数困难才能组成新政府。我们不容易找到适当的人才来填补政府各部的空额，特别是财政部。前部长徐堪已辞职，不愿意再回来。我们打算把这个职位给陈光甫或者张公权，他们都是上海有名的银行家，但是他们两人都婉言谢绝了。我们让他们推荐一个，他们看中了中央银行的总裁刘攻芸，他是蒋先生完全信任的人。我没有见过他，也从来没有听说过他。但是何很了解他。接着何便接受了这个人。

我一回到南京，又面临了一项辞职，这次是总统侍从室秘书长吴忠信。我本来想让翁文灏博士填补这个空缺，但我犹豫不决，因为翁以前是行政院长。根据中国官场传统，总统府秘书长的地位对于前行政院长来说是太低下了。但是我决定无论如何要试一下，结果出我意料，翁立即接受了这项任务。他说："我能为国为民做什么事情，我一定毫不犹豫地去做，国家濒临灭亡，我怎么可以把这个职位看作是对我个人的侮辱呢？"

刘和翁两人都得到我最大的尊敬，因为在那个时期没有人想卷入政界，完全是爱国心使他们为了国家的利益而不顾个人的利益。但是，翁一接受任命，蒋立即派了一个代表去秘密见他，翁遭到了一顿辱骂。那个代表让他记得他是靠委员长发家的，并责问他怎么会无耻到原先的主子一退休就向"桂系"投降的地步。翁给说得心烦意乱，后来他一从法国回来就投向共产党可能就是因为他对蒋心地狭窄的反感。

后来刘攻芸也受到了蒋先生同样的辱骂。一九五〇年初，刘在香港的时候，向台北外交部申请要一个护照。中国外交部很谨慎，不敢在没有得到蒋介石允许的情况下给他发这样一个重要的护照。他们把收到刘的申请的事向蒋先生报告的时候，蒋先生非常生气。我从消息可靠人士那里得知，蒋用手捶了一下桌子说："刘攻芸是已经投降桂系的反动派。"这样，刘的申请被拒绝了。

一九四九年三月十二日，我把新政府的名单交给立法院批准，投票结果是二百零九票对三十票，这样就正式成立了新政府。政府成员名单。现记起的如下：

行政院长　何应钦

副院长　贾景德

政务委员　张　群、莫德惠、张治中、朱家骅

秘书长　黄少谷

内政部长　李汉魂

外交部长　傅秉常（叶公超代理）

财政部长　刘攻芸

国防部长　何应钦（兼）

总参谋长　顾祝同

经济部长　孙越崎

交通部长　端木杰

教育部长　杭立武

司法行政部长　张知本

蒙藏委员会委员长　白云梯

侨务委员会委员长　戴愧生

主计处主计长　庞松舟

新政府面临两项紧急任务：第一，要指定一个正式代表团和共产党谈判。第二，必须取得内部团结，以便迅速进行政治改革。释放政治犯，制止通货膨胀，准备长江的防守工作。第二部分的问题下一章再谈。这一段主要谈谈与共产党的问题。

一九四九年二月十四日，由颜惠庆率领的第二批人民代表团到北平以后，共产党派林彪、董必武和叶剑英和他们谈判。共产党电台正式宣布说，他们愿意和政府和谈。二月二十五日，我一从广州回到南京就召集了所有在南京的领导人开会。会上我们采纳了以下三点，作为将来谈判的基本指导原则：

1. 和谈必须建筑在平等的基础上，我们绝对不能让共产党以胜利者自居。强迫我们接受不体面的条件。

2. 鉴于铁幕后面的附属国形势混乱，我们不能同意建立以共产党为统治党的联合政府。我们应该建议立即停火。在两党控制区之间划一条临时分界线。

3. 我们不能全部接受所谓八条。而只同意在两政府共存的条件下讨论八条。

我完全清楚，即使这个建议被接受，共产党也不会和我们谈成功的。我觉得如果我们能阻止他们过长江，他们就别无他法，只得接受我们的建议，我们是不是能守住长江还是另外一个问题。

我组成新政府以后授权行政院长组织一个正式代表团。根据以上三条原则和共产党谈判，何应钦通过电话和蒋先生商洽以后，指定张治中、黄绍竑、邵力子、章士钊和李蒸组成政府代表团，以张治中为团长。当行政院何院长把名单交给我批准的时候，我加上了刘斐将军的名字，接着张治中将军到溪口去取得蒋的批准，然后，我们就给共产党打电报，把名单通知他们。三月二十六日，北平共产党当局指定了一个包括周恩来、林祖涵、林彪、叶剑英、李维汉和聂荣臻的正式代表团，他们建议把四月一日作为在北平开始和谈的日子。

我们代表团启程的前夕，我把居正、阎锡山、白崇禧、张治中和别的一些领导人叫来开了个会，会上我建议组织一个指导委员会来监督即将到来的与共产党的谈判。接着，除我以外还有十人被选进了这个委员会，他们是：何应钦、于右任、居正、张群、吴铁城、孙科、吴忠信、朱家骅、徐永昌和董显光。实际上孙科已经离开南京，我们在他缺席的情况下选他做委员。四月六日，何应钦乘飞机到广州把这个委员会的名单交给国民党常务委员会正式批准，希望政府和执政党能进行更全面的合作。

叁

当政府忙于做和平安排的时候，我加紧了我们的外交活动。我当总统以后，我就立即召见俄国大使罗申，我想看看我们是不是可能和俄国人做一些安排来停止中国的内战。我听说蒋先生已经早在一九四四年或者一九四五年就为同一目的和俄国人接触过。一九四五年底，委员长的大儿子蒋经国已经到过莫斯科，斯大林告诉他在俄国帮助中国政府以前，中国和苏联之间必须签订一项中立协定，在中国必须组织一个有中国共产党参加的联合政府，蒋先生拒绝了苏联的这项建议。

一九四六年，蒋先生告诉在南京的苏联大使，他准备考虑斯大林的建议，并表示希望访问俄国，斯大林随即派了一架专机到新疆省会乌鲁木齐，以便蒋去莫斯科访问①，他指示在南京的苏联大使馆和蒋做好去莫斯科的安排。罗申告诉我他就是负责这一个计划的。飞机到了以后，罗申想约见蒋先生，但蒋先生却拒绝接见他，罗申有些绝望了，便设法和蒋经国联系，在以前的许多安排中，他已经和蒋经国有过接触了，但蒋经国这次为了避免见他而到上海去了。罗申跟着到了上海，但却无法在那大城市里找到蒋经国。这样，这一切都没有能够成为现实，苏联在乌鲁木齐的飞机只好飞回去了。机上没有接到贵宾。

对于蒋的背信，斯大林非常生气，他命令所有苏联在中国的外交官和领事都采取与中国政府不合作的政策。东北给共产党占领以后，蒋先生又重新向苏联大使要求访问俄国，他埋怨儿子以前的安排没有成功。罗申打电报把这个消息告诉莫斯科的时候，他从斯大林元帅那里得到一个简单的答复，斯大林元帅说既然蒋介石是个不诚实的人，罗申可以不理睬蒋的请求。因此，当我召见罗申的时候，他说："现在已经太晚了，我亲爱的总统先生，中国永远也不会断绝同美国的联系，苏联能为它做些什么呢？"由于他的话这样挖苦，我没有就这个问题继续谈下去，我们的谈话就这样结束了。我已经知道苏联在过去三年中真正想得到的是中国保证在一旦俄国卷入战争的时候保持中立，我指示甘介侯博士再度和苏联大使商谈这件事。但是苏联的价钱大

---

① 作者注：上面的这个关于斯大林派飞机到乌鲁木齐的故事，是根据模糊的记忆写成的。这个故事是罗申亲自告诉我的，没有文件证据。因此，要查对中国和苏联的档案材料，才能进一步证实。

大提高了，斯大林不再满足于一个中立协定，他坚持要中国和俄国建立真正合作的关系。俄国人建议，中国为了表示诚意，应尽量驱逐在中国的美国人。

甘博士向我请求进一步的指示的时候，我说不可能接受俄国的条件。我叫甘氏通知苏联人，我们和所有友好邻国诚恳相待。中国不想歧视任何国家。苏联大使粗率地回答说，他们的政府和我们的政府之间进一步的谈判要以接受他的建议为条件。

正是在这个时候，我派了甘博士把目前的情况告诉美国大使，并且请他发表支持的声明。这本来可以增加我们的旨在取得俄国势力以迫使中国共产党与我求得和平解决的谈判本钱的，不幸的是，几个月之后，这件事被美国国务院的白皮书作了错误的报道。白皮书是这样写的：

> "一月二十三日（一九四九年），代总统的代表要求美国大使司徒雷登转告美国公开发表表示支持的声明，这位代表说李将军已和苏使馆取得联系，并且拟好了一项中苏间试探性的三点协议草案。这项草案于数日前由苏联驻华大使带到莫斯科，这三点是：（1）在将来的任何国际冲突中，中国保持严格的中立；（2）尽可能地驱除美国在中国的影响；（3）建立中国和俄国之间真正合作的基础。李将军已经原则上同意这三点，并且觉得如果得到美国支持的声明的话他在就这三点进行的谈判中可以增加本钱。"（见美国国务院《美国对华关系》，一九四九年八月，第二九三页）

这错误的陈述可能是由于在中国的美国外交官员太敏感，也可能是由于有些中国人散布谣言想迫使美国人迅速改变对华政策。据我回忆，我和俄国人的所有接触仅仅限于和罗申的简短谈话。在一九四九年我们根本没有和俄国人进行过任何认真的谈判。

由于无法和俄国人和解，我们这段时期的外交活动集中在美国人身上。我们经常和美国大使司徒雷登博士接触，司徒雷登博士是我的好朋友，我们一直相处很好。我在北平工作时，经常和他共餐，他也请我去燕京大学答谢我的盛意。我还认识了傅泾波先生，而此后，在我留在北平的时候，他成了我的行辕中的常客。

　　就是在早期，我就与司徒雷登讨论过了美援问题，但是这位未来的驻华大使总是批评中国政府的腐败。蒋氏引退后，我和他在南京又有接触，我正式请求他敦促美国政府借给中国十亿美元，或者至少五亿，以帮助制止通货膨胀，我强调地请他注意蒋引退后中国政局已完全改变的事实。并向他保证今后将有效地使用美援，如果美国现在拒绝帮助中国来阻止世界共产主义的扩张，今后他要在远东做同样的事就要多花一百亿美元，而且不会有什么效果。还使美国青年不得不流血，我提醒美国大使说，如美国不愿在现在采取行动，而愿在今后采取行动，他们只能希望得到帝国主义的头衔。但大使很顽固，拒绝了我们的请求。说由于蒋先生仍在幕后控制着政府，中国的局面没有改变，美国对远东外交政策已定，现在决不能改变。

　　我和美国外交家的接触在和谈进行时达到高潮。虽然我知道取得美援是不可能的，但我仍希望美国至少会给我们道义支持。在四月中和司徒雷登大使的一次长谈中，我建议以大使名义上为我举行茶会，邀请英、法大使出席。承蒙司徒雷登大使好意，按我建议的那样做了，在茶会上，我应大使的请求发表了讲话，英、法外交使节也在场。[①]

―――――――――

　　① 作者注：由于大部分文件都已丢失，已记不清此次聚会的准确日期。但根据司徒雷登博士的回忆录，聚会是在四月十七日，英、澳、加大使应邀参加了。加拿大大使未能准时到，没有迹象表明法国大使也邀请了。参看司徒雷登著：《在中国的五十年》第二三一页（纽约雷腾出版公司，一九五四年版）。

首先我说看到中国人民的苦难。中国政府一直诚心诚意地争取继续和共产党的和谈。我们希望共产党和政府达成协议，以便我们能一起为中国的民主重建而努力。我强调说十月革命后一开始，西方的民主国家力图阻止国际共产主义的扩张。但二次大战后，俄国布尔塞维克控制了整个东欧，开始了对西欧的"冷战"，当西方正在建造堤坝阻止"赤祸"在西方"泛滥"时，让它在东方自由"泛滥"是明智的吗？我说：如中国现政府倒台，我相信整个远东会随着崩溃。我请西方国家注意中国在世界未来的政治发展中占枢纽地位这样的事实。没有人应该低估中国内部灾难的严重性，也不应袖手旁观。

　　在结束时我诚恳地说，我的政府并不向美国、英国和法国请求物质帮助，但我希望在座的先生们会把我的意思转达给他们尊敬的本国政府，强调我们需要他们的道义支持。更具体地说，我敦促三位使节发表联合声明，对目前中国国民党、共产党之间的谈判表示深切的关怀，我请三国政府表示他们衷心的希望，希望谈判会导致和平解决。这样中国和全远东的和平能维护住，他们发表联合声明将会给与共产党谈判的政府代表团相当大的鼓励。也将充分警告国际共产主义分子不要插手中国。

　　当我讲完话回到座位时，我瞅了一眼美大使，希望他会附议，想不到，司徒雷登采用滑头政客的通常办法，他避免看我，而邀请英外交使节代表三人讲话。英国外交官员作了简短、措词谨慎的讲话，他的讲话把我的要求搁在一边，显然回避一切问题。这使我意识到西方已决意袖手旁观，眼看中国政府垮台。

　　同时我们试图和美国政府直接接触，我们驻华盛顿大使顾维钧博士是一个谨慎的政治家。他向蒋先生请示。白崇禧曾数次向何应钦和我建议要换掉他，但何应钦的神经太紧张，没有溪口方面的允许，他不敢采取这一行动，即令我们能够比较顺利地找到一位能干负责的驻美大使，也无济于事，因为蒋存心想看着我们完蛋。

此时美援是唯一能使气息奄奄的病人活过来的药物。南京政权从蒋转到我这一事实给有效用药创造了条件。竞选副总统时，我曾对人民许诺说将给中国带来民主改革。蒋先生走后，人民都望政府中的腐败也随着走了。我任总统头两月中，到处都有繁荣和欢乐的景象。如美国国会和白宫领导人目光远大，立即更改对华政策以适应中国之局势，并提供贷款给我以制止通货膨胀，整个局势恐已大变了。与此同时，由于有了公众对政府的重新支持，加之武装部队士气的重新高涨，我们也可能成功地保卫长江，并在政府中实行有效的民主改革，这样我们才能与共产党在谈判中最终求得和平解决，至少可使半个中国得以自由。

我从未料到华盛顿的最高决策人竟会是一群目光短浅的政治家。当共产党卷地毯似地征服大陆时，他们甚至连声都没有吭，就在这时，共产党占领中国后，共产党集团变得异常强大，而朝鲜的共产党人又变得如此大胆，竟在第二年开始了朝鲜战争。

但在今天回顾那时的情况时，我不禁不寒而栗了。今天我感到庆幸的是：当年与我打交道的美国方面的领袖人物都是一些没有经验的人。这些人在现状不变的局势下指导世界事务是能干的，但处理起严重的国际危机时，则肯定是无能为力。如果他们要像约瑟夫·斯大林那样冷酷和精明，像他们一样善于抓住时机，中国肯定是会完了。如果美国人全力支持我，使我得以沿长江和毛泽东划分中国，中国就会陷入像今天的朝鲜、德国、老挝和越南同样悲惨的局面了。南部政府得靠美国生存，而北部政府也只能仰苏联鼻息，除各树一帜，互相残杀外，二者都无法求得真正之独立。又因中国是六亿人的大国，这样一来，她就会陷于比前面提到过的三个小国家更为深重的痛苦之中，而民族所受的创伤则恐怕几代也无法治好了。如果这种事情真的发生了，在我们敬爱祖国的未来的历史上，我会成为什么样的罪人呢？

虽然共产党现政权是有点蛮干，驱使人民进行迅速的建设恢复工作，以实现共产主义；虽然人民也因之受到很大的苦难，但中华民族至少是有十多年没有内战了。此外，大陆之物质建设亦感人良深，迫使西方人重新对我中国人进行评价。他们将我们看作是有智慧的民族，并预言中国将很快成为世界上的一等强国，我对他们的感情是敬仰之心和恐惧之心兼有。不论是谁做了这工作，国家资源是得到了很好地保护的。这样看来，我自己虽然失败，而且寄居异国，但我还是问心无愧的。

第六十七章　不堪回首的江南战役

壹

我在南京出任代总统的三个月期间，本抱"死马当活马医"的态度，欲为不可收拾的残局尽最后的努力，期望息兵，达成和平局面，解人民于倒悬。古人说："尽人事而听天命。"但是因环境特殊，蒋先生处处在背后牵制，使我对这匹"死马"实未能尽应有的努力。

使我不能有丝毫作为的第一项基本原因，便是蒋先生在决定引退之时，即已准备放弃大陆，退保台湾，以贯彻其改造党政军，成为三位一体的心愿，维持一个清一色的小朝廷。他更深信大陆放弃之后，国际情势必益恶化，第三次大战亦必随之爆发，即可因人成事，回大陆重温接收政权的美梦。为布置这一退路，蒋先生于三十七年（一九四八年）十二月二十九日突然命令孙科的行政院任命陈诚为台湾省主席。

前已言之，陈诚于三十七年春初自东北铩羽归来之后，在京、沪一带的东北籍人士群起鼓噪，恨不得杀陈诚而后快。蒋先生不得已，准陈诚辞职赴台，托辞养疴，实另有所布置。此次新职突然发表时，前主席魏道明事前竟毫无所知。陈诚得令后，立即自草山迁入台北。三十八年一月五日便在台北就职视事。行动的敏捷，为国民党执政以来所鲜见。由此可知蒋先生事前布置的周密。

陈诚上任后，蒋先生便密令将国库所存全部银元、黄金、美钞运台。因自民国三十七年八月"金圆券"发行之后，民间所藏的银元、黄金、美钞为政府一网打尽。据当时监察院财政委员会秘密会议报告，国库库存金钞共值三亿三千五百万美元。此数字还是依据中国公开市场的价格计算；若照海外比值，尚不止此数。库存全部黄金为三百九十万盎司，外汇七千万美元和价值七千万美元的白银。各项总计约在美金五亿上下。

蒋先生在下野的同日，又手令提取中国银行所存的美金一千万，汇交当时在美国的空军购料委员会主任毛邦初。嘱毛将该款以及毛氏手上的余款悉数自纽约中国银行提出，改以毛氏私人名义存入美国银行。据毛氏事后对人说，蒋先生虑及与中共和谈成功，联合政府成立，该款必落入新政府之手，乃有此不法私相授受的措施。其后因空军总司令周至柔与毛邦初素有宿怨，向蒋互控贪污的罪名。周指毛购料舞弊，毛则控周将公款私自提存香港某银号，据为己有。政府即派员到美京空军购料办事处查账，结果并无账目不清的迹象；而对周将空军款项以私人名义存放香港银号一事，竟亦置之不问。毛氏认为不公，仍喋喋不休。而宋美龄以毛邦初系蒋先生元配毛氏的内侄故，心存忌妒，遂怂恿蒋先生将毛邦初撤职，并勒令将当初私相授受的巨款交出。毛以该款既属渠私人名义所有，并无公款佐证，拒不接受。此为后来国民政府控告毛邦初内幕的由来。

因此在我就任代总统之日，手头一文不名。为维持军饷，安定民心，曾命行政院饬财政部将运台的国库银元金钞运回一部分备用。但是在台负保管责任的陈诚奉蒋暗示，竟作充耳不闻的无言抗命。政府救穷乏术，唯有大量印发原已一文不值的"金圆券"。大票成群出笼，致币价贬值，一日千里。金融市场完全崩溃，百业停顿，军心民气完全丧失，遂形成无法收拾的局面。

为抢救这危局，我曾数度就商于美大使司徒雷登，希望美国能贷中国一批白银，先行安定金融，再及其他。司徒总是说，总统先生，你有其名无其实，政府实权完全未更动，不管美国运来多少金银，还不是和以前一样，完全浪费。我不得已，电令驻美大使顾维钧就近向美国政府交涉。无奈顾大使仍以蒋先生的意旨为依归，对我虚与委蛇，来往电报完全漫无边际，不得要领。

金银之外，蒋先生又秘密将海、空军实力逐渐南移，以台湾为中心，值此江防紧急之时，海空军为守江所必需，重心一旦南移，江防军斗志便大半丧失，纵有可为也不可为了。

蒋先生在下野前夕既已预备放弃大陆，他要我出来，显然是借刀杀人，好让他争取时间，抢运物资赴台。此种司马昭之心，连美军顾问团也看出了。

一月五日，时距蒋先生正式下野尚有十余天，司徒大使遣其私人顾问傅泾波来见我说，美驻华军事代表团长巴大维将军闻悉蒋氏有计划地放弃大陆，经营台湾，甚为诧异。因自平、津、济南沦陷，及徐州会战失利后，共军虽已增至二百万人以上，但国军亦立即调整补充，兵力仍号称三百五十万；虽装备奇缺，唯尚有半数可战之兵。且西北地区和长江以南省份依然完整，在此时期即作放弃大陆的准备，无乃太早。巴大维将军并认为台湾系美军从日本手中解放出来的。虽开罗会议时有归还中国的协议，但在对日和约尚未签订之前，其主权谁属，究未有法律的根据。今蒋总统即欲据为己有，作为撤退海空军的基地，似有僭越之嫌。巴大维将军拟请司徒大使向蒋总统提出口头的抗议，但是司徒大使尚未决定采取任何行动，故特遣傅君先来问问我的意见。

我只好对傅君说，我对蒋先生这项计划一无所知，未便作任何表示。傅君始怏怏而去。

事后种种迹象证明巴大维的消息是正确的。蒋先生确已作放弃大陆的决定。他要我出来，不过暂作他的挡箭牌，好让他从容布置，布置好了，他就要促使我早日垮台，再由他自己来和共产党唱对台戏。我如果真在南京励精图治，作防堵共军渡江的有效措施，即有违于蒋先生的腹案。他必然要用尽方法，破坏我的计划，使我不能以半壁河山与中共分庭抗礼。

蒋先生既有这项决定，则我不论为和为战是如何地努力，皆是徒然。因为军国大权仍完全操在他手，我在京形同俘虏，只有听任他的摆布。

为便于控制全国各地一切军政措施，蒋先生返溪口之后，便在其故里建立电台七座，随意指挥，参谋总长顾祝同，对一兵一卒的调动完全听命于蒋先生。二月十六日，我在总统府宴请留京高级军政人员阎锡山、于右任、居正、顾祝同等。众人方入席，侍从人员便来报告说，溪口蒋先生有电话给顾参谋总长。顾祝同只得放下碗箸去接电话。蒋先生这电话原先打到国防部，部里人说，代总统今日请客，参谋总长现在在总统府吃饭。蒋先生便命令将电话接到总统府。是晚我们一席未终，顾祝同先后接了三次溪口的电话。由此可见蒋先生对各项军政大事控制的严密，实与退休之前无异。但是所有我对他的要求，如释放张学良、杨虎城和自台北提运金钞回京等事，蒋先生却又推托说，下野之人，不干预军国大事，把责任推到陈诚头上。但是我给陈诚的命令，蒋又授意陈诚置之不理。

蒋先生这种作风，当时不特党内元老于右任、居正等痛心疾首，就是蒋先生数十年的心腹何应钦、张治中、邵力子也看不顺眼。他们一致认为要挽狂澜于既倒，一定要蒋先生放手，让我可以大刀阔斧的兴革。他们认为要蒋放手，最好请蒋先生出国考察。但是谁都知道蒋先生的脾气，南京方面，虽大家都有此意，却谁也不敢向蒋先生当面提出。至于接近我的人，为避嫌疑，皆谨言慎行，尤其不敢乱作主张。当时 CC 系报纸以及少数不明内幕的新闻界，以讹传讹，甚或故意造谣，说我们"桂系"有意要逼蒋出国。这全非事实。所谓"桂系"领袖如黄绍竑、白崇禧等，那时皆常住武汉或上海，即使二三流的干部如李品仙、程思远、张任民、韦永成等，也都齐集白崇禧幕中，很少与我接触。我在南京日常过往的，皆是蒋先生夹袋中人。甚至我身边的卫士，正如吴忠信所说，都是蒋先生的人。我言行均十分谨慎。所以当时气愤填膺而形于颜色的，不是"桂系"领袖，却是张治中、何应钦、邵力子等人。

蒋先生幕后违法控制最明显的例子，便是浙江省政府主席陈仪被撤职逮捕一事。三十八年二月底，京沪卫戍总司令汤恩伯忽亲赴杭州，将陈仪拘押撤职。遗缺由汤部第七十五军军长周喦接替。

此事的发生殊出人意外，我身为元首，对近在咫尺的浙江省主席的撤换拘押，直等报纸刊出才知道。时任行政院长的孙科亦不知此事。事后，蒋先生才打电话给孙科，要他在行政院政务会议提出追认。此事表面上虽为汤恩伯所执行，背后实全由蒋先生指使。汤的地位不过是京沪卫戍总司令，居然做出拘捕和撤换省政府主席的事来，实在太不成体统。我闻报之下，便十分愤怒，拟查明事实，严办汤恩伯。

京中高级文武官员见我生气，怕我要手令撤职查办汤恩伯，而汤分明是遵蒋先生的意旨办理的，这样一来，岂不对蒋的面子下不去，大家纷纷来劝。

后来孙科、何应钦也先后来相劝说，蒋先生的作风一向如此，难道你还不知道吗？在现在这种风雨飘摇的局面之下，和蒋先生闹翻了，事情将更不好办。这两位先后身肩内阁重任的行政院长的态度尚且如此，我为顾全大局，不为已甚，只好不了了之。

陈仪被拘禁撤职的原因，据报纸所载，是因为他有意劝汤恩伯于长江下游让出一缺口，任由共军渡江。其实这是"欲加之罪"。真正的内幕却是蒋经国向他父亲告御状的结果。蒋先生每次下野，总归要杀人泄忿。此次陈仪被蒋经国告一状，适逢其时，所以便倒霉了。这件事的内幕是这样的：

三十七年八月政府发行"金圆券"以吸收民财之时，蒋经国奉命去沪监督兑换民间白银、黄金、美钞。蒋经国为此特在上海组织了一个"青年救国团"约数千人，分头逼迫人民兑换，并借故查究商人贩卖奢侈品。拘人、枪毙民命、查封商铺，日有所闻。不肖之徒，乘机勒索，尤不胜枚举。不到三个月，金圆券的币值已不能维持，人心惶惶，举国鼎沸。舆论尤啧有烦言。蒋先生见搜括民财的目的已达，为平民愤起见，乃下令撤销蒋经国的兑换机构，并饬其率领"青年救国团"赴杭州候命。不久，蒋先生即引退下野。适此时美国有一批剩余物资（军火）运抵上海。一批黄埔系军官闻讯大喜，群起要求参谋总长顾祝同予以分配。顾向蒋先生请示，蒋坚拒批发。原来蒋经国意欲用这批美械来装备他的"青年救国团"。蒋先生自然不便一下就发给蒋经国，只叫顾祝同将该批军械运往浙江衢州，暂交经国保管。蒋经国遂令其副团长某负责执行。孰知这副团长是个潜伏的共产党，后来共军渡过长江向浙、赣路急进，这批美械竟原封不动地转到共军手中去了。

"青年救国团"在杭州无所事事。这批青年原来又是乌合之众，良莠不齐，在杭州一带横行霸道，居民不堪其扰，纷向浙江省政府告状。陈仪收到的人民控诉书不下数百份，正不知如何处理。适蒋经国由上海到杭州来向陈仪讨给养，说请陈伯伯多多帮忙。本来省政府的经费是有一定的预算的，何况这"青年救国团"是私自成立的，并未向政府登记，这突如其来的数千人的给养，一时实不易筹措。据说，陈仪曾对蒋经国沉痛地说，我们既救国之术，也不应尽情蹂躏自己的桑梓，吾人实无面目见浙江的父老，说了，从桌上拿起盈尺的控诉书递给经国说，你看里面控告"青年救国团"的罪状，较诸土匪有过之无不及。经国接过来略为翻阅了一下，便放回桌上，一言不发，掉头而去。经国素以"太子"自居，目空一切，今番不独有求不遂，反而碰了一个大钉子，焉肯甘休？乃气冲冲的到溪口去向乃父告御状，难免画蛇添足，说陈伯伯抨击"青年救国团"类似一群土匪，如此说来，经国是土匪的小头目，而爸爸就是土匪的大头目了。

蒋先生闻言，不假思索，即大发雷霆，立刻打个电话给陈仪，把陈仪骂得狗血淋头。未等陈仪答腔，便把电话挂了，次日，汤恩伯便奉召到溪口，汤旋即亲到杭州将陈仪撤职拘押，遗缺由汤氏暂派周嵒代理，事有凑巧，那时有个闲散军官是陈仪和汤恩伯的小同乡，到省府求差事，陈因无法安插，就写了一张便条，介绍给汤恩伯酌予录用。汤即捏造事实，谓便条之外，陈仪并致意恩伯说，大势已去，不必糜烂地方，倒不如开一缺口让共军渡江。这闲散军官先被枪毙以灭口，这段骇人新闻曾刊载于沪上各大报。

这一类事，在蒋先生个人经历上本是罄竹难书。不过现在他已下野，国事至此，他的恶习气竟变本加厉。在南京的何应钦、顾祝同等，提到蒋先生这种作风，无不痛心疾首。但是何应钦心头口头虽然不满，而对蒋先生仍不敢有丝毫违抗。我有时难免因何应钦的矛盾言行而诧异。何才据实告诉我说，他在南京早有特务跟踪，他稍有不慎，即有杀身之祸！说来令人不寒而栗。

贰

蒋先生最不可恕的干预，便是他破坏了政府的江防计划。蒋先生原非将才，东北及徐、蚌二役可说是他亲自指挥垮了的。当时我和白崇禧力争，徐蚌之战应本"守江必先守淮"的传统原则作战，而蒋不听，硬要在徐州四战之地与共军作战，卒至一败涂地。此次守江，虽已属下策，但是我们究有强大的空军和数十艘军舰为共军所无，若善加利用，共军亦未必可以飞渡长江。无奈蒋先生无意守江，却要守上海一所死城。执行他这错误战略的，便是他最宠信而实际最脓包的汤恩伯。

一、二月之间，当共军已逐渐迫近长江北岸时，国防部召开江防紧急会议，事前并由该部作战厅厅长蔡文治中将拟就守江计划，开会时提出讨论。此次会议由参谋总长顾祝同主持，出席者有各级将领蔡文治、汤恩伯等人。我与何应钦也应邀列席。

首由蔡文治提出江防计划。大意是说，我江防军主力应自南京向上下游延伸。因为这一段长江江面较狭，北岸支流甚多，共军所征集预备渡江的民船多藏于这些河湾之内。至于江阴以下之长江江面极阔，江北又无支河，共军不易偷渡，可以不必用重兵防守。此一方案，何应钦、顾祝同和我都认为十分妥洽。

但是汤恩伯却大不以为然，声言这方案大违总裁意旨。他因而另提一套方案，大体是把我江防军主力集中于江阴以下，以上海为据点，集中防守。至于南京上下游，只留少数部队以为应付，简言之，便是守上海而不守长江。

蔡文治认为这是自杀政策，在战略及战术上均属下策。无奈汤恩伯是掌有实权的江防总司令，他的防地上自湖口，下至上海，大军四十余万人都在他一人节制之下。汤坚持他的守据点的计划，并说："这是总裁的方案，我必须执行！"

蔡文治说："就战略、战术来看，我想不论中外军事家都不会认为放弃长江而守上海是正确的。现在代总统、何院长、顾参谋总长都同意我们作战厅的方案，为什么你独持异议？"

汤说："我不管别人，总裁吩咐怎么做便怎么做！"

蔡说："总裁已经下野了，你还拿大帽子来压人，违抗参谋总长的作战计划，如果敌人过江，你能守得住上海吗？"

汤恩伯至此已血脉偾张，完全失去常态，顿然把桌子一拍，大声嘶吼道："你蔡文治是什么东西？！什么守江不守江，我枪毙你再说，我枪毙你再说……"说着，把文件一推便冲出会场，扬长而去。

蔡文治也气呼呼地把文件收起来，连说："这还能干下去？这还能干下去？我辞职了！"

我望着何应钦、顾祝同二人说："这局面如何收拾。"

何、顾二人也苦笑说："老总不答应，那又有什么办法，只有让他垮呵！"他们所谓"老总"就是指蒋先生。

我当时便想汤恩伯只知道蒋先生，把我们李、何、顾三人不放在眼内，简直不成体统。要阻止敌人渡江，首先要把汤恩伯撤职。但是汤氏手握重兵，何应钦、顾祝同又不敢哼一声，我当然也无法撤换他，只好眼睁睁看他胡来。

在这种情势下，我觉得蒋先生如继续在幕后牵制下去，就必然要同归于尽。我要挽回颓势，则必须请蒋先生放手。因于四月十日作一亲笔信请阎锡山、居正两人带往溪口与蒋先生面商。我在信内指出，如果蒋先生不采取适当步骤以挽救这种混乱局面，我本人唯有立刻引退，以免贻误国家大事。阎、居返京后，所谈不得要领，仅由张群传话，说蒋先生拟往杭州，约我赴杭面谈。但是此时正值紧要关头，我何能分身，遂作罢论。

以后长江防务，自然由汤恩伯按蒋先生之意，作最不堪想象的愚蠢的部署。汤氏把他的三十万精锐（第四、四十五、五十一、五十二、七十五等军）悉数调往上海一隅，征集民财，在四郊筑碉防守。南京、镇江、芜湖一线，则以战斗力极为薄弱的部队聊作应付。这种部署无异开门揖盗，共产党自然就更不愿与吾人谈和了。

三、四月间，我得到情报说江阴要塞司令戴戎光①已秘密与共军接洽，

---

① 据当时在国民党江阴要塞司令部任参谋长的梅含章说，江阴要塞司令戴戎光是被解放军活捉的。梅含章在《江阴要塞解放的片断》一文中说：一九四九年四月二十一日一时左右，解放军"在要塞附近渡江，都是顺利地飞上南岸。当先头渡江部队上岸后，唐秉煜和地下党徐以逊同志以及刚渡江过来的丞民营长等带领少数人，换上国民党的军帽，首先进入黄山要塞总台的指挥所，巧妙地活捉了要塞司令戴戎光。于是江阴要塞在地下党组织领导下得到解放，光荣地回到人民的手中。"（见全国政协所编《文史资料选辑》第三十二辑，第36页）

预备于共军渡江时叛变响应。我特为此事与参谋总长顾祝同计议。顾认为流言不可轻信。因戴为黄埔学生，为蒋先生所倚重，故畀以江阴要塞司令的要职；而且顾祝同自言与戴为亲戚，信其无他。

我说："墨三兄，这年头父子尚且不能相顾，亲戚能靠得住吗？为谨慎从事，我看还是把他暂时调开。"

顾说："这事我不能做主，需要请示总裁才行！"

我知道请示蒋先生是多余的，遂未多言。

孰知四月二十一日共军渡江时，戴戎光果然叛变，利用要塞巨炮反击我江防舰队，舰队或沉或逃，共军木船乃蔽江而过。杂花生树，群莺乱飞的大好江南，顿时便赤焰熏天，无法挽回了。

戴戎光可能不纯然是为着五百根金条而叛变的。他叛变的最大原因，第一固然是觉得大势已去，应该向共党"立功投效"；第二可能是由于蒋先生授意"保存实力"，让共军渡江。共军既渡，戴无处可退，就索性投降了。

上游敌军则自芜湖以西，大通、青阳一带强渡。因为此地守军都是刘汝明所部，战斗力十分薄弱，一见敌人登陆，或降或逃。中共大军如入无人之境。南自江阴，北至芜湖，以钳形攻势向南京进迫。

四月二十一日我召集何应钦、白崇禧、顾祝同等高级将领会商今后战略。与会诸人莫不慨叹。因众人皆清楚，蒋先生如不暗中掣肘，局势不会一糟至此。由多方事实参证，我知道蒋先生是故意促成我早日垮台，愈快愈好。他唯恐我能守住长江，与中共周旋。时日延长，美国政府可能改变对华态度而大量助我。如此，则我李某人坐拥半壁河山，中共固无法南侵，而蒋先生的独裁政权亦将永成历史名词了。

蒋先生生性便是极端狭隘的人，他断不能坐视我取他而代之。他所以要把汤恩伯撤往上海，目的是要争取时间，抢运物资。然后把汤部精华撤往台湾，另建一个小朝廷。

我们留在南京的将领，一致认为南京无法再守。但是白崇禧对防守武汉及西南半壁河山尚坚具信心。他主张放弃京、沪两地，把汤恩伯的主力移至浙赣线和南浔线，与华中部队约四十万人成为犄角，以固守湘、赣，防止敌军侵入西南。

我极同意白崇禧的计划，何应钦、顾祝同也认为这是今后唯一的出路。但是蒋先生如果不同意这计划，则一切皆是空谈。大家乃决意于四月二十二日赴杭州一行，看蒋先生的意思如何。

行前，白崇禧便向我建议说，今后局势，如蒋先生不愿放手，则断无挽回余地。你应乘此机会向蒋先生明白提出，蒋、李二人只能择一负责领导政府，以期统一事权，而免拖泥带水！蒋先生既已引退下野，应将人事权、指挥权和财政权全部交出。我说，这正是我的意思。

四月二十二日晨，我们分乘专机三架飞往杭州，蒋先生已在笕桥航校等候。我们抵达之后，大家面色沉重，心情非常悲愤。我首先向蒋先生说："你当初要我出来，为的是和谈。现在和谈已经决裂，南京马上就要失守，你看怎么办？"

蒋先生说："你继续领导下去，我支持你到底，不必灰心！"嗣后，蒋先生总是尽量安慰我，要我务必继续领导下去，他当尽其所能支持我，后来他又撇开众人，领我到另外一间房里继续商谈。我说："你如果要我继续领导下去，我是可以万死不辞的。但是现在这种政出多门，一国三公的情形，谁也不能做事，我如何能领导？！"

蒋先生说："不论你要怎样做，我总归支持你！"

蒋先生说话的态度，真是诚挚万分。我如对他提出任何要求，他都会一口答应。此时南京已危在旦夕，国之将亡，我们当国者的心境实有说不出的辛酸。在这种情况下，蒋先生既然一再说明，全盘由我负责，我如逐条列举要他答应交出，反嫌小气。我本人一向是个不为己甚的人，所以也只能轻描淡写地提出。这是我不能破除情面的弱点。

不过，当时我纵然破除情面，和他摊牌，他逐条答应了，还是无用。我和蒋先生相处数十年，深知其久染洋场恶习的个性。他说话照例是不算数的，嘴里说得再好听，做起来他还是不会放手的。

我们在杭州的聚谈就这样结束了。当时外界不明真相，都把这一次非正式的谈话叫作"杭州会议"。其实我们根本没有开什么会议，大家坐在笕桥航校会客室的沙发上谈了一两个钟头便结束了，没有作任何具体的决定，因为蒋先生口口声声说，嗣后我们任何作战计划，他都完全支持。

谈话结束之后，白崇禧随即飞返汉口，何应钦坚决约我同去上海。我说我应该回南京去看看。我怕的是南京撤退时，我如不在场坐镇，或许要发生抢劫现象，那我们就更对不起人民了。

四月二十二日傍晚，我从杭州返抵南京时，四郊机枪之声不绝，首都已一片凄凉。平日最繁华的通衢大道，如中山路、太平路等地商民全部关门歇业，街上行人绝迹，只有少数部队在作撤退的准备。城防部队和市民听说代总统仍在城内，人心尚称安定，军队纪律亦佳，绝无败兵掳掠的事发生。

当晚京沪卫戍总司令汤恩伯奉召来谒。我问他战局现状如何，汤说敌军已迫近城郊，本晚或可无事，但务必请代总统至迟于明日清晨离京，以策安全。

在此同时，我派往北平的和谈代表章士钊、邵力子等人竟联衔来电劝我于共军入城时不必离京，如嫌南京不安全，不妨径飞北平，中共当遇以上宾之礼，竭诚欢迎。我知道我的和谈代表在城破国亡之时，决心向共党靠拢了。责他们临危变节亦属徒然，遂将电文掷去，未加理会。

入夜，南京四郊炮声隆隆，机枪声尤密。我知道共军正在加紧进攻城外据点，我军亦在掩护撤退。遂解衣而卧，一夜辗转反侧，未能入寐。四月二十三日清晨，汤恩伯又来电话，催促起飞，盥洗既毕，略进早餐，乃招呼总统府侍卫长李宇清备车往明故宫飞机场。总统府随员三十余人亦乘吉普车随行，渠等多通宵未睡，面色惺忪而紧张。

车抵机场时，汤恩伯和首都卫戍司令张耀明已在机前迎候，专机马达亦已发动。我与汤、张略谈，便进入座机。飞机旋即升空，在南京上空盘旋两周。斯时东方已白，长江如练，南京城郊，炮火方浓。驾驶员特入机舱请示飞航目标。我说，先飞桂林。飞机随即转翼向西南飞去。从此，南京就不堪回首了。

第六十八章　江南开门揖盗，
广州望梅止渴

壹

当南京危急之时，除我和行政院长、参谋总长及少数高级官员之外，政府本已全部迁往广州。南京失守后，我临时决定飞到桂林的原因，是看透了蒋先生如不肯放手让我做去，则不论政府迁往何处，局势决无挽回余地。南京三个月的惨痛教训对我太深刻了。在蒋先生幕后控制之下，政治无法改革，军队无法调遣，人事无法整顿，军政费无从支付，经济完全崩溃，守江谋和的计划无法实施。结果，开门揖盗，天堑长江，一夕而失。凡此种种，均系蒋先生有意出此，让我早日垮台。

四月二十三日清晨离京之后，我默坐机上，只闻机声隆隆，震耳欲聋，除此之外，则又似万籁俱寂。瞻前顾后，不觉百感丛生，悲愤无已。思维抵桂之后，对大局将何以自处？深思熟虑之后，忽有所悟。自觉在今日的情况下，只有两途可循，一即决心引退下野，以谢国人。按照宪法的规定，总统、副总统均不能视事时，由行政院院长代行其职权；并由立法院院长召集国民大会临时会议，补选总统、副总统。然而我又顾及在此军事溃败之下，动辄失地千里，国民大会代表散处四方，欲凑足开会法定人数实属不易，故欲走此路，显有事

268

实上的困难。另一可循途径，便是与蒋先生公开摊牌，要求他切实履行诺言，保证绝对不再干预政治、军事和人事，交出国库中的金银和外币，好让我尽心尽力挽狂澜于既倒。然而实际上蒋先生决难做到，所以我也深知选择第二条路亦毫无把握。不过今日已到山穷水尽之时，在主观上只有作如是想法了。

专机抵达桂林时，各界闻讯前来欢迎的仍是人山人海。当时高级军政人员都知道局势严重，他们一致认为在目前局面下，蒋先生既不肯放手，我断然无力起死回生。蒋先生最后必要凭借他优势的海空军，退保台湾一隅，建立一个小朝廷。到那时，我们在大陆全部溃败，恐怕想进入台湾谋一枝之栖也不可能。现在我既然在内战中失败，倒不如拿出体育家的风度，干脆承认失败，把军政大权和平让予中共，以免内战继续，生灵涂炭。

接连数晚，广西省军政领袖皆聚于我在桂林文明路的私邸内开时局谈话会。最后且由广西省参议会议长李任仁领衔，由广西省教育厅厅长黄朴心主稿，写了一封很长的建议书给我。[①] 该建议书的内容约分四点：第一，就大

---

① 当时广西省参议会议长不是李任仁，而是蒋继伊。李任仁为国民党中央委员、立法委员。这个"建议书"（又叫"意见书"）也不是黄朴心主稿，而是黄中廑主稿。据李任仁在《国民党崩溃前夕的和谈内幕》一文中说：一九四九年"四月下旬的一天，在广西省政府大楼会议厅开会……最后决定写一个希望和平的意见书给李宗仁，推当时的广西省政府秘书长黄中廑起草，由我和陈雄、张任民几个人修改润色。会后我和张任民几个人到黄中廑家吃饭，黄中廑执笔起稿，稿成后大家斟酌修改，改定誊正给大家签名，签名者有几十人，广西省政府的厅长、委员，立法委员雷殷等，以及张任民、吕竞存都签了名。只有李品仙、莫树杰、姚槐等少数高级军官没有签名。这个意见书交给黄旭初转呈李宗仁。"陈雄在《新桂系和谈幕后记》一文中，也说该"意见书"是黄中廑草拟的。（均见《广西文史资料选辑》第四辑，第43页、第50页）

局来说，国民党政权已至末日，积重难返，迟早必然崩溃，决无挽回的可能。第二，广西省内尚和平安定，桂籍军队亦尚有二三十万人，据险而守，与中共作有条件的和谈，中共投鼠忌器，是可能接受的。第三，广西军政领袖们一向与中央不睦，但与民革主席李济深则友谊极深，现在亟宜运用李济深居间斡旋，与中共言和。第四，广西如想以实力与共军对抗，无异以卵击石，目前应不惜一切，委曲求全，与中共妥协。

在这份建议书上签名的文职人员，除省主席黄旭初之外，可说全部签署，武职人员，除正在前方统兵作战的将领之外，亦全部签名。领衔人李任仁尤其是物望所归。任仁为早期广西优级师范的毕业生，清末执教于会仙圩两等小学①，曾为白崇禧的老师。为人淡泊明志，与世无争，极为各界人士所推重。他因为看不惯蒋先生的作风，愤而加入民革，被选为中央委员。此次他把这份建议书交给我时，便一再地说："失败已经注定，我们为什么不能放下屠刀，却要把这害国害民的内战坚持到底呢？"任仁并强调说："德公，蒋先生在大陆上垮台，尚有一台湾可以负隅，你如在大陆上失败，则一条退路都没有，又何苦坚持到底呢？"

他们这份建议书所持的意见，以及李任仁向我建议的各点，都可说理由充分，无懈可击。各建议人的态度尤其忠耿可亲，无奈我个人无法转变。西方人处此绝境，他们会顺应环境，罢兵投降；中国人除少数贪生怕死的懦夫，或全无主张的投机分子也会"阵前起义"，叛变投敌之外，正直有为之士，多半主张"不成功即成仁"，绝不腆颜事敌。我国的传统道德是讴歌"断头将军"，而鄙视"降将军"。我当时的心境也是头可断，血可流，而志不可辱。任凭他们的说辞是如何的顺理成章，我内心也知道，我们的失败已经注定，自觉我方无一项可占得住的。内政、外交、军事、财政，同处绝境，断

---

① 会仙圩位于临桂县内。"两等小学"中设有初等、高等两级，故名。

无起死回生之望。但是我仍然强词夺理，驳斥他们的投降论。

不久，白崇禧、夏威、李品仙等亦皆赶回桂林，一致反对投降。白崇禧尤其声色俱厉，痛斥投降论者。黄旭初更因黄朴心意志颓丧，动摇人心，而将其撤职。一般主和人士见到这种"三军可以夺帅，匹夫不可夺志"的情况，知道多言无益，大家只有重振精神，追随我们和共军作战到底。

今日回思，深觉我们当时明知事不可为，纯以意气用事，与共军火拼到底，致军民多受不必要的牺牲和痛苦，真是罪孽不浅啊！

贰

我在桂林既不愿去穗，在穗高级人员何应钦、阎锡山等均函电飞驰，敦请我赴广州坐镇。五月二日广州中央并推居正、阎锡山、李文范三人随白崇禧飞桂林促驾。

白崇禧自在杭州晤蒋后，径返武汉，主持华中战事。我返抵桂林后，即电约白氏返桂一晤，商讨今后华中方面的防务。白崇禧于四月二十九日自汉飞桂，因天气关系，无法降落，改飞广州。五月二日遂偕居、阎、李三人来桂。

白崇禧来桂之后，见我意志消沉，痛苦万分，非常同情我的处境，一度与我密谈。谓蒋先生既不肯放手，处处掣肘，倒不如由我敦请他重新出山，主持大政，俾卸仔肩。我说，此事万不可行。现在已是宪政时期，吾人必须维护宪法的尊严。今蒋氏已引退下野，即为一介平民，若不经国民大会的合法选举而私相授受，由我劝他复任总统，则我将为千古的罪人。白氏见我态度异常坚定，遂不再言。此消息不久即不胫而走，传到外面去，对蒋先生可说是正中下怀。他闻讯之后，当然喜出望外。嗣后某次，蒋先生由台北飞广州，住在黄埔军校旧址，特电约白氏见面，很亲切地对白说，只要我们两人合作，大局仍有可为。民国十六年我下野，旋复职与你合作，即能完成北伐大业。其后因政情复杂，又分道扬镳。及至民国二十六年恢复合作，而把日本打败，收复失土。此皆有力的例证，今后亦然云。到政府迁重庆，蒋先生复职已有呼之欲出之势，并有白氏出任行政院长之谣传，甚至说我与白崇禧意见相左，其实都是蒋先生故弄玄虚的无聊伎俩，殊属可笑。

居、阎、李三人皆是党国元老，早年追随中山革命，也可说是民国缔造者之一，如今眼见大好河山陷共，心头抑郁，非言可喻。阎锡山于民国元年即任山西都督，治理山西垂四十年，如今被中共逐出山西。太原城内巷战时，尸填沟洫，阎锡山说来，情感激动，竟至老泪横流。他劝我以国家为重，速赴广州，领导反共。居、李二人亦以此相劝。他们三人对蒋先生历来的作风，均感不满，对我的处境万般同情。我便坦白地告诉他们，蒋先生幕后不放手，我决无法亦无此能力领导，只有急流勇退之一途。三人都说，他们来桂之前已得到蒋先生的保证，说五年之内决不干预政治，希望李代总统领导下去。

五月三日行政院副院长朱家骅与海南岛军政长官陈济棠亦衔蒋之命来桂相劝。陈、朱二人皆说，蒋先生已决心将军、政、财大权全部交出，他决不再在幕后操纵。阎锡山并自告奋勇，愿亲赴上海一行。因蒋先生此时正在吴淞口一军舰上指挥汤恩伯防守上海。行前，复由他们五人磋商，拟出六条方案，由阎锡山面请蒋先生作确切的保证，为我飞穗重主中枢大政的先决条件。这六条方案的内容大致如后：

第一，关于指挥权者：力求扭转军事颓势，国防部应有完整之指挥权，蒋先生不得在幕后指挥；

第二，关于人事权者：全国官吏任免，由总统暨行政院长依据宪法执行之，蒋先生不得从幕后干预；

第三，关于财政金融者：中央金融、企业等机构，概由行政院主管部会监督，任何人不得从中操纵，中央银行运台存贮之银元、金钞，须一律交出，支付军政费用；

第四，关于行政范围者：各级政府须依据宪法规定，向总统及行政院长分层负责，不得听受任何个人指导，在穗之政府机关，应率先奉行；

第五，关于党政者：国民党只能依普通政党规定，协助指导从政党员，不得干涉政务，控制政府；

第六，关于蒋先生今后出处：希望蒋先生暂时出国赴欧美访问，免碍军政改革。

关于第六点，原非我的意思。我只要蒋先生真能放手，让我以大刀阔斧的手段来加以兴革，我绝无心逼他出国。不过当时与会诸人，为要急于劝我去穗，仍主张把这条加入。

五月四日阎锡山便专机飞沪，在上海和蒋先生长谈三日。五月七日返桂，说我们所要求各条，蒋先生完全同意，一切权力交出，他五年之内，亦不复过问政治。但是蒋先生希望能居留台湾，因国家败亡至此，他觉无颜出国见友邦人士云。

局势发展至此，使我无话可说。我深知蒋先生往往自食其言，我为希望蒋先生交出大权而去广州，可能是望梅止渴；但是我说的话却不能不算数。蒋既有此诺言，我就应赴汤蹈火。遂于五月七日南飞广州，为防止中国赤化，作最后五分钟的努力。

叁

我在桂林虽仅逗留两周，然此两周间，共军在江南的战事直如疾风扫落叶。我飞广州时，共军前锋已入福建境内。汤恩伯的江防计划是将主力配备于镇江以东。全线最弱的一点，为芜湖以西的大通、贵池一带。该处守军为战斗力极弱的刘汝明第六十八军和安徽保安队。

共军的渡江战略便是针对这个防线的弱点而部署的。四月二十一日，中共分两路自江阴和大通江面大举渡江。由于戴戎光叛变，陈毅部大军二十余万，一枪不发便占领了江阴要塞，切断了京沪路。汤恩伯部未作激烈抵抗，便将主力约三十万人悉数撤入上海。镇江、南京、芜湖间未及东撤的部队十余万人，则向浙江西部撤退，为共军追击，逐一包围消灭。

上游敌军则由大通、贵池一带强渡，刘汝明无力阻遏，全军向皖南及赣东撤退。共军人多势猛，乘胜穷追，六十八军大部被歼，刘汝明率少数残部遁入闽北，安徽保安队瞬被消灭，皖南、浙西遂成真空状态。共军一日夜强行军二百余里，五月初遂占领贵溪、弋阳，一举切断华南大动脉的浙赣路。

自五月五日至五月十日五天之内，共军连下上饶、玉山、江山、衢州、龙游、汤溪、金华、义乌等县。浙西国军后路被断，无法向江西撤退，援绝粮尽，乃纷纷向共军投降。据中共新华社于五月十七日所宣布的战果，国军在此区域被消灭的，计有第四、二十、二十八、四十四、五十一、六十六、六十八及一〇六各军的全部，九十六军的大部，八十八军的两个整师，四十六军的一七四师以及张雪中第九编练区所辖第十二、七十三、七十四及八十五四个军的全部，第十八、二十一、五十四、七十三及九十九各军的一部。六十六军军长罗贤达和安徽保安司令张义纯被俘。

这次江南的溃败，可以说是空前的。我军有时一日夜退二百里，共军追击的速度有时一日夜达二百华里以上，四处设伏，邀击包围我军。双方并无激烈战斗，我军便俯首投降。

从军事学观点来看，此次的大混乱实全由蒋、汤二人不知兵所造成。前已言之，我和白崇禧的战略，原是以南京为中心，以重兵向上下游延伸，阻敌渡江。万一守江失败，则放弃上海和南京，将大兵团沿浙赣路配备，与华中区大军成掎角，作有计划的西撤，退保西南五省以待变。

如果按照我们的计划执行，则我们可以逐渐形成抗战期间的敌我形势。刘伯承虽十分剽悍，亦断不能对我军直如摧枯拉朽一般。

无奈蒋先生坚持以主力守上海一隅，而皖南方面又故意使其成为真空状态。以故刘伯承一旦渡江，便如入无人之境，沿鄱阳湖东岸长驱直入，至五月中旬竟侵入闽北；致使白崇禧所指挥的华中防地形成劣势的突出状态。值此紧急时期，白崇禧仍图补救，曾急电蒋先生，请将株守上海的精锐部队速由海道撤往汕头，联合自青岛南撤的刘安琪第九兵团约五六万精锐部队，自闽南、粤东北上，坚守大庾。而蒋先生不听。

当上海不堪再守时，蒋把部队先撤至舟山群岛，逐步撤往台湾，刘安琪兵团则撤往海南岛。坐视白崇禧的华中区战事日趋恶化而不闻不问。

还不止此。当浙西战事接近尾声，共军已有侵赣企图时，蒋先生突令原在吉安、赣州之间驻防的胡琏兵团撤往粤东避战，南昌一带顿受威胁。白崇禧为抢救此一裂罅，乃将原守鄂东的徐启明兵团迅速南调，鄂东遂拱手让予共军。而武汉三镇更形突出，白崇禧乃不得不作撤守武汉的打算。

武汉既不可守，湖南便受威胁。驻守湖南的两位湖南将军——程潜、陈明仁，为恐桑梓糜烂，遂暗中与敌勾结，整个西南的抗共部署便瓦解了。

共军之所以能席卷江南，奄有全国，并非他们有天大的本领，能使我军一败涂地，实因蒋先生自毁长城，开门揖盗之所致。蒋先生原是一位低能的战略家，由他亲自指挥而吃败仗，本不算稀奇。不过此次江南之败，似非由于他指挥低能之所致，细研全局，我深觉他是故意如此部署，以促使我早日垮台。

蒋先生引退时，我原坚持不就，他定要我出来支撑残局；及我勉为其难，他又在背后处心积虑地要我从速垮台。其居心何在，只有让后世史学家去细细探讨了。

第六十九章　自我毁灭的西南保卫战

壹

五月八日我自桂林飞抵广州，随即发表书面谈话，声明中共破坏和谈，一意孤行，政府只有作战到底。可是广州此时情况较南京尤为艰难，蒋先生所开的空头支票，一张也不兑现。通货膨胀尤无法阻遏。行政院曾派副院长朱家骅两度飞台谒蒋，希望能动用一点存台的银元、黄金与美钞，以安定金融，均无结果。

斯时唯一的希望，只有美援一途。美民主党政府如能于此最后五分钟改变对华政策，则西南川、滇、黔、湘、桂、粤、闽七省，或许不致土崩瓦解。但是我每次电询驻美顾大使，顾氏的复电均不着边际。为抢救危局，美援实刻不容缓，非加派专使赴美直接接洽不可。因电召甘介侯博士于五月十三日自港来穗，拟具计划，任代总统私人代表，以专使身份赴美一行，向杜鲁门总统及艾奇逊国务卿作最后的呼呼，甘君卒于五月十九日自香港东飞。

但是战局至此，政府方面已濒临绝境。白崇禧的华中战区为全盘战事的心脏，得失关乎整个大陆的存亡。而白崇禧此时外临强敌，内有反侧，也已岌岌不可终日了。再原来当白崇禧出任华中军政长官时，所辖地区为豫、鄂、湘三省，到徐蚌会战 ① 败绩，国防部乃根据战局演变的形势，重新厘订华中战区的作战地境，拟将江西划归白崇禧指挥。无奈蒋先生别有用心，强迫国防部另成立一个"东南军政长官公署"，派陈诚为东南军政长官，驻于台北，而将江西划归其指挥。当五月初旬，共军渡江，自皖南真空地带窜入浙西、赣东一带，有南下切断浙赣路的企图时，白崇禧见局势剧变，遂商承国防部的同意，双方同时致电驻于上饶一带的胡琏兵团（共辖第十及第十八两军精锐部队约五万人），略谓如上饶不守，可撤往赣江上游地区，协同华中区友军据险防守。国防部并通命胡琏兵团，着拨归白崇禧指挥。如此则可阻止敌人西入赣南、南下粤东的企图。不料胡琏竟直接奉蒋先生的密令，率所部速循民国十六年贺龙、叶挺在南昌"八一暴动"后南窜的旧路，取道抚州、汀州，直退潮、汕，以保存实力。赣南因此空虚。敌人如衔尾追来，即可切断浙赣路，直捣南昌，威胁长沙。

为弥补胡琏所造成的裂罅，白崇禧乃急调原自安庆撤往鄂东的夏威兵团（辖第七、第四十八两军精锐部队约五万人）的第四十八军，南下到赣江两岸防守，共军才不敢深入。② 但是鄂东既兵力单薄，第七军乃不得不撤至武汉，敌军遂威胁九江，会同平汉路正面的共军第四野战军的精锐部队，自三面向武汉合围。

我自桂林到穗，即会同何应钦、白崇禧拟针对目前危局，将全国军队自

---

① 即淮海战役。

② 此处有误。夏威兵团辖第四十六、第一二五、第一二六军、第七、第四十八两军属张淦的第三兵团。（见张文鸿：《解放前夕华中部队的总溃退和第四十八军的活动概况》，载《广西文史资料选辑》第五辑）据此，这里应为："……白崇禧乃急调原自安庆撤往鄂东的夏威兵团（辖第四十六、第一二五、第一二六军）及张淦兵团的第四十八军，共约五万人南下到赣江两岸防守……"

宁夏、甘、陕，以至鄂北、湘北、赣南、粤东、闽西，通盘重新调整部署，以便与共军作有计划的长期作战。

关于西北方面的新部署：我们原拟调察哈尔的孙兰峰两骑兵旅和绥远的董其武部共约三万人退守宁夏。董原为傅作义的部属。傅在北平投共时，原与中共签有和平协定，但共方入据北平之后，未能充分履行协定，以致傅部驻察、绥的孙兰峰和董其武两部官兵有所不满，而迟疑不愿接受改编。所以我们有意令其西撤，以便缩短战线，加强防守实力。

原驻宁夏、青海一带的回教将领马鸿逵、马鸿宾、马步芳等部，我们原拟令其南撤至陕、甘一带，而原驻陕、甘的胡宗南部号称精锐部队六十万人，则调至鄂北、鄂西一带。原驻鄂西的川、湘、鄂绥靖主任宋希濂部两个兵团（钟彬、陈克非）约十余万人，则移防湖南西北部。另调胡琏兵团与新自青岛南撤的刘安琪兵团，以及江西省主席方天所部，防守赣南、粤北一带。如上海不守，则取海道南撤的汤恩伯部，也调至汕头登陆，进驻闽西和粤东潮、梅一带。广州城郊方面的防务，则由余汉谋所部和薛岳的省保安团担任，由陆军总司令张发奎统一指挥。

至于武汉至长沙一带的粤汉路正面，则由白崇禧华中战区的部队担任，盖华中战区此时尚有能战之兵二十余万人。张淦、鲁道源两兵团原守武汉，陈明仁和张轸兵团则布防于鄂南、湘北，黄杰和沈发藻兵团，则驻于湘东及赣西南一带。

此项调整如果实现，则我方防线自宁夏、甘肃、西安，经鄂北、湘北、南昌，至粤北、闽南，一字长蛇，未始不可与共军作最后的周旋。如运用得宜，美援适时而至，则将来鹿死谁手，犹未可预卜。

无奈在背后操纵的蒋先生，无论如何不让此计划实现。前已言之，胡琏兵团一遁而不复返，刘安琪兵团擅自从青岛撤往海南岛，国防部连电北调，则均抗不从命。后来汤恩伯放弃上海，所部退入舟山、大陈，亦拒不入粤。

致使我们原拟派陆军总司令张发奎统一指挥赣南、粤北一带的计划无从实现。

五月上旬，原自河南撤往湘北的张轸兵团忽有叛变迹象。白崇禧不得已，于五月十七日放弃武汉，回师解央张轸。张轸转率残部北遁，加入共军第四野战军，回戈反击白崇禧。白崇禧乃迁华中长官公署于长沙。仍拟以张淦、陈明仁、黄杰等兵团守武长路正面，以徐启明兵团（徐原为第七军军长，续夏威为兵团司令）守赣西为右翼；另以宋希濂部自沙市南撤至常德、芷江一线为左翼。再以由长江退入洞庭湖的海军为辅佐，构成一坚固防线以阻共军第四野战军南下。

在何应钦、白崇禧二人想象中，均认为我军左翼可万无一失。盖宋希濂部十余万人，弹械充足，其防地又左依湘西的大山，右靠洞庭湖，共军短期内决无法入侵。不料宋希濂竟不听命令，擅自将全军撤至鄂、川边境的恩施，致使常德、芷江一线门户洞开。共军如乘隙南下，即可将白崇禧的主力包围。何应钦见情势急迫，乃以长途电话命令宋希濂，按计划迅速撤往湘西。

何应钦那时是行政院长兼国防部长，负责指挥全国军事。孰知宋希濂态度傲慢，抗不从命。当何氏一再强迫其调兵南下时，宋说："我撤到恩施去是老总的命令！"

他所谓"老总"，就是蒋先生。

何说："恩施一带并无敌人，你到那里去实无必要！常德一带异常空虚，你如不来，湖南战事就不可收拾，你到恩施也是绝路。"

宋说："我管不了许多，老总要我怎么办，就怎么办！"

何说："我是行政院长兼国防部长，负责指挥全国部队，你必须服从我的命令！"

宋气愤地说："我就不知道什么行政院长，国防部长。"说毕就把电话挂了。

何应钦气得面孔发紫，立即赶来向我报告说："这成什么体统，这成什么体统！我有生以来也未受过这种侮辱！"

何、白二人的保卫华南计划既一挫于胡琏的南撤，再挫于宋希濂的抗命，则华中战区的彻底瓦解，将为必然的后果。何应钦见势难挽回，再加以政治、经济诸多问题的无法解决，乃向我坚请辞职。最初我曾经诚挚地挽留，立、监委闻讯亦群起吁请何氏打消辞意。何氏最后竟以最沉痛的语调对我说："德公，如要我继续干下去，我只有两条路可走：一就是逃亡，二就是自杀。"

他求去的意志既如此坚决，我强留也无益，立、监委也不再勉强，我乃于五月下旬批准他辞职。

何氏在黄埔系中的地位仅次于蒋先生。何氏去后，黄埔系的将领益发不听命令，战局就更不可收拾了。

贰

值此紧要关头，湖南省主席程潜和第一兵团司令陈明仁的态度忽起变化。白崇禧知道他二人异动在即，便将张淦兵团撤出长沙，设防于长沙、衡阳之间，并迁华中军政长官部于衡阳。程潜、陈明仁和客串的唐生智等早与共军暗通款曲，准备"起义"已是公开的秘密。白崇禧为作最后五分钟的挽救，于六月下旬只身飞往长沙，希图说服程、陈两氏，不可临危变节。

程潜和陈明仁有一批部下急于向中共邀功，认为白崇禧今番自投罗网，正好将其劫持，献于共军。据说唐生智主张尤力。所幸程潜和陈明仁都还算是有为有守的正派人，陈明仁尤其因为在东北蒙冤莫雪时，白氏对他的扶植，曾使他感激涕零，故白氏留长沙数日，他们对白还尽量敷衍周旋。白氏心知环境险恶，但他还强作镇定，言笑自若。最后上飞机时，陈明仁还亲赴机场送行，才结束了这惊险的一幕。

白氏返衡阳后不久，程、陈、唐遂正式联名通电易帜。他们三人都曾参预白崇禧华中战略部署的机要，又都是湖南人，对本省地形和国军部署了如指掌。共军五万余人遂在我叛将指点之下，入侵湖南，威胁华中战区的左翼。白崇禧固早已预料及此，他在返抵衡阳之后，即将湘南防务重行调整。入侵共军竟堕入白氏预设的包围圈中，被国军包围于宝庆以北的青树坪。血战两日，共军终被击败，为徐蚌会战以来，国军所打的唯一胜仗。自此共军为整理部队，消化既得战果，对白部不敢轻犯，白崇禧因得在衡阳一带与共军相持达三月之久。

但是整个局势发展至此，已无法挽救。白崇禧固然是一位卓越的战将，但"巧妇难为无米之炊"，所部在衡阳粮弹两缺，孤立无援。

上海于五月二十七日弃守时，何应钦、白崇禧曾一再电请蒋先生将精锐部队由海道调至汕头，北上布防，以阻共军入粤，而蒋氏不听。待共军攻大庾时，胡琏兵团竟由汕头乘船退至厦门，最后渡海撤至金门、马祖等岛屿，使粤东完全空虚。行政院长阎锡山为巩固广州防务计，屡请蒋先生把刘安琪兵团从海南岛调至广东增防；广州人民团体更函电纷驰，作此呼吁。蒋先生虽口头答应，刘兵团却迟迟不来，终至粤局无可收拾。

七月下旬敌军在赣南发动攻势，守吉安的徐启明兵团及第四十八军孤立无援，白崇禧乃将徐启明兵团调入湘南，共军遂陷吉安，南下攻击赣县。原守赣县的沈发藻兵团不支，八月十六日赣县遂为共军所陷。

沈发藻兵团在名义上虽辖有第二十三和第七十两军，事实上这两军等于空番号。沈氏所部只是一些新成立的部队，弹械两缺，战斗力异常薄弱。自赣县南撤后，沈军遂退守粤、赣交界的大庾岭，阻共军南下广东。此时原在粤东一带的胡琏兵团如接受国防部命令，协守大庾，刘安琪兵团再适时赶到，则共军于短期内绝无翻越大庾岭的可能。无奈蒋先生硬要破坏此一防守计划，致大庾天险，瞬亦拱手让敌。九月中旬，共军第四野战军自赣南分两路南下侵粤。一部突破大庾防线，沿北江而下，直趋曲江；一部自大庾以东突入粤东真空地带，直趋广州。广东防线未经任何激烈战斗，便土崩瓦解了。

叁

在此期间，西北防线在中共政治与军事双重攻势之下，亦土崩瓦解。傅作义原驻察哈尔的孙兰峰和驻防绥远的董其武两部军队共约四万人，既不肯接受中共改编，而且共军主力的四个野战军中，除彭德怀第一野战军滞留西北地区对付胡宗南和马鸿逵、马鸿宾、马步芳等回教部队之外，其他刘伯承、陈毅、林彪的第二、第三、第四三个野战军早已渡长江，深入东南和西南地区作战。以故毛泽东深恐发号施令的北平受到威胁，乃特派傅作义率大批政工人员到察、绥向孙、董暨军民人等进行广泛的安抚说服工作，并许以若干优待条件。我政府闻此消息，立即采取对策，遴选要员中委徐永昌于五月中旬飞往包头，邀傅作义、孙兰峰、董其武等将领晤面，进行拉拢工作。因徐、傅二人均属山西籍，谊属同乡，民国十七年北伐完成后，又同为阎锡山将军的重要干部，私交甚笃。徐氏负此使命，应可胜任愉快。中央同人原希望由傅作义率孙、董两部军队撤往宁夏，至万不得已时，即退守甘、陕，甚至退入四川，作困兽犹斗的打算。不料形格势禁，在大局急转直下之际，所谓形势比人强。徐、傅诸人在包头虽曾一度于严肃暗淡的气氛中集会，首由徐永昌申明其前来的意义与目的，继由傅作义慷慨陈词，略谓国军已至"兵败如山倒"的绝境，民心军心已去，败亡仅指顾间事。即使勉强将察、绥残余之众撤至宁夏，或甘、陕，甚至四川，亦无补于大局的危亡，徒增军民的痛苦与牺牲。倒不如听天由命，替国脉民命保存一点元气之为愈。兼以傅作义秉性诚实，不愿二三其德，做朝秦暮楚的小人。就这样结束了这场小小的政治斗争。徐永昌既不能完成任务，中央同人的希望自是彻头彻尾的消失了。平心而论，傅君不无先见之明，故吾人亦谅解其处境与苦衷。嗣后韩战[①]爆发，闻董其武曾率领所部参加韩战，战果颇佳，为中共政权所嘉许云。此是后话。

察绥局面演变至此，益陷西北的回教部队于孤危，蒋亦存心使其毁灭。盖马鸿逵、马步芳等与白崇禧同为回教徒，一向对白极为尊崇。如胡宗南部遵令南调，他二人亦愿死守陕、甘。是年夏初，国防部曾令二马派其骑兵劲旅南下渡泾河，肃清该处的共军，并严令胡宗南与马氏约定日期，出兵作呼应；且派空军助战，以巩固泾河两岸的防地。孰知马军渡过泾河后，胡宗南竟因蒋的密令，不肯出兵接应，驻扎西安的空军亦不见踪影，致马军为共军所乘，损失极大。二马以胡宗南不独公然违抗中央军令，且对友军背信忘义，愤恨达于极点。尤以马鸿逵为甚，一面电呈中央，力辞所兼军政各职，一面着其堂兄马鸿宾军长从权暂行代理其所辞各职。同时不惜重大代价，租赁陈纳德主办的"中国民航大队"飞机，将其积蓄的金银财宝运至香港，随即到美度其寓公生活。马鸿宾旋因大势已去，独力难支，乃通电拥护中共政权，被中共委为宁夏副主席。青海省主席兼军长马步芳则不受中共的威胁利诱，彭德怀乃分兵进攻西宁。而马步芳性极倔强，即集中所部七八千人于西宁一带，企图死里求生，背城一战。殊不知此在战略上已属失着，因外无援兵而死守孤城，何异瓮中之鳖，且马步芳的才能亦非彭德怀的敌手（若马氏采用运动战术，则当可发挥牵制的作用）。以故激战数日，城被攻破，演成全军覆没的惨剧。马步芳狼狈逃至机场，乘机到香港，仅以身免，为西北地区"剿共"战役中的失败的最惨烈者。后来，他曾到广州向我请罪，旋赴回教圣地

---

① 指抗美援朝战争。

麦加过其流亡生活。

于是，毛泽东派前议和首席代表张治中飞兰州，进行绥抚工作；同时命令彭德怀分数路向陕、甘进兵。除陶峙岳所部远成新疆的迪化，和原属西北系之×××将军①易帜为中共改编之外，其余甘肃省主席郭寄峤和胡宗南所部主力不下四十余万人，概不敢恋战，闻风溃退四川。共军遂得陇而望蜀了。

综计此次西南保卫战，尤其是全局关键所在的华中战区的失败，实系蒋先生一手造成。蒋先生何以处心积虑要把白崇禧弄垮呢？其中最大可能是由于美国政府曾透露消息，将对中国反共有效的地方政权给以援助。蒋先生深恐白崇禧在华中站稳了，美国乘势改变政策对我大量援助，则他将永无重揽政权之望了。所以他要使我的政权早日垮台，好让他在台湾重起炉灶，运用美援，建立一个小朝廷，以终余年。居心可诛，一至于此。所以我在一九五四年反对他"连任"总统时，曾写一长信给他。信中说："并在紧急关头，竟密令防守湘西之宋希濂兵团西撤鄂西，扼守赣南之胡琏军南撤汕头，置战区司令长官之命令于不顾。国防部原令撤退青岛之刘安琪军南下增援粤北，吾兄则密令开赴海南岛，结果等于开门揖盗，共军遂得乘虚而入，可为反攻基地之西南，因之瓦解，言之可痛！"便是指这一段惨痛的史实！

---

① 这位"将军"的姓名原稿是空着的。经查史料，此人可能是马呈祥。马呈祥为马步芳的嫡系，当时任整编骑兵第一师师长，率领部队驻新疆，归陶峙岳指挥。新疆酝酿和平解放时，马呈祥先是反对，后来迫于形势，愿意交出部队，和整编第七十八师师长叶成及其所属第一七九旅派长罗恕人等，携带家属循南疆逃亡印度。其部队遂接受改编。（见陶峙岳：《导致新疆和平解放的历程》，载全国政协所编的《文史资料选辑》第二十三辑，第5—8页）

第七十章　在粤之最后努力，
对蒋之沉痛教训

壹

在全国军事溃败声中，广州内部的政潮亦正有增无已。首先使我感到困难而疲于应付的，便是何内阁于六月间辞职以后，新内阁继任人选的问题。

首先我想到居正。居氏是党国元老，为人正派，敢作敢为。对蒋先生的态度一向不卑不亢，非阿谀奉承之辈所能及。撑持广州危局，居氏实是比较理想的人选。居氏如组阁，则蒋氏不易在幕后违法操纵。此外，蒋、居之间尚有一段不愉快的历史。据居告我，民国二年"二次革命"前，中山先生派他出任山东民军总司令，蒋先生曾活动想到居氏司令部任参谋长，为居所拒绝，不克如愿。嗣后，民国十八、十九两年全国反蒋运动进入高潮时，居亦尝有反蒋论调，深为蒋先生所忌，一度被软禁于上海。故当我提居正继何，蒋先生即授意CC系立委设法阻挠。同时居氏本人对组阁并无兴趣。他向我建议说，现在既已行宪，何不找民、青两党的领袖来担任行政院长？他主张在张君劢、曾琦、李璜等人中遴选一人，我说曾、李等人资望似嫌不够，君劢虽具有资望，但他未必肯干。居说，我去找他谈谈。张君劢那时住于澳门，居遂秘密去澳访张。张君劢闻言大惊，力辞不就。居、张正商谈间，李璜适来访张，也说君劢干不了。居正知不可相强，便回来了。我又力劝居氏勉为其难，居正也答应了。但是对立法院的同意问题，他本人则未作丝毫活动。我认为立法院对居氏组阁当无异议，亦未加注意。孰知我于五月三十日向立院提名居氏，竟以一票之差未获通过。此时，支持居正的桂籍立委韦永成、张岳灵二人正自香港启程来穗开会，他们以为投票时间在三十日下午，不意大会在上午投票。他二人如果早几个钟点抵穗，居正就可以一票超过半数而组阁了。

居氏落选后，陆军总司令张发奎等主张再提名，更有一部分立委主张电召白崇禧返粤，组织军人内阁。此二建议皆未被我采纳。第一，我不愿坚持己意而贬抑立法院，致损"法治"的尊严。第二，我认为白崇禧在前方指挥是最适当的人选，不宜内调。最后不得已，乃改提阎锡山。阎锡山于太原即将被围之时，只身入京，后随政府南迁。阎善于观风转舵，素以手腕圆滑著称。以他出长行政院，自为蒋氏所喜。所以一经提名，立刻便得到立法院的绝大多数同意而正式组阁。

阎锡山组阁后第一项难题，便是如何解决经济问题。财政部长刘攻芸因拟起用存台金银以安定金融，为蒋所呵叱，愤而辞职。阎锡山请前财长徐堪重主财政，徐氏竟欣然承诺。徐堪接事后第一项措施便是收回"金圆券"，改发"银圆券"。按政府预算，每月须支出军费三千万银元，政费一千五百万银元，合计四千五百万银元。但国库的收入，每月仅一千万银元，不足之数，每月达三千五百万银元。政府的计划便是以台湾的库存作"银圆券"的兑换准备金。如蒋先生能同意这个计划，则"银圆券"未始不可维持一二年，不致重演恶性通货膨胀的悲剧，民心士气亦可赖以保持，则死里或可求生。

至于政治方面，粤籍将领都主张简化政治机构，使广东绥靖主任余汉谋和广东省主席薛岳能掌握实权，实行军政配合。粤主席薛岳尤竭力怂恿内政部长李汉魂将广州市府改制。因广州为一直辖市，市府与省府平行。今因军事的影响，致广东全省的税收不及广州一市，而省府、市府同城而居，机构叠床架屋，尤无此需要。故薛岳为便于掌握战时行政起见，主张将广州由直辖市改为省辖市。

至于防守广东的军事措施，国防部最初的计划拟充分利用胡琏、刘安琪两个兵团配合白崇禧的华中部队，坚守湘南、粤北，当时更有人主张必要时将白部调入广东，在广州设立总部，居中调度。凡此均由行政院长兼国防部长阎锡山作缜密计划，直接处理。我因实行责任内阁制，除按例盖印之外，不加干预。

不过身居幕后的蒋先生却要作更进一步的积极控制。七月十四日他忽自台北率大批随员专机飞穗。自七月十五日至二十日，以国民党总裁身份在梅花邨陈济棠旧寓召集一连串的会议。最后以"中国国民党中央常务委员会"名义通过议案，设立一项法外机构叫作"中央非常委员会"，由中常会选他做主席，我做副主席，张群、阎锡山、吴铁城、吴忠信、陈立夫等为委员。洪兰友、程思远分任正、副秘书长。这完全是蒋先生为加强他对党政军的直接控制，而特地设置的叠床架屋的机构。数月以来，他在幕后的非法操纵已加速了政治、军事、财政的崩溃；如今他再利用此一"非常委员会"加以控制，尤将使大局从速崩溃。我对蒋此举深觉痛心，然而顾全大局，未便与蒋先生公开龃龉，隐忍了事。但是副秘书长程思远却万分消极，他参加了一两次会议之后，便去香港居住了。根据宪法，行政院按既定计划推行政务，总统的职权只是在各种法令颁布之前盖印副署而已。今蒋先生妄自恢复一党专政，设置"非常委员会"为最高权力机关，将宪法束诸高阁。政府一切措施必须先经"非常委员会"议决通过，方为有效。蒋先生以国民党总裁身份兼任"非常委员会"主席，无异恢复一人独裁的把戏。如此他屡次声言五年内不问政治，非自欺欺人而何？至是我更觉无事可办，所以在七月底决意出巡一趟，借以了解政府辖内军事、民政的实际情形和民间的疾苦。

贰

七月二十六日我自广州飞往衡阳，在白崇禧指挥部里与白氏晤谈两小时。白崇禧此时方从长沙脱险归来。他认为战局危急万分，程潜和陈明仁既已叛变，中央军嫡系又不听调度。他只有把第七军用在衡阳正面作总预备队，以大卡车百余辆集中待命，何处吃紧，便向何处输送应急。因此那时湘南正面唯一可用的精锐部队——第七军，在卡车之上日夜奔波不息。我说："这样调度，官兵不是太辛苦了吗？"白感慨地说："现在能用的部队实在太少了，有什么办法呢？"

衡阳晤白之后，正午乃续飞福州。福建省主席朱绍良率大批文武官员和各民众团体代表在机场欢迎。我与朱主席同车入城，全城各机关、学校、团体以及全城民众均伫立道左，欢迎情绪的热烈，前所未有。晚间，朱氏并在省府设宴为我洗尘，所致欢迎词，尤恭维备至，对我的招待亦极周到。我本人一向是轻车简从，所到之处向例不愿铺张，朱绍良对我的欢迎实出我意料之外。尤因朱是蒋先生的心腹，我深恐他热烈招待我而惹蒋不快。所以我领其盛情，而内心颇为他的处境不安。

福建为我国东南滨海的重要省份。海道交通便利，人民富于冒险性，故赴海外谋生者甚众。历代人才迭出，文物甚盛。福州古迹尤多，我向往已久，今日才得亲临其地。惜因政局逆转，心情撩乱，又为时间所限，故此无心游山玩水。

我在福州住了两夜。曾拜访海军宿将萨镇冰。此公已九十高龄，而精神矍铄，令人生敬；后闻为中共迎养于北平，尊为上宾。与朱绍良亦数度长谈。

他深恐招蒋之忌，对军国大事多不涉及，不过对时局的悲观，则时时溢于言表。

七月二十八日我乘原机飞往台北。台湾省主席陈诚率领文武官员和各团体代表暨仪仗队不下千人，在机场列队迎接。我下机后，只见金光闪耀，军乐齐鸣，欢呼之声响彻云霄，场面隆重肃穆，前所少见。我和趋至机前的陈主席及高级军政官员一一握手寒暄。检阅仪仗队后，陈说："德公，可否先到机场休息室小憩？"

我说："不必了罢！"

陈微笑说："蒋先生在里面等你！"

这倒使我受宠若惊。我二人走入休息室，蒋先生起立相迎，我们握手寒暄片刻。旋互相道别，蒋自回草山寓所，我则与陈诚同车驶入市区，学生与市民列队欢迎，极一时之盛。当晚宿于台北第一宾馆。默思本日的欢迎场面，必出于蒋先生的授意，以取悦于我，其实我志不在此繁缛的礼节。翌日下午我赴草山作礼貌上的拜访，蒋先生留我晚餐，并邀我下榻于草山第二宾馆。外界谣传我台湾之行是为与蒋先生开谈判而来的，第一要蒋先生在军政大权上放手，第二要动用台湾所存的金钞。其实这些全系无稽之谈。我们根本未涉及这些问题，因为我知道谈亦无益。我们只是约略分析一下中共今后的动向，又说了些无关宏旨的应酬话而已。

在台时，我曾飞基隆视察海军基地，并曾茶会招待在台的立、监委，报告军政设施。三十日遂原机返穗。

八月二、三两日，中央非常委员会连续举行例会，通过阎锡山内阁所提如本章前述的关于政治、财政、军事三项议案。适此时吴铁城由蒋先生授意由行政院派往日本访问麦克阿瑟将军，这三条议案便由他过台向蒋请示时，呈蒋先生核阅，以便付诸施行。

孰知不久蒋先生即拍来复电，对军事部署方面仍坚持重点作战的守势防御，主张集中兵力保卫广州等几个据点。事实上胡琏既一去不返，刘安琪兵团亦故意延宕不来，致使大庾等天险无兵可守，广东防御已门户洞开，静候中共深入了。

至于财政方面，蒋当然更不愿放松丝毫。不肯以存台金钞作"银圆券"的兑换准备金，只允每月自台湾库存支取一千二百万银元。以故政府每月仍有赤字两千三百万银元，须以不兑现的"银圆券"来弥补。故自"银圆券"于七月四日开始发行之后，中央银行每日仅开一小门，允许市民兑现。市民挤兑的百不得一，因此"银圆券"很快地变成"金圆券"第二，通货膨胀一泻千里。各地农民拒收"银圆券"，各路大军军粮无法补充，后方人心惶惶。通货膨胀便做了共军南下的开路先锋。

至于政治方面的情形尤其糟乱。广州市改为省辖市，尤使蒋先生气愤。因广州市长欧阳驹为吴铁城的私人，一举一动完全听命于蒋；广州公安局长宣铁吾和广州警备司令李及兰又系黄埔学生，一切皆由蒋直接控制。广州改为省辖市，对蒋说来，无异与虎谋皮。内政部长李汉魂受薛岳的怂恿作此建议，尤成蒋的眼中钉。居正为此特地警告李汉魂说，你如不赶快辞职，将来你生命都要发生危险。

蒋对地方政治的控制还不止此。八月中旬福建省主席朱绍良突被蒋先生以迅雷不及掩耳的手段，非法"撤职"。其事实经过尤为离奇滑稽。原来在我巡视台湾之后不久，汤恩伯忽衔蒋先生之命飞往福州，在机场上打电话给朱绍良，约其来机场相商要公。朱绍良即赴机场相见。汤恩伯遂取出蒋的手令，上称朱已撤职，遗缺由汤接替。朱接阅手令大惊，声称当同回省府赶办移交。汤说不必了，便促朱即时登机飞往台湾，简直和绑票一般。汤便在福州发号施令，做起福建省主席来。此事的发生，行政院与总统府毫无所知，真是荒唐绝顶。嗣后福建省政府有一职员离职来穗，阎锡山和我才知此事的始末。不久，蒋先生派一秘书来穗，要阎锡山在行政院政务会议中追认此一既成事实，任命汤恩伯为福建省政府主席兼绥靖公署主任。阎锡山向我报告此事，并问如何处理。

我说："蒋先生今日在宪法之前只是一个平民，以一个平民随便撤换封疆大吏，成何体统？况且，蒋先生如要在幕后干预行政，尽可向行政院建议。今政府事前既毫无所知，事后却要追认此既成事实，实在太不成话。政府不应自毁法统，承认汤做主席。"

阎锡山苦笑说："总统，你和蒋先生共事多年，难道还不知道蒋先生做事向来不顾法统？他如果看重法统，也不至有今天了。现在汤恩伯已做了福建省主席，我们反对也反对不了，说出去反而有损政府威信。你已经忍耐很多了，这件事我劝你还是忍耐算了。"

后来阎锡山便在行政院政务会议提名通过，做了一些追认的手续，把任命状送至国民政府文官处来盖印。秘书长邱昌渭向我请示，我说："暂时把它搁下去。"所以这张任命状留在总统府中有六七天之久，阎院长又来疏通，才盖印发出去。这就算是我的无言的抗议。

蒋经国在他的《负重致远》一书中曾提到十月二日汤恩伯有电报致蒋，抱怨我反对他任闽省主席，"词极愤满懑"，蒋先生"甚表同情"云云。经国却不曾写出汤恩伯是怎样地当了闽省主席，而我又为何反对。因为他如果把事实说出了，蒋先生也就见不得人了。

朱绍良原是蒋的心腹，此次何以受到如此难堪的处置呢？最大的可能便是朱在七月二十六日招待我太殷勤了。蒋先生是个多疑而睚眦必报的人，心胸极狭；朱绍良偶一不慎，便由心腹股肱转眼之间变成仇雠了。

蒋先生连续不断地自私违法而拖垮保卫西南及两粤局面的毒计，引起了志在保卫两粤反共到底的各界爱国人士，尤其是粤籍将领的普遍愤懑。曾在何内阁末期出任陆军总令司的张发奎便是最激烈的一个。南京失守后我留住桂林期间，张发奎特到桂林敦劝，促我早日去穗主持大政，保卫两广。那时他便看出蒋先生决难坐视两广单独成一局面，继续反共。因为两粤将领在四、七两军早期革命的传统上，对蒋都曾有过不满。如今蒋政权瓦解，两粤如在我领导之下，支撑下去，自非蒋所能容忍。张发奎有见于此，便主张保卫两粤，必先清除蒋在背后的掣肘。他甚至向我建议说，把蒋介石请到广州，然后把他扣留起来。我当即反对这种鲁莽灭裂的举动。

到了白崇禧两翼为蒋所断，广东岌岌可危之时，粤籍将领已怒不可遏；张发奎再度向我建议"把蒋介石扣起来"。

我说："向华（张发奎），这是徒招恶名，无补实际的莽事。"

张说："德公，你胆子太小！德公，你胆子太小！"

我说："你不在其位，可以幻想，你如在我这位置，你也不会干的。"

接着我便解释说，在现今局面下我们所需要的，第一是兵，第二是钱。蒋先生把兵调走，把钱存在台湾。我们纵然把蒋扣起来，第一不能把兵调回，第二不能把钱取出，则扣蒋又有何用？固然，蒋的一连串拖垮两粤局面的毒计是罪无可逭，把蒋扣起来宣其罪状于天下，可以泄一时之愤。但我觉得处理国家大事，应以国计民生为出发点，不可徒为泄一时之愤。现在失败的局面已定，我们既有"宁人负我，毋我负人"的雅量，就应任其全始全终。不必于败亡前夕，作无补于大局之事，为天下笑！

张发奎还是怪我姑息。但是我的姑息总是还替我们这批失败的国民党人，维持了一点失败的光荣。

蒋先生不知底蕴，还不时在穗、台之间飞来飞去，并用尽一切威胁利诱的方法来阻止粤籍将领和我接近。一次，为广州改省辖市问题，蒋先生在黄埔召见余汉谋、薛岳、李汉魂等粤籍将领，当面大发雷霆说："你们以为你们可以反对我咯？谁反对我，我就叫谁死在我之前！"这种话可说充满了流氓气。这批将领回来之后，莫不冷笑。其实别人也未始不可"以其人之道，还治其人之身。"这种事蒋先生会做，别人也会做，不过不愿做罢了。

九月底，蒋先生单独召见白崇禧于黄埔，闭门密谈。略谓民国十六年我们两人精诚团结，所以能完成北伐，统一全国。嗣后不幸为奸人挑拨离间，以致同室操戈。但后来卢沟桥事起，我两人又复衷心合作，终把倭寇打败，收复国土，建立不世之功。今共党虽极猖狂，国势虽极危险，只要我两人能一德一心，彻底合作，事尚有可为。白崇禧是个直爽而重感情的人，颇为蒋先生的甜言蜜语所感动。他回到广州来对我说："蒋先生这次倒很诚恳。"我知道蒋先生又抓住白崇禧重感情这一弱点而大做其功夫。

白崇禧是内战局势逆转以后，态度最坚决，信心最坚强的将领。南京失守后，他坚信华中可守。到华中战局为蒋搞垮，他自信必要时退回两广，人熟地熟，仍然可守。健生（白崇禧）是一员战将，他处处以军事观点和局部形势为着眼点。殊不知如今时移势异，纯军事观点和局部安排都不能单独存在。此次得蒋先生一番慰勉，他便顿释前嫌，便是他感情用享和深信还有大西南和两广可守的信心所促成。

蒋先生最后一次来穗，住了比较长的一段时间。有时中央非常会议开会，我们彼此都感觉无话可说。行政院副院长朱家骅为设法冲淡这一尴尬场面，曾向我建议，要我请蒋先生吃饭。

朱家骅在当时党人中尚算是比较识大体的一位。他有时还肯为大局着想，不囿于小圈子的单纯利益。为着维持"银圆券"，他曾两度飞台，向蒋请示，拟运一批银元来穗。此举可说纯为大局着想，远非陈果夫、陈立夫兄弟所能及。然朱家骅可能因此而触蒋氏之忌，嗣后在台几度遭蒋的为难。此次他劝我请客，其用意不过想弥补我和蒋之间的隔阂，也是一番好意。

我说："骝先兄（朱家骅），客我是可以请，蒋先生喜欢不喜欢我就不知道了。"

朱说："蒋先生一定喜欢，一定会到的。"

他解释说，蒋先生生活太严肃了，平日只吃一些简单的宁波菜，此次到广州来，也应该尝一下"食在广州"的广州菜啊。

朱家骅替我约好了，我便在迎宾馆宴请蒋先生，并约党政军高级人员作陪。迎宾馆在广州城内靠西，蒋先生则住在城东的东山住宅区。到了那一天，沿途布满便衣队，蒋先生带着大批卫士，穿过广州闹市来迎宾馆吃饭。我的住宅向来只有两个卫兵，兼司传达。蒋来之后，他的卫士竟将迎宾馆重重包围，如临大敌，殊使我看不惯。窃思蒋先生时时自炫是人民的领袖，到处扈从如云，未免与"人民"相去太远了。

我所备的广东菜，依照蒋先生的习惯是中菜西吃。在蒋先生的许多随员中，我看到蒋经国在里面穿穿插插忙个不停。到入席时，却不见经国前来吃饭。我问蒋先生说："经国为何不来吃饭？"蒋说："不管他罢，我们吃我们的。"终席未见经国出来，我心里颇为诧异。

事后才听到我的副官说，蒋经国率了一大群随员一直守在厨房里，厨司做任何菜，用任何配料，都经他们检查过。出锅后，又须经他们尝过，始可捧出。我才恍然大悟，原来蒋经国在替我作监厨。他显然怀疑我要毒害蒋先生，这也未免太过虑了。

我第一次见蒋经国是抗战胜利后在北平行辕主任任内。经国那时为办理青年军常到北平视察，特来谒见。因我与他父亲曾有金兰之盟，所以他口口声声尊称我为"李叔叔"。他那时曾告诉我留苏十四年的经过。据他说，他在莫斯科中山大学肄业，后转入列宁大学深造。结业后，被派在苏俄一所工厂内当副厂长。我乃故意问他道："据我所知，自'九一八'，沈阳事变之后，日本侵华日亟，中、苏因而恢复了邦交，闻蒋委员长曾命驻苏大使向苏联外交部口头交涉，欲调你回国服务，你为何迟迟其行？"经国说："李叔叔，你知道苏联的新闻是被政府统制的，不过日子久了，我也辗转听到这消息，乃决心尽一昼夜的时间驶车逃到中国大使馆。苏联秘密警察确实非常厉害，随即有便衣警察在大使馆周围监视，倘不慎外出，必被逮捕无疑。"

我问："若被逮捕，结果如何？"

经国说："那就惨了，一定押解到西伯利亚做苦工，不病死也要冻死。好在使馆是有治外法权的，警察不敢擅入搜查，故得幸免于难。"

我又问："后来你用什么方法回到中国呢？"

他说："化了装，混入大使馆的专机飞回的。"

其实他在苏联时早已加入共产党，为稍留心时事的人们所周知，但他回国之后，并未宣布脱离共产党；故特意对我撒谎，以掩蔽其共产党员的身份。以经国与蒋先生的关系，斯大林如不让他回国，而他居然能溜进中国大使馆，并化装潜上飞机，逃回中国，那么以效率出名的苏联秘密警察机关也可关门大吉了。忆民国二十九年监察院长于右任的女婿屈武少将参谋，奉命到鄂北第五战区视察苏联军事顾问工作成绩时，曾告诉我说，他与经国乘同一飞机回国，首途之前，经国曾蒙斯大林召见，并赠以手枪一支。我说："你何以不被召见呢？"屈君笑答道，他尚未有召见的资格。足证经国是在对我撒谎。

此次我请蒋先生吃饭，原是一番好意。无奈蒋生性多疑，更因惯于暗算他人，深恐我"以其人之道，还治其人之身"，故授意经国严为防范，致造成类似"鸿门宴"的紧张场面，使我有啼笑皆非之感。

叁

广东保卫战发展至十月中旬已不可收拾了。敌人自赣南分两路入粤：一路自南雄一带越大庾岭，大庾守军为沈发藻兵团，战斗力过于薄弱，不战而溃，十月七日敌军跟踪窜入粤北门户的曲江，沿北江及粤汉路南犯。另一路则自大庾岭东麓绕至东江。胡琏兵团早已远遁厦门、金门，东江已成真空地带，共军第四野战军乃得以旅次行军姿态，自东江向广州进逼。余汉谋部只是一支训练未成熟、械弹两缺的部队。共军一到，即不战而退。广州因而危在旦夕。至此，蒋先生始循人民团体之请，敷衍面子，自海南岛刘安琪第九兵团中调一师人北上援穗。该师刚在黄埔上岸，敌人已迫近广州郊外。上岸之兵旋又下船，原船开回海南岛。不久，竟索性全部调往台湾去了。

当广东全境失守已成定局之时，我检讨战局，实愤懑不堪。深觉蒋先生如稍具良心，局面不会弄到如此之糟，溃败不会如此之速。蒋氏见他破坏防守广东的计划已圆满成功，复施展诡谲伎俩，在黄埔召见白崇禧，故弄玄虚，说那番言不由衷的鬼话，想来尤令人发指。就于是时，他决定离粤回台北，我因而打算在国府再度搬迁之前，认真地教训他一顿，稍抒胸中积愤。

约在九月中旬，一天我特地打电话约他单独谈话。蒋乃约我到梅花村他的行馆（前陈济棠的公馆）晤面。该私宅是一座大洋房，四周有围墙环绕，另有数座小洋房在四周拱卫，为随员及卫士的住宅。抵达梅花村之后，蒋引我走上二楼一间大客厅内坐下，侍役奉上茶水即退下楼去。

我二人坐定后，我对蒋先生说的第一句话便是："今天我是以国家元首的地位来对你谈话。"我所以要郑重提出这一句，是因为蒋先生独裁专制数十年，平日所见所闻都是一片奉承之态，阿谀之言，只有他教训别人，断无人敢对他作任何箴规，更谈不到疾言厉色地教训他了。这次我自思或是与蒋最后一面，然当今之世，论公论私，我都是唯一可以以教训语气促其反省的人。所以我首先便搬出国家的最高名器来压抑他"舍我其谁"妄自尊大的心理，而服服帖帖地静听我对他的指斥。

在蒋先生默坐静听之下，我便把他过去的过失和罪恶一件件地数给他听。我说："因为国事已至不可收拾地步，不得不畅所欲言。"接着我便说："你过去每把事弄糟了，总是把责任和过失推到别人身上。例如东北"剿共"的失败，徐蚌会战的全军覆没，你说是军队不听你指挥；又如发行金圆券，引起全国经济恐慌，人民破产，自杀成群，你不躬自反省，反责备人民不拥护你的经济政策。再如你纵容特务，滥捕学生及爱国人士，引起舆论指摘，你不自疚，反说是本党同志不听你话所使然……凡此种种，真不胜枚举！"

接着，我又检讨他在政治上造成的过失。说："你主政二十年，贪赃枉法之风甚于北洋政府时代。舆论曾讥评我们为'军事北伐、政治南伐'。其实，此种评语尚是恕辞，因北洋官僚政客对舆论抨击尚有所畏忌，而我国民政府则以革命旗帜为护符，凡讥评时政的，即诬为'反动分子'，以致人人钳口，不敢因片言惹祸。你对此情形竟亦熟视无睹，明知故纵！"

"记得在南京时，魏德迈特使曾在国府饯行席上痛诋中国官员贪污无能。他以一外国官员公开侮辱我政府，实不成体统，时与会众人中，竟有当场掉泪者，不知你亦有新闻否？！究作何感想？"

我亦提到他在我秉政之后幕后掣肘的情形，说："你此番已是第三次引退，你当时曾对张治中、居正、阎锡山、吴忠信各人一再声明，五年之内决不过问政治。此话无非暗示我可放手去做，改弦更张，不受你的牵制。但事实上你所作所为却完全相反。不仅在溪口架设七座无线电台，擅自指挥军队，且密令京沪卫戍司令汤恩伯亲至杭州逮捕浙江省主席陈仪，并擅派周喦接替。嗣到台湾之后，复命汤恩伯到福建挟持福建省主席朱绍良离闽，擅派汤氏代理福建省主席兼绥靖主任。凡此皆属自毁诺言、目无政府的荒唐行为！"

我更进一步解释道，即使不谈国事，专从蒋氏的自私心而言，蒋氏的宠信汤恩伯亦属宠非其人。因汤氏曾受过我指挥，我知之甚详。论品论才，汤氏任一师长已嫌过分，何能指挥方面大军？汤的为人，性情暴戾，矫揉造作，上行下效，所部军纪荡然。抗战期间，河南民谚曾有"宁愿敌军来烧杀，不愿汤军来驻扎"的话。我并举例以说明汤的暴戾。抗战时，某次汤自河南叶县乘汽车往界首视察，因雨，乃自洛河改乘小轮船东驶。启碇时，船身碰及囤船，稍为震动，此亦常事。不意汤氏竟大发雷霆，饬该船公司经理前来责询，在大骂奸商之后，竟拔出手枪将该经理当场击毙。一时传遍遐迩，叹为怪事。斯时我驻防老河口，听人言及此事，犹以为汤纵暴戾，当不致任性若此。然言者谓，彼时汤的总参议沈克在旁目击，可为证明。后来我在北平行辕任上，某次沈克便道过访，我偶尔想起此事，以问沈氏。沈克叹息说，他那时以为汤总司令不过装模作样，持枪恐吓而已，谁知他竟认真开枪，轰然一声，对方已应声倒地。沈氏想抢前劝阻，已来不及了。沈克并说在抗战期中曾追随汤氏数年，类此任性杀人之事已是家常便饭，不足为奇，言下不胜慨叹之至。我就以这个小例子向蒋说："像汤恩伯这样的人，你也倚为心腹，能不坏事！"

蒋先生默坐听我历数其过失时，面色极为紧张尴尬。当我有所责问时，他只是唔唔诺诺，讷讷不能出口。可是当我说完汤氏这段故事时，蒋氏面色反显和缓。原先我曾预料，以蒋氏的个性与历史，在我严厉教训之下，必定要反唇相讥，和我大闹一番。初不料他听完我的责备之后，面色转现轻松，并问沈克现在何处。此时我当然亦不知其下落。

最后蒋氏竟含笑向我道歉说："德邻弟，关于撤换福建省主席朱绍良一事，是我的错误，请你原谅。"于是我也只好说："事情已经过去，不必再去记忆吧！"

这时我心里忖度，以蒋先生唯我独尊的一生，今天受到如此严厉的诘责，居然能容忍，不至咆哮和反唇置辩，可能是因为我开始便声明以国家元首身份对他说话之故。蒋先生专横一生，目无法纪，此次或能因我一言而悟及国家尚有名器，非他一人所得而私也。

我见其低首认错，遂不再多言，起身告辞，他亦跟随下楼，送我登车而别。

第七十一章 国府最后播迁，
大陆全部沦陷

壹

十月十日"国庆"时，广州已微闻炮声。"国民政府"各机关早已决定迁往重庆，由民航机分批运送，笨重物件则循西江航运柳州，再车运重庆。十月十二日共军已接近广州市郊，我本人才偕"总统府"随员乘机飞桂林，翌日续飞重庆。

广州撤退时情况极为凄凉，因为我本人坐镇至最后一刻，市内人心尚称安定，败退的国军亦无抢劫情事。唯广州警备司令李及兰最后撤出市郊时，竟命令工兵将海珠铁桥炸毁，实属不该。此事徒贻共军以宣传口实，于军事毫无裨益。

共军占广州后，旋即分两路向西进袭。一路循西江而上直捣苍梧，攻击白崇禧部的右侧背；一路循四邑、两阳直趋高、雷，进逼雷州半岛，以切断白部由广西撤往海南岛的退路，构成三面大包围的态势。

"国防部"与白崇禧原先对这一方面的战略计划是以海南岛为后方，必要时将主力撤至海南岛，再图反攻。此一计划卒未实现。第一，白崇禧自信广西可以固守；第二，因为共军迫近川东与黔北之时，蒋先生命令原拟自湖南退入广西的黄杰、鲁道源两兵团向黔东增援宋希濂部[1]，以固守贵阳，以致白崇禧的精锐部队第七、第四十八两军西撤时主力伤亡过巨，无力南顾雷州半岛，全军遂逐渐陷入共军的包围圈中。

我于十月十三日抵渝，暂住歌乐山前林森故主席官邸，旋迁入城内。重庆城防以及川东防务，全系蒋先生的嫡系部队，我的命令不发生丝毫效力，而蒋先生却可为所欲为。我只身在渝，一举一动都在蒋氏心腹监视之下，言行稍一不慎，立刻可以失去自由。

原先在广州时，黄埔系将领及蒋先生夹袋中的政客已有请蒋先生复职的企图，然那时尚无人敢公开说出。抵渝之后，情势便迥然不同。他们认为广州既失，我已堕入蒋的瓮中，可以任其摆布。CC系和政学系控制下的报纸此时已不再以"总裁"称呼蒋氏，而径呼为"总统"。我深知蒋先生已呼之欲出，不久便要"复职"了。

果然，不久吴忠信、张群、朱家骅等便先后来找我，他们不敢明言要我劝蒋复职，只是含糊其辞地说，当前局势紧张，希望我拍一电报请蒋先生来渝坐镇。其实蒋先生一直飞来飞去，向来不需要我敦请，现在何以忽然要我

---

① 据张文鸿在《白崇禧败回广西后的慌乱情形和华中部队被歼经过》一文中说，当时黄杰、鲁道源两兵团实际上并未向黔东增援宋希濂部。"黄杰第一兵团之十四军、七十一军、九十七军逃至宁明、凭祥、隘店各地后，因受解放军之追迫，除十四军及九十七军一部由黄杰率领逃入越南外，七十一军及九十七军大部均被解放军歼灭。"鲁道源兵团之五十八军和一三五军，原在岑溪、容县等地对信宜方面警戒，由于挡不住解放军的前进，节节败退，有的被歼灭，有的向解放军投诚。"鲁道源闻在容县杨梅圩换便衣只身逃港；副司令官胡若愚在岑溪境内与解放军对战中受重伤抬至容县某乡死去。"（见《广西文史资料选辑》第五辑，第 158 页）

拍电促驾呢？他们辞穷，便隐约说出希望我声明"引退"，并参加他们"劝进"。

当吴忠信仍向我叨叨不休时，我勃然大怒说："礼卿兄（吴忠信），当初蒋先生引退要我出来，我誓死不愿，你一再劝我勉为其难；后来蒋先生处处在幕后掣肘，把局面弄垮了，你们又要我来'劝进'。蒋先生如要复辟，就自行复辟好了。我没有这个脸来'劝进'。"

我不愿劝进的原因，并非对名位有何恋栈。我只是觉得，第一，蒋先生欺人太甚。我原劝他不应灰心引退，我本人尤坚决表示不愿出任"总统"，他迫我为之。在我任内，他却又处处在幕后操纵，并将国库金银擅运台北。先纵敌渡江，后瓦解湘、赣、粤、桂的防御。如今"政府"重迁，国亡无日，他居然又企图"复辟"，置宪法于不顾，未免欺人太甚。再者，我觉得蒋政权的垮台，多半是由于蒋先生玩弄国家名器，目无法统，一味独裁孤行之所致。如今国已将亡，他仍至死不悟。宪法既予我以"总统"职权，我绝不能助纣为虐，违反"宪法"与一平民私相授受。我虽知道我反对亦无用，蒋必然要复出无疑，但是我维护"国家"名器的原则却不能让步。

吴忠信、张群、朱家骅等见我态度坚决，遂不敢勉强。在此同时，居正再度劝告"内政部长"李汉魂辞职。居很严重地说："你如不辞职，就赶快离开这里，蒋先生来了，你命也保不住！"李汉魂听到这话，难免着急。我也知道一旦蒋先生来渝，他必要强迫我签署劝进书，此实大违我的心愿。因此我决定以出巡为名，暂时离开重庆。

贰

十一月三日我率随员数人，专机飞往昆明，卢汉率云南绥靖公署及省政府各级官员和各界民众团体在机场迎接，随即与卢汉同车赴五华山绥靖公署。

一住数日，每晚与卢汉谈至深宵。卢氏对我近月来所受蒋先生的折磨十分了解，深表同情。他对蒋先生以往所加予他的种种阴谋迫害，说来尤咬牙切齿。抗战胜利后，蒋先生调虎离山，要他率滇军精锐两军在安南接收，以便杜聿明在昆明解决龙云。迨杜氏政变失败，卢汉始奉命回滇任云南省主席。在他任内，中央驻大军于滇，中央官员嚣张万分，使他穷于应付。讲到愤激之处，卢汉说："为应付他们，我卢某简直在做婊子！""婊子"就是"妓女"，卢汉的意思是，他应付那些中央大员卑躬屈节的情形，简直如妓女一般。

后来卢汉又郑重地向我建议说："总统，蒋介石是要复职了。可否由我二人发电报给他，建议把国民政府迁到昆明来。等他一到昆明，我便把他扣起来，一块一块割掉他，以泄心头之愤。"

我一听此言，不觉毛发悚然。心想战事尚远在湘、黔边境，而卢汉已经不稳了。蒋先生如真来此，卢汉说不定把我二人一道捉起来献给中共邀功呢？但是我表面上却强作镇定，只是劝他明人不做暗事，这事千万做不得。此事我在白崇禧面前亦不敢提及，因白氏正统兵作战，如果听到卢汉不稳，将使他无心继续指挥作战了。

我在昆明小住数日，便飞返桂林。留昆时间虽短，却有数事值得附带一提。第一便是张群衔蒋之命来昆劝我回重庆，被我拒绝。他们的迎蒋复职运动已如箭在弦上。我一到重庆，蒋必立刻来渝，我必然变成"劝进表"上第一位签名人。我绝不能投入圈套。只是推辞道，我要对各地作短期巡视，重庆方面有责任内阁负责，总统在不在重庆无关大局。至于请蒋复职，以及迎蒋来渝等等，我皆绝口不提。提了，他们将来一定要引为口实，说我负不了责任，自动请蒋复职的。张群不得要领，便径自回重庆去了。孰知后来在蒋经国所著的《负重致远》的小册子上，曾一再提到我向许多人表示希望蒋先生"复位"的事。该书关于民国三十八年十一月十三日的记载，曾捏造一通我致张群的所谓"戊文桂"电，其中说"请速电总裁促驾，不必候仁返渝"

云云。这一连串的记载，不是蒋经国事后捏造，便是吴忠信、张群等人揣摩蒋先生意旨而矫诏行之，致蒋氏父子误认为确实出自我口。

另一件事便是李汉魂携带华侨周锦朝来见的趣事。周锦朝为旧金山一华侨，向无正业，只是喜欢以"侨领"身份自居，四处招摇撞骗。一九四八年美国大选时，民主党副总统候选人巴克莱至旧金山作竞选活动，周便以"侨领"资格见巴氏，并与巴氏合摄一影。此事在美国大选期间原极平常，绝不足以证明二人有极深的关系。抗战胜利后，李汉魂曾来美国旅行，周因得结识李氏，便以这种照片向李汉魂夸耀彼与民主党核心人物如何有交情。如今中国政府已无法循正常外交途径向美国民主党政府乞援，彼深信以他与民主党领袖间的深交，如采用国民外交方式，由他居间斡旋，必可事半功倍云云。

他这一席话居然把李汉魂打动了。后李回国出任"内政部长"，在广州对我说，周锦朝不久回国，必大有助于国民外交，可否拨路费若干，促其起程，以示政府召见，无负于侨民。我依议批了两千美金，由李汉魂经手转汇。迨周锦朝抵港时，广州已失，彼便直飞重庆。适李汉魂因受居正警告，不敢留渝，已随我飞往昆明。闻周氏抵渝，而昆、渝间又无民航班机，李汉魂便向我要求用"总统"座机往渝接其来昆，我也答应了。周锦朝居然就大模大样，乘了"总统"专机来昆谒见。稍一接谈，我便从他的谈吐中看出他完全是一个毫无知识、信口开河的流氓。他如何能担任"国民外交"的重要使命呢？

周辞退之后，我心恚恚不乐，觉得李汉魂太老实，上了这华侨骗子的大当。到后来我乘专机来美时，李汉魂偕行，他又央求我让周锦朝搭专机返美。飞机中既然空位很多，我也勉强答应了。后来听说，周锦朝竟利用中国"元首"专机所享的治外法权，贩来违禁商品，获利极丰。此事虽无佐证，然今日思之，犹有余愤。

叁

我从昆明经柳州飞返桂林，当地已风声鹤唳，市面萧条。共军正逼近湘、桂边境的黄沙河。十一月十四日乃偕白崇禧飞往南宁，我察看当时情形，西南的弃守只是时间问题，孤悬海隅的海南岛，或可保留为最后立足之地。故于十一月十六日又专机飞往海南岛视察。当地仅有陈济棠的海南岛特别区公署部队四千人和余汉谋的残部，合计不足一万人。至刘安琪兵团则早已被蒋先生擅行调赴台湾。所以防务极为单薄。此时我心境的恶劣为生平所未有，加以连日奔波，辛劳过度，年近花甲，体力已不能支持。自海口返邕之后，胃病夙疾突发，便血不止，来势极猛，大有不起之势。

胃出血为我家庭中的夙疾，先母、先叔均以此疾逝世，今我又重罹斯疾，不觉心悸。窃思国事至此，我回天无力；我纵不顾个人的健康留于国内，亦属于事无补。一旦国亡身死，此种牺牲实轻于鸿毛，倒不如先行医治夙疾，如留得一命，则将来未始没有为国效死的机会。因此我便决定赴美就医。

计划既定，便召集留邕将领白崇禧、夏威、李品仙、黄旭初等，告以此意。他们也完全同意，认为救命第一；并劝我于病愈之后顺便察看美国情形，作争取美援的最后努力。我本人对美援固早已绝望，唯众人既以此相劝，我也只有答应，做着看吧。

我留邕期间，蒋先生已飞往重庆，连电促我返渝，阎锡山等亦函电交驰。但是事实上，四川防务已由蒋先生彻底掌握，我以重病之躯，赴渝究有何益？

十一月十九日我发电致"行政院长"阎锡山，嘱其以责任内阁立场全权处理国政，我身染重病，须出国治疗，一朝痊愈便立刻返国，并请白崇禧明日飞重庆分晤"政府"领袖，面致此意。

十一月二十日上午我乃乘专机飞香港，当日下午便住入养和医院。我离邕之后，白崇禧即飞往重庆。黄绍竑则早于八月十三日通电"投共"。三十余年患难相从的朋友，至此便各奔东西了。

我在住院期间，重庆中常会曾两度派居正、朱家骅、洪兰友来劝请回渝。我既坚拒不去，他们也分明看到我身染沉疴，无法相强。十一月二十二日美国第七特种舰队司令贝克中将曾来谒见，稍谈即去，仅系礼貌上的拜会。二十八日美国参议院共和党领袖诺兰亦来探视，谈约半小时，辞去。

十二月五日，赴美手续及飞机包租均已办妥，遂自香港直飞美国。

在这段时期内，西南战局亦一泻千里。十一月底，宋希濂所部两个兵团十余万人在川东覆灭，宋氏未几即被俘。十一月三十日共军侵入重庆。

原驻陕西的胡宗南部此时尚有精兵四十余万人。抗战中期以后，胡部逐日扩充，其任务专为监视中共的行动。全军悉系最精良的美式配备。此次蒋先生调其入川保卫成都，全军可说一枪未发，便土崩瓦解。十二月二十日共军进占成都，胡宗南率残部退往西康雅安。该处未几亦为共军侵入，胡宗南只身逃出，川、康遂陷。

云南方面，卢汉于十二月九日正式"起义"。原驻云南的李弥兵团遂被迫西撤，残部数千人最后退入缅甸。广西方面，因海南岛通路已断，各军残部在广西境内为共军分别包围消灭。黄杰所部退入越南境内，被越南当局解除武装。大陆至此遂全部陷入中共之手了。

第七十二章　纽约就医和华府作客

十二月八日我由香港飞抵纽约。新闻记者和侨胞在机场欢迎的很多，美国国务院也派专员迎接。我驻美大使顾维钧和驻联合国首席代表蒋廷黻也在机场迎接，并由顾大使担任传译，我即向新闻界宣布此行全系就医性质，一俟身体复原，便当束装返国。随即乘车入纽约城，并专程到唐人街答谢留美华侨欢迎的盛意。

同时即住入哥伦比亚大学附设的长老会医院检查胃疾。该院系世界最佳医院之一，主治医师都系世界权威。检查结果，发现我十二指肠发炎，急待割治，我便留院医治。时国务院忽派专人前来邀请我即赴华府一行。主治医师闻讯，认为就我病情而论，非先行开刀不可做任何活动。不久，院方即为我施手术割治十二指肠。该院设备既佳，主治医师又系名手，经过情形十分良好，精神恢复甚速。

此消息为美国国务院所知，国务卿艾奇逊君乃又着人送来一函，约我往华府一行，好和杜鲁门总统面商今后中美关系。该函原文如下：

　　"总统"先生阁下：

　　　　欣闻贵体于动手术之后日趋康复。迅速复原，早庆勿药，实所至祷。如贵恙痊可后，有意来华府一行，余深盼能有此荣幸，为贵我两国之相互利益，拜晤阁下一叙也。

艾奇逊

不过我在来美之前，对美国已经绝望，今大陆已全部失守，曲突徙薪，为时已晚，故对美国政府的邀请，早不感兴趣，加以我仍在病中，不宜远行。因请甘介侯君缮复一函，告以遵医嘱，俟身体完全复原后，再来华府拜候。

一九五○年一月间，我身体已大致复原，然接国内报告，大陆已全部"沉沦"，"国府"迁往台湾，蒋先生因我在美未表示意见，未便贸然复职，但他已是事实上的独裁者。

白崇禧所部数十万人在广西被中共全部消灭，兵团司令张淦、鲁道源等，悉数战败被俘。数十年来驰骋疆场，所向披靡的第七军及第四集团军旧部，至此可说已片甲不存。

白崇禧只身飞往海南岛，和退往海南岛的粤籍将领陈济棠、余汉谋、薛岳等会商防守海南岛的计划。此时海南岛的守军仅二万余人，然残余海军尚有不少舰只，空军亦仍完整，中共海、空军皆缺，一时想渡海侵入海南岛尚非易易。政府如坚守琼、台二岛，苦撑待变，则反攻大陆的机会远比台湾一岛为大。

无奈守海南岛非蒋先生的心愿。因为他的着重点仍在美援，美国国会最近通过了七千五百万援华款项。蒋先生务必造成一事实，使美国不援华则已，援华则"只此一家，别无分店"。而台湾又是蒋先生清一色的天下，他掌握了生杀予夺的绝对权力。所以他训令海南岛守军全部撤往台湾。中共未发一矢，便扬长渡海将海南岛占领。

在这种局面下，我如贸然回台，则无异自投罗网，任其摆布，蒋的第一着必然是迫我"劝进"，等他"复正大位"之后，我将来的命运如何，就很难逆料了。以蒋先生过去对我衔恨之深，我一旦失去自由，恐欲求为张汉卿

（学良）第二也不可得了。个人牺牲不足惜，然对国脉民命究有何补？

但是我也深深知道，蒋先生在未能充分掌握美援之前，对我还存有投鼠忌器的戒心。因为当时美国舆论界以及美国民主党政府对蒋已感绝望。"蒋介石"三字，成为中国政府贪污、无能、独裁、专制的代名词。蒋介石政权早为中国人民所唾弃。而我本人自竞选副总统那时起，尚薄负时誉。中国人民痛恨蒋政权而又不愿受共产党统治的，多寄我以无穷的希望。我本人因而成为国民党政权中"民主改革"的象征。因此欧美友邦同情中国的人民，对我均极具同情与好感。我就任代总统后，美国朝野对我所受背后的挟制，亦殊感不平。

所以蒋先生对我这位民主象征，在未充分掌握美援之前，必不敢加以毁灭。再者，蒋先生现在虽掌握了实权，而我仍身肩国家的名器。如果国内人民，海外侨胞，以及友邦舆论界与友邦政府，能予我以有力的支持，我未始不可把台湾建成一民主政治的示范区，与大陆极权政治作对照，以争取大陆上既失的民心，为中国民主政体打一点基础，作收复大陆的准备。这便是我当时的心境，也可说是万分绝望中的一分希望，我要为这一分希望努力到底。因为国家、民族既以一国元首的名器托之于我，我一息尚存，即不能在其位而不谋其政，这就是我病愈以后，在美勾留所努力的方向！

叙述至此，我且将甘介侯博士于一九四九年夏初奉我之命来美从事外交活动的经过，作一简略的叙述，作为叙述我自己与美国杜鲁门总统及国务院往还的注脚。

我派甘介侯来美的最初动机，是由于驻美大使顾维钧的玩忽法统。顾大使当时对政府完全采敷衍态度，一切活动完全受命于蒋先生。政府如将其撤职，渠必抗不从命。如在国家将亡之际，还要在海外演一幕大使抗命的丑剧，未免太不成话了。所以政府为顾全大局，不加撤换，而另派甘介侯为总统的私人代表，与美国政府直接交涉。

介侯抵美后即分访杜鲁门总统、艾奇逊国务卿、巡回大使杰塞普、国防部长约翰逊等人晤谈。杜鲁门总统对援华所存的疑虑，即南京失守后，中国政府是否能在华南立脚的问题。杰塞普个人对介侯极友善，曾两度约介侯到其乔治镇私寓晚餐。但杰君显然对国民政府已绝望，而对与中共建交已有腹案。他竟坦白告诉甘君说："今日吾人如继续援华，必将引起中国人民的敌视。"

证以美大使司徒雷登的言行，美国似已有承认中共政权的趋向。

不过当时国务院内几位实际负责人，如副国务卿罗斯克、助理国务卿向德华、中国司司长泼鲁斯、中国司副司长弗里曼等则对援华尚未完全绝望。他们只表示中国军民已无继续作战的意志，如要提高民心士气，中国政府一定要改弦更张，改弦更张的第一项步骤便是蒋先生必须在幕后撒手。蒋一日不撒手，则美援必如往日一般堕入蒋集团的私囊。蒋如一日不放手，则美援一日不应继续。

九月初旬，美国参议院外交委员会主席康莱竟在参院公开宣称："蒋介石已自其人民之前私逃至台湾，并席卷价值一亿三千八百万元原非其个人所有的黄金入其私囊。此项财产为中国政府所有，彼竟窃据之。若辈何不先用此一亿三千八百万元，然后再乞请吾人予以援手乎？"

然参院终于在康莱参议员主持之下，在九月中通过新援华法案七千五百万元，以济中国军民之急。此项援助由杜鲁门总统作全权支配，不以中国政府为唯一对象，凡中国地方武力的抗共有效的，皆在援助之列。蒋先生侦知此事，所以非一心一意把我在两广撑持的局面拆垮不可。他首把胡琏调走，继要刘安琪迟迟不行，大庾岭大险不守，两广遂彻底为共军占领。到了大陆全部沦陷，蒋先生又放弃海南岛，使美援非送至台湾不可。

蒋先生统兵、治政的本领均极端低能，但其使权谋、用诈术则天下第一。三十八年以后，美国本想撇开蒋介石另行支援新兴的力量，而蒋先生却有本事玩美国政客于股掌之上，使美国讨厌他却仍不得不支持他那独裁反动的政权。在这方面，美国人的笨拙和蒋先生的厉害，恰成一尖锐的对比。

我因和蒋先生共事数十年，对蒋先生的手法领教太多，所以他一举一动的用意何在，我均洞若观火。蒋之所以能每策皆售，固然是他的本事，同时也是国民党内开明分子的力量太小。稍有改革举动，蒋先生渗透、离间、威胁、利诱各种毒计一时俱来，必将其连根拔除而后已。如有一种革新的运动，真正有力量、有方案、坚持到底，蒋先生未必就能一意孤行于天下。中国共产党的成功便是一个例子。

至于台湾，我知道美国今后必继续予以援助。蒋先生在台既已造成清一色的局面，他今后在台湾的横行霸道，独裁专制，将十倍于大陆之时。如此，大陆有中共的专制，台湾有蒋氏的独裁，则中山先生的遗教与民主政治的宏规，在中国将永无施行的一日。

吾人醉心于民主改革，非至绝无可为，不愿眼看国脉民命如斯而放弃奋斗。所以我在一九五〇年二月间病愈之后，即拟应杜鲁门总统之约，赴华府听听美国人对我们的意见。然后以跳火坑的精神回台湾去，领导同胞，将台湾建成一个民主政治的示范区，使其不致变成如今日的贪官污吏、反动政客的逋逃薮。

杜鲁门总统如果真正是中国的友人，关心民主政治在中国今后的推行，他一定会拿出政治家的眼光来，在经济方面全力支持我，让我团结海内外中国民主人士，回台湾去着手改革，使蒋氏投鼠忌器，不敢过分阻扰。这便是我接受杜鲁门总统的邀请的主要动机。

二月下旬，甘介侯奉我之命去华府回拜艾奇逊，并接洽我和杜鲁门总统会见的安排。艾奇逊当即预备请帖，不过他认为既是两国元首晤面，在外交礼节上，似应通过大使馆。介侯乃往访顾大使，孰知顾维钧竟推托说，现值林肯及华盛顿诞辰，美国各机关都很忙，晤面时间应安排得晚一点才好。不数日，顾氏竟以度假为名，飞往麦爱米去了。

顾氏去后，艾奇逊遂直接和介侯接洽。由杜鲁门发出请柬，约我于三月二日至白宫午餐。艾奇逊在电话内问介侯，请帖内是否应包括顾大使，介侯转以问我。我说，请他把顾维钧也包括在内。事情便这样决定了。

在此期间，顾维钧当然把全部经过报告了台北。三月一日，蒋先生便撕破面皮，正式"复职"了。当晚我便收到他的电报说，由于环境的需要，他已于三月一日复任"总统"，希望我以"副总统"的身份做他的专使，在友邦争取外援云云。

蒋先生的"复职"并未使我惊异，因为事实上他早已是台湾的独裁者了。不过站在国家法统的立场上，我不能不通电斥其荒谬。按"宪法"第四十九条规定，"总统"缺位时由"副总统"继任，正副"总统"均缺位时由"行政院长"代行职权，并由"立法院长"于三个月内召集国民大会，补选"总统"。今蒋先生复任"总统"是根据哪一条宪法呢？本来，与蒋先生往还，还有什么法统可谈？不过我的职位既受之于宪法，并非与蒋介石私相授受而来，蒋氏的"复职"，在法统上说便是"篡僭"。我至少亦应作诛锄叛逆的表示，以为国家法统留一丝尊严。

我与杜鲁门的会面并未因蒋的"复职"而变化，杜氏给我的信函仍称"总统先生"。有好奇的新闻记者问杜鲁门对我如何称呼，杜说："我以总统身份请他，我就应称呼他为总统。"记者又问他对蒋介石如何称呼，杜说："我和蒋介石尚无往还！"

三月二日我自纽约乘车抵华府，随即赴杜氏宴客的白赖尔庄午餐。顾维钧闻讯，也临时飞回华府。在初次会面介绍礼节上，顾维钧承蒋意旨，企图以"副总统"一词作介，为国务院执事者所否定。顾氏始被迫改用"代总统"为介绍词。

杜鲁门请客用的是一张圆桌。我坐于杜鲁门与艾奇逊之间，甘介侯坐于杜之左，美国防部长约翰逊与顾维钧则坐于对面。杜氏致欢迎词后，按外交礼节，应请顾大使翻译，然杜氏一反常例，却请介侯翻译，终席未与顾氏交一言。

我在席上，除对历年来美国援华表示感谢外，并对共党胜利我方失败的因素作一番分析，兼论我们今后对极权政治反击的策略，以及我个人对促进中国政府民主化的方针。杜氏细心倾听，不时以手轻轻击桌说："总统先生，你这分析深刻极了。"或是"对极了！"他有时未听明白，还请介侯重译一遍，以表示他在留心地听。杜氏所说是出于他的真心，或仅是外交辞令，我不得而知。我只觉得我有说出来的义务，好让一位与我国荣辱相关的友邦元首知道我们政府当局的真正意见。

饭后，杜鲁门领我至餐室隔壁的客厅休息。这客厅之外尚有一小客厅。杜氏引着我边走边谈，竟穿过大客厅走向小客厅。这时，跟在我们后面的艾奇逊突然拉顾维钧在大客厅坐下，介侯原拟随之坐下，约翰逊连忙推介侯的背，要他随我与杜鲁门至小客厅，他自己则与艾、顾二人同在大客厅坐下了。

在小客厅内，杜鲁门和我倾谈很久。他说他是一切都了解，只是来日方长，劝我务必暂时忍耐，并与他保持接触。我知道杜鲁门已决定应付现实环境，别的也就不必谈了。

自杜鲁门处辞出后，我们一行暂赴大使馆休息。此时新闻记者数十人齐集于大使馆客室内采访消息。美国前驻法大使，后与中国官僚厮混极熟的美国政客蒲立德亦豁然出现。他在众记者之前，举手大骂甘介侯。无非是说，蒋"总统"已复职，甘介侯不应介绍李将军以"总统"身份与杜鲁门总统相见云云。

大使馆内有一小职员李干，与介侯是同学，时在中国购料委员会中当一名低级秘书，也居然当众指摘介侯荒唐，怒脉偾张，煞有介事。

介侯亦不甘示弱，首问蒲立德，两国元首会晤，干卿底事，要你到中国大使馆来大声疾呼？再骂李干说，足下位不过小秘书，你有何职责在大庭广众中提出抗议。

我把介侯叫进来说："算了，算了。他们既不是向我抗议，更不是骂你，他们是做给蒋介石的特务看的，好去报功！"

蒲立德此人，与所谓"中国说客团"秘密勾结极多。他这番表演从蒋介石的美金户头下分得多少，我不得而知。不过这位姓李的表演之后，官运就亨通起来了。他由一名无关紧要的小职员，旦夕之间便被提升为国际银行协会中国董事，年薪二万五千元；一直做了十年，到一九六〇年才被免职。为着这个远景，也难为他怒脉偾张地表演一番了。

国家一日没亡尽，便一日仍有寡廉鲜耻的分子在继续钻营。这就是蒋介石统治中国三十年所养成的风气啊！

结　论

　　我自一九四九年岁暮因胃病来纽约诊治，在纽约城郊乡居已十余年。因不谙英语，平时和当地居民极少往还。日常除阅读书报和偶有友好得暇来访之外，闲居无事，对我国三十余年来的变乱和个人所参预的军国大事，曾不时作冷静的深思及客观的分析。对个人说，固不无"退思补过"的功用；对国事说，以个人的经验与观察，对将来当国者也未始不可作刍荛的贡献。余妻郭德洁女士每每劝我撰写回忆录，以为后世国人留一部可信的史料。

　　一九五八年夏美国哥伦比亚大学校长克尔克博士、该校远东学院院长幸尔勃博士也分别来函，以此相劝，并云在幸尔勃、何淬廉两教授所主持下的哥伦比亚大学口述历史学部为保存当代史料，极愿襄赞其成。我本人既早有此心愿，复承世界第一流学府之约，因欣然承诺。该校旋派研究员唐德刚博士前来助理撰述，中、英文稿同时并举。我口述后，由唐笔录，整理成篇，然后再就有关史料，详加核订，再经我复核认可后，视为定稿。英文译稿则就中文原稿，略加删节。三年以还，已积稿盈笥。原稿凡七十余章，约五十余万言。虽仍觉言有未尽，然数十年来我个人所参预国事的要节，以及我个人生平事迹的大略，于斯篇已可见其梗概。兹于篇末，再缀数言，以为结论。

壹

回忆我少年时代，正值满清衰敝，国内仁人志士群起力图匡救之时。当时立宪维新和驱满革命两派人士，均朝气勃勃。人尽忘其小我，为挽救国族而奋斗。照常理推论，辛亥革命已告成功，民国应可立臻富强，孰知辛亥以后，朝气顿失。昔日慷慨悲歌、舍身为国的志士，往往于旦夕之间即变为暮气沉沉的政客，甚至为拥兵殃民的军阀。那时我本人正是少年，目击此种变易，失望之余，便深觉革命大业开创固属艰难，守成亦至不易。

辛亥以后，我国在军阀统治之下，凡十余年，即以广西而论，陆荣廷的十年统治，虽无赫赫之功，然亦无大过的可言。因其人出身草莽，尚具自知之明，不特对士大夫甚为尊重，对传统道德规律也颇知敬畏，不敢过分越轨。可惜所受教育有限，思想陈腐，无法与时代前进，至为时代所遗弃。然就我个人所目击之事，以陆荣廷的治绩与后来蒋先生标榜革命的省政相较，则陆氏实颇有足多者。今日回思，能不令人浩然叹息。

在陆氏及其他军阀被龚除后，广西各界在我和黄绍竑、白崇禧等共同领导之下，毅然加入国民党，促成两广合作，奠定国民政府的基础。当时革命势力的膨胀，固不能不归功于中山先生"联俄容共"与改组国民党的大计，然促成北伐军的早日问鼎中原，统一中国，我们领导桂籍同志，不计利害，拥护国民政府光明磊落的作风，实是重要因素之一。当时我们一腔热血，绝未想到最后竟演成"军事北伐，政治南伐"的惨痛局面。

此种不幸结果的形成，今日回思，实由两大因素所养成。因国民党改组后，一意"以俄为师"，实行一党专政，使人治重于法治。而中央领导分子则拳拳以扩张个人权力为目的，致酿成胡汉民、汪精卫、蒋介石三人明争暗斗之局，终使全党分裂，党权无法统一。另一原因则为国、共两党部分同志的"左"倾幼稚病所促起。当时在革命大后方，工会、农会领导的群众运动如火如荼，不法行为层出不穷，造成社会上的大恐慌，此实为促成国民党"清党"的主因。

"清党"以后，党内派系原可捐弃成见，团结一致，为国民革命而奋斗，不幸手拥重兵又善用权术的蒋先生不此之图，反而乘机扩大党内派系的斗争，以便从中渔利，遂使国民党的声誉一落千丈，造成军事独裁，政治腐化的局面。

北伐完成后，蒋先生如气度恢宏，为政以德，以大公无私的精神领导建国事业，则偃武修文，并非难事。无奈蒋氏无此德量，一心一意以诛锄功臣，消灭异己为能事，致使同室操戈，兵连祸结，内战之惨甚于军阀时代。不论贤与不肖，俱被卷入旋涡，甚至欲达目的不择手段，以拒敌图存为职志，使政治道德江河日下，社会正义沉沦无遗。本为吊民伐罪的革命军，转瞬竟变成军阀争权夺利的工具。民国十九年蒋、冯、阎中原大战相持不下时，张学良受蒋的利诱率其奉军入关参战，终以东北防务空虚而引起"九一八"事变。东北四省沦陷于旦夕之间。虽清朝的颠顶，与北洋军阀的无知，其所招致的外侮也不若蒋氏主政中枢时之甚。

蒋先生经此惨痛的教训，如能洗心革面，痛改前非，督率治下各省，厉行如我辈在广西的兴革，号召全国军民抵抗外侮，则亡羊补牢，犹未为晚。无奈蒋氏不此之图，反而挟寇自重，对日寇坚持不抵抗主义，对共军则围而不"剿"，一任中共在其直接统治的省区内坐大。迨共产党武装已发展至不可侮，蒋先生又私心自用，以"剿共灭赤"之战，作消灭异己军队的安排，终使星星之火，成其燎原之势而不可收拾。

到卢沟桥事变起后，全国激于义愤，一致团结，拥护以蒋先生为首的中央，即陕北毛泽东领导的红军亦不例外，形成民国以来空前未有的大团结。中央当局如于此时乘势一变其以往褊私狭隘的作风，化人治为法治，纳中华民国政府于正轨，"抗战"、"建国"双管齐下，则日本一旦投降，我国便可以崭新局面出而为四强之一，作安定世界的柱石。无奈蒋氏及其小集团，把持中央，其褊狭贪污的作风竟变本加厉。政府仿独裁政体的恶例，而无独裁政体的效能。上下交征利，政风军纪败坏达于极点。抗战胜利变接收为"劫收"。腐化颓风弥漫全国。直至民怨沸腾而不知悔，终为中共所乘，数百万大军一败涂地。谁为为之，孰令致之，今日痛定思痛，能不感慨系之。

贰

以上所述固为近数十年来中国变乱的主因，然国际因素自亦不容忽视。清朝的覆亡和革命的兴起，原为东西帝国主义侵略的结果。民国成立后十余年的纷乱，帝国主义者从中作祟亦为主要原因之一。由于英、日两国在中国横行无忌，中山先生始被迫而联俄"容共"。中国国民党改组的完成，与夫革命军北伐初期的胜利，主要的外在原因实为苏联的全力协助。无奈斯大林胸襟狭隘，违背列宁扶助弱小民族抵抗帝国主义的遗教，故其对华援助，以义始而以利终[①]。北伐军尚在中途，第三国际即决议支持中国共产党取代国民党，结果引起国共的纠纷而使国民革命流产。嗣后数十年的纷争因之而起。中国人民固遭其殃，于苏联又有何益？

---

① 一九二七年四月六日北京北洋政府践踏国际公法，搜查苏联驻华公使馆并捕去中国共产党领导人之一李大钊等人。一九二七年汪精卫在武汉发动"清共"，捕杀共产党员和进步人士，苏联顾问鲍罗廷等人回国。同年冬南京国民党政府下令停止各地苏联领事馆活动，并停止苏联国交。（摘自《中国大事年表》商务印书馆出版）

回看日本。二千年来日本虽未向中国正式称臣，然明治以前日本立国精神多受中国文化的熏陶，实无可置辩，何期日本一朝西化，即步西方帝国主义的后尘，对文化母国竟有吞象之心。结果战败乞降。蒙数千年未有的奇耻大辱。此固日本军阀咎由自取，然日本帝国主义的失败实为对任何残余帝国主义者的教训。因人类生而平等，民族自觉尤为不可阻遏的历史潮流。不幸二次大战后，仍有少数反动集团昧于时势，继续做其种族优越，弱肉强食等旧帝国主义的残梦。如今日法国少数反动军人仍欲维持其奴役非洲的特权；又如南非联邦和澳洲政府仍迷恋其自杀的种族歧视政策，将来终必自取其祸。我本人痴生七十年，为中国革命运动重要的一员亦垂三十年，北伐之役，我们以数万之众，不旋踵便自镇南关（即友谊关）打到山海关；抗日之役，我们以最落后的装备陷数百万现代化的日军于泥淖之中，终至无条件投降。此非我辈革命党人生有三头六臂，只因革命浪潮为不可阻遏的历史力量而已。嗣后中共的席卷大陆，其趋势亦复如此。我本人亲历此如火如荼的革命运动凡数十年，深知其势不可遏。任何反动力量，试撄其锋，必遭摧毁，深愿今后国家的秉政者能三复斯言。

叁

次说美国。二次大战后，美国实为影响中国国运最大的友邦。近百年殖民运动中，美国亦为对外劣迹最少而对内最为物阜民丰的西方大国。然美国在二次大战前却为一自了汉，渠有安定世界和平的力量，然未能负起对世界和平的义务。一九三一年沈阳事变时，如美国振臂一呼，以后来联合国对付北韩的方式对日，则"满洲国"断不致成立。日本侵华如因此受阻，则嗣后墨索里尼与希特勒亦必有所顾虑，则第二次大战或可避免。邱吉尔说，第二次大战为不必要的战争，观此岂不信然？

二次大战结束，美国以古道热肠的态度，遣马歇尔专使调解国共之争。然美国政府固不知中国问题症结所在，因而调解结果治丝益棼。到国共纠纷至无法和平解决时，美国竟一反常态，全盘撒手不问。白宫智囊以国民党中央少数当权派的腐化无能，竟误以为国民党内全无开明可为的势力，足以挽狂澜于既倒。艾奇逊见不及此，直至捉襟见肘不知何所措其手足之时，竟以"等尘埃落定"为遁词。

试即就美国利益立场来说，乘混水始可摸大鱼！如何能"等尘埃落定"？若就中美两国之间利害相关的立场来说，我们阖室大乱、尘土飞扬之时，也正是我们需要友人帮同澄清之时。试看今日中国，尘埃已经落定，室内红光耀目，焕然一新，请问艾奇逊先生，于美国究有何益？

今日东南亚乃至南美各国的局势正亦步亦趋走向二次大战后中国的局面，而美国的对策则仍因袭昔日的窠臼，举凡一切号称反共的国家，不论良窳，美国悉加援助。因而美国所支持的往往为各该国表面上似乎最反共，而本质上却为最反动、失民心的政权。此无异为共产党制造温床。至治丝益棼，此种政权无法支持时，则美国又不加检讨，率尔撒手作壁上观，徒呼奈何。长此以往，我们将坐视共产党势力的"解放"全人类了。

再就最近发生的西藏问题来说，美国朝野为憎恶中共，竟抹杀客观真理，认定西藏非中国的一部，并以中共对西藏的改革措施为侵略行为。须知远在隋、唐时代，中国政府即享有对西藏的宗主权。千余年来即西藏土著亦未尝否认。近百年来英国觊觎西藏，然亦未敢否认中国对西藏宗主权的事实。民国以后，汉、满、蒙、回、藏五族共和，藏族为中华民族主要成员之一，西藏更为中国领土中不可分割的一部分。美国朝野为厌恶中共，便歪曲史实，硬欲将西藏划出中国版图，其幼稚无知，岂不可笑？

再者，中、印疆界不清，有史已然。尼赫鲁忽提出中国侵略之说，而又不愿与中共谈判划界，其用意似不在疆界之争，真正动机或有对内对外两重作用。因印度民族衰老，共产潜力尤大。此时提出中共侵略口号，对内足以打击印共，提高民族精神，转为建国图强的精神力量。对外则无非借反共的幌子，以骗取美援。美国扶日反共已有先例，印度正可乘机效尤。聪明政客如尼赫鲁者，明知中共目前对内致力于建设，对外争取友邦，并无心亦无力侵略任何国家，故敢虚放警报，混淆视听。如中共真有侵略行为，则尼赫鲁可能反要做睦邻的活动了。美国朝野不明斯义，竟帮同摇旗呐喊，徒伤中国人的感情，对于反共实无益而有损，宜三思之。

肆

最后拟对祖国国、共两党现阶段政权略作分析：大陆上的中共政权，十年以来已渐趋稳定。唯中共急于工业化，及实现共产社会理想，不无躁进之嫌。然中共十余年来百废俱兴，建设规模之大与成就之速，皆史无前例。国势日振，真可说举世侧目。我本人虽失败去国，而对北平诸领袖的日夜孜孜，终有今日，私心弥觉可喜。我国变乱百余年，民穷财尽，今日差得此和平建设的机会，我们断不应再使内战出现于中国。至愿红色政权好自为之，毋蹈吾人昔日的覆辙。我个人戎马半生，雅不愿再见铜驼于荆棘中也。

至于台湾，十余年来，蒋先生小朝廷内的一切作风似仍沿习大陆时代的恶习而无甚改进。按常理说，蒋先生痛定思痛，应有一番新作风。辛亥革命时，中山先生曾有意划崇明岛为"无政府主义者的实验区"。蒋先生统治中国三十年，未能在大陆实行三民主义，今日在台湾已做到党政军清一色的局面，理应发挥理想，把台湾治成一"三民主义的实验区"，才可与中共在政治体制上唱对台戏。但是蒋先生十余年来的独裁作风，且有甚于大陆时代。

如此而犹欺人自欺，动辄以"反攻大陆"作宣传，岂不可笑。一种政治宣传，如果连自己都欺骗不了，如何能欺骗世人呢？

但是台湾问题今日必须解决。因台湾问题已成世界问题中最重要的一环。直接影响世界裁军问题，乃至有导致中共与美国直接冲突的可能。是以台湾问题不解决，台湾便一日有变成世界火药库的危险。但是今日国共双方已不可能用武力来解决台湾问题。蒋先生既无力反攻，况他用兵还要受中美协防条约的约束。中共虽高唱"武力解放台湾"，但内战停止已久，中共纵能越过美国第七舰队而进攻台湾，恐亦得不到中国人民的谅解。所以台湾问题的解决，只有政治解决一途。

政治解决台湾问题，则不外以下三种方式：

（一）联合国暂时托管；

（二）成立独立政府；

（三）按现状继续拖下去。

这三种方式中，第一、二两种国、共双方都不能接受。因据最近史家考证，远在殷商时代，台湾即为中国人所发现。隋、唐以后，中国即开始向台湾移民，晚而益盛。明末，荷兰人虽一度作短期的占领，但不久即为郑成功所驱逐。成功且踞台作反清复明的英勇斗争，虽以众寡不敌而失败，而台湾一岛却成为中国民族运动上的永远纪念碑。清末甲午战后，台湾割归日本凡五十年。然珍珠港变起，中国对日正式宣战，马关条约失效，按照国际公法，台湾遂复还于中国。一九四三年开罗会议，更经同盟国领袖正式承认。故台湾绝无独立的法律依据，任何中国人自皆不愿接受。因此前述第一、二两种方式均不会实现，则维持现状，势在不免。但台湾局势拖下去，可能引起世界严重问题，对中国固不利，于友邦亦无益。按情理言，美国尤其不愿拖。因中共视台湾问题的不解决，便等于中共政权的未完全统一。在其国力日盛之后，万一中共有原子弹出现，渠可能和美国赌国运，冒世界大战的危险，和美国摊牌。中共和美国之争，韩战即是先例。苏联以华制美，正可一石两鸟，全力支持中共对美作"局部的战争"。在此情况下，美国如不愿为保持台湾而赌其国运，则台湾问题便要急转直下了。

今后解决台湾问题之道，在我个人看来，可有甲、乙两案可循：

甲案：恢复国共和谈，中国人解决中国事，可能得一和平折中方案。

乙案：美国承认台湾为中国的一部分，但目前暂划为自治区，双方宣布不设防，美国撤退第七舰队，使成为纯粹的中国内政问题，如此则战争危机可免。时日推移，大陆和台湾内部彼此敌视态度减轻，则真正解决便可实现了。我想蒋先生已逾七十高年，一生饱经忧患，至愿以苍生为念，毋使内战重起于中国，想蒋先生亦不致河汉斯言。

我退休海外，不问世事已十余年。以过去亲身的经验，观察今日的变局，自信颇为冷静而客观，个人恩怨，早已置之度外。唯愿中国日臻富强，世界永保和平，也就别无所求了。

伍

总之，今日中国，乃至任何国家内的严重纠纷，都为世界问题的一部。而世界局势的变动对各该国国内问题亦有严重的影响。任何国家今后决不能再孤立于世界。人类文明今已进入太空时代，太空船环绕地球一周，费时不足两小时，世界已无形缩小。将来国界消灭，举世书同文，而车同轨，当为不可避免的趋势。

不幸今日文明社会仍为资本主义和社会主义两种不同制度所困扰而不能自拔，而第三种的民主社会主义依违两者之间又无法抬头。如因此而引起第三次世界大战，双方各以原子武器相对抗，则人类数千年文明或将从此斩绝。

不过，就近代历史的发展趋势看，资本主义及其与之俱来的殖民主义经数百年的演变，今已日趋没落。因资本主义制度对内每易发生无法解决的阶级问题，对外则难免趋向扩张主义。时至今日，由于此两项问题的无法解决，资本主义已至日暮途穷之境。

社会主义的兴起原由于资本主义的没落。其初时最动听的口号即为对内解决阶级问题，对外扶持弱小民族的独立以阻遏殖民主义。何期道高一尺，魔高一丈。社会主义国家均逐渐形成极权政治，剥削人民基本自由。因此太阿倒持，授人以柄，反为保有民主制度的资本主义国家引为反共的口实。两大相持，是非不分，致使中立小国茫然不知何所取舍。

然今日资本主义与社会主义之间虽剑拔弩张，真正诉诸武力，目前似无此可能。战既不能，则和平共存，作政治、经济建设的竞赛，似为必然的趋势。试看近代世界各国建设史迹，凡以社会主义方式，以暴力从事社会主义与经济改革的，其牺牲至大，而收效极速；其以民主资本主义方式改革的则反是，而且往往远水不能救近火。中共与印度即为一最明显的对照。再者，在和平共存世局之中，落后国家因人民教育有限，生活水准极低，民主政治乃至民族资本主义均不易实现。勉强试行，若非流为武人专政，如辛亥革命后的中国以及今日的阿拉伯、巴基斯坦、南韩各国，即为共产极权。以故第二次大战后，民主集团的失势即在此等落后国家之间。

不过近世科学昌明，工业化速度加快，人民生活水准与教育程度都在日渐提高之中。到人类生活水准普遍提高之后，其要求自由的呼声必随之高涨。极权主义的不能持久，民主政治的日益普遍，实为必然的趋势。而资本主义经济蜕变的趋向社会化，英、美近代历史中亦昭然若揭。以故今后极权政治的社会主义国家与民主政治的资本主义国家的同时蜕变而殊途同归，亦为必然的结果。为调剂二者的优劣，我国孙中山先生首已阐明此义。二次大战后英国工党亦试行其制。两者功效虽均未大著，然就近年来世界政治制度演变的推测，民主社会主义终必大行于世界，盖可断言。我国先哲于两千余年前即有"大同"的理想。今后世界政体演变的终点，我亦将视其为国界消灭，种族平等的民主社会主义的世界联邦。后之读者，重读吾书于大同实现之时，亦将有感于斯文！

附　录

李宗仁声明

（一九六五年七月二十日于北京）

亲爱的同胞们：

在国内外一片大好形势中，我已经从海外回到人民祖国的怀抱里来了。此行受到中国共产党和国家领导人多方照顾，感激良深。当飞抵北京机场之际，又受到热烈的欢迎，内心感动，尤难自已。谨借此先向党和国家领导人表示由衷恳切的谢意，并述个人愿望和感触以告国人。

首先我所欲言者，即十六年来，我以海外待罪之身，感于我全国人民在中国共产党和毛主席英明领导之下，高举着社会主义建设总路线的红旗，坚决奋斗，使国家蒸蒸日上，并且在最近已经连续成功地爆炸了两颗原子弹。这都是我全国人民自力更生、艰苦奋斗的成果。凡是在海外的中国人，除少数顽固派外，都深深为此感到荣幸。我本人尤为兴奋，毅然从海外回到国内，期望追随我全国人民之后，参加社会主义建设，并欲对一切有关爱国反帝事业有所贡献。今后自誓有生之日，即是报效祖国之年，耿耿此心，天日可表。

其次，我深愿以留美十多年所得的感受，寄语留台国民党同志。这些年来，美国表面上以"反共"为名，实际上乃进行着一系列反华、反世界人民的肮脏勾当，企图孤立中国，控制世界。狼子野心，路人皆知。特别自约翰逊主政以后，更变本加厉，扩大侵越战争，甚欲借此挑起一场跟中国人的战争。此举不仅引起了全世界爱好和平的国家和人民所同声谴责，也遭到了其国内各界知名正义人士不断反对和抨击。此种情况，为美国立国以来所仅见。

我尤欲寄语留在台湾的国民党同志者，多年以来，美国必欲据台湾为己有，阴谋诡计，无所不用其极。台湾省是中国不可分割的神圣领土，绝不容许美国霸占。台湾与大陆的统一，纯属中国内政，绝不容许美国插手。吾党同志继承孙中山先生爱国反帝的革命遗教，与中国共产党有过两度合作的光荣历史。当此美帝国主义亟欲谋我之际，何忍引寇自重，为敌张目，甘为民族罪人，国家蟊贼。深冀我留台国民党军政同志凛于民族大义，也与我采取同一步伐，毅然回到祖国怀抱，团结抗美，一致对外，为完成国家最后统一作出有用的贡献。

最后，我深望海外侨胞和各方人士也应该坚决走爱国反帝的道路。一九四九年我未能接受和谈协议，至今犹感愧疚。此后一度在海外参加推动所谓"第三势力"运动，一误再误。经此教训，自念作为中国人，目前只有两条道路可循：一就是与中国广大人民站在一起，参加社会主义革命和建设，一就是与反动派沆瀣一气，同为时代所背弃，另外没有别的出路。祖国早已宣布"爱国一家，不分先后"和"来去自由"的政策，此次我以待罪之身，也能获致宽大的待遇，就是一项具体证明。亟盼海外友好乘时奋起，拥护祖国，幡然归来，犹未为晚。

宗仁老矣，对个人政治出处无所萦怀。今后唯愿尽人民一分子的责任，对祖国革命建设事业有所贡献，并望能在祖国颐养天年，于愿已足，别无他求。谨布苾忱，敬祈垂詧。

（1965年7月21日《人民日报》）